中国世界遗产文化竞争力研究

程圩 著

中国社会科学出版社

图书在版编目（CIP）数据

中国世界遗产文化竞争力研究/程圩著.—北京：中国社会科学出版社，2023.8
ISBN 978-7-5227-2582-6

Ⅰ.①中… Ⅱ.①程… Ⅲ.①文化遗产—竞争力—研究—世界 Ⅳ.①K103

中国国家版本馆 CIP 数据核字（2023）第 169925 号

出 版 人	赵剑英
责任编辑	程春雨
责任校对	李 莉
责任印制	王 超

出　　版	中国社会科学出版社
社　　址	北京鼓楼西大街甲 158 号
邮　　编	100720
网　　址	http://www.csspw.cn
发 行 部	010-84083685
门 市 部	010-84029450
经　　销	新华书店及其他书店
印　　刷	北京君升印刷有限公司
装　　订	廊坊市广阳区广增装订厂
版　　次	2023 年 8 月第 1 版
印　　次	2023 年 8 月第 1 次印刷
开　　本	710×1000　1/16
印　　张	19.75
插　　页	2
字　　数	256 千字
定　　价	99.00 元

凡购买中国社会科学出版社图书，如有质量问题请与本社营销中心联系调换
电话：010-84083683
版权所有　侵权必究

序

  党的十八大以来，习近平总书记多次指出："当今世界正经历百年未有之大变局。"这是我们党立足中华民族伟大复兴战略全局，科学认识全球发展大势、深刻洞察世界格局变化而作出的重大判断，对于指导我们开启全面建设社会主义现代化国家新征程、夺取新时代中国特色社会主义新胜利，具有重大而深远的意义。今天之世界，美国实施反全球化战略，谋求军事霸权、经济霸权、美元霸权、科技霸权、文化霸权等，成为地球村的"村霸"。在这个大变局中，我国正处于实现中华民族伟大复兴的关键时期。拥有5000多年文明史的中华民族如何走向伟大复兴，习近平总书记强调，"中华民族伟大复兴需要以中华文化发展繁荣为条件"。

  在美国推行逆全球化战略的今天，文化竞争已成为世界各国、区域和城市竞争的关键要素之一。我国的文化如何繁荣？我国文化如何走向世界？我国的文化如何提升本身的竞争力？就成为一个重要研究课题。

  遗产文化竞争力是文化竞争的重要方面。关于此命题的研究，国内外已取得了较好成果，但还存在一些研究弱项。梳理分析发现，从事文化产业竞争力、城市文化竞争力的研究较多，从事宏观层面的世界遗产文化竞争力研究较少；从遗产旅游视角，对单个文化遗产旅游的研究较多，从事文化学、地理学、经济学、管理学等多学科交叉的研究较少；单体或多体具体项目的世界遗产竞争力研究较多，从综合视角研究中国世界遗产文化竞争力的项目较少；探讨中国世界遗产的研究较多，从竞争力视角研究中国世界遗产文化竞争力的项目较少。截至2021年7月，我国已成功申报世界遗产56项，居世界第1位。基于世界遗产文化竞争力的理论内涵，科学、准确地评价我国世界遗产文化竞争力，成为我国世界遗产研究的重要命题之一。

程圩博士撰写的《中国世界遗产文化竞争力研究》专著，是他主持国家社科基金项目的最重要研究成果之一。该书在现有世界遗产文献分析的基础上，以中国世界遗产文化竞争力为研究对象，在马克思主义文化观指导下，依托"文化是社会实践的产物"等理论，从世界遗产保护与国际文化竞争的视野，采用系统论、实证主义方法论等研究方法，定性研究与定量分析相结合，建构了世界遗产文化竞争力的评价体系；实证探讨了国际、中国省级、城市和游客感知等层面的遗产文化竞争力问题，对中国世界遗产文化竞争力进行了比较分析与动态测评；围绕世界遗产文化竞争力核心要素，提出了中国世界遗产文化竞争力的战略框架，为提升中国世界遗产文化竞争力，有针对性地提出了有实践应用价值的对策建议。

该专著具有很多的创新点与亮点。

一是剖析了世界遗产文化竞争力的基础理论。包含马克思主义文化观和马克思主义文化遗产思想的马克思主义文化理论、列宁主义文化理论和中国化的马克思主义文化理论等。

二是深化了世界遗产文化竞争力的概念内涵。广义的世界遗产文化竞争力概念，是指世界遗产作为文化竞争的主体，在文化传承创新、推动可持续发展、提升形象、知名度和软实力等方面的独特优势与能力；狭义的世界遗产文化竞争力概念，是指世界遗产本身所蕴含的价值力以及对世界遗产价值生产、转化、兑现、传承、创新、发展的能力。

三是创新提出了世界遗产文化竞争力的六个要素框架。分别为遗产生产力、遗产消费力、遗产支撑力、遗产传播力、遗产管理力和遗产创新力六个要素。

四是创建了世界遗产文化竞争力六要素的内涵。即遗产生产力指标反映不同国家的世界遗产资源；遗产消费力指标代表不同国家到访游客所创造的文化价值与当地国民文化消费情况，是世界遗产价值的内在表达，也是世界遗产多样性的体现；遗产支撑力指标刻画不同国家与世界遗产相关企业、产业与贸易的发展程度；遗产传播力指标分析不同国家世界遗产的国内、国外影响力，不仅是世界遗产价值的外在表达，同时也是提升世界遗产价值传播的重要通道；遗产管理力指标聚焦各国政府部门在世界遗产保护与管理方面的重要作用，也是各国在国际文化交往中，研判关于世界遗产保护与管理主要贡献的重要指标；遗产创新力指标表达世界遗产发展创新能力，是文化创新氛围的主要体现，是衡量一个国家世界遗产发展空间的重要依据，也是世界遗产文化竞争力中最具有潜力的影响因素。

五是创新提出世界遗产文化竞争力的文化内生效应。即通过文化硬要素与文化软要素的有机结合，实现世界文化遗产的保护利用与创新发展的有机结合。

六是构建了世界遗产游客感知在线评价模式。通过挖掘15个世界遗产景区在线评论样本，构建了由"环境氛围认知、建筑外在认知、人文内涵认知、导览服务、交通服务、门票与在线预订服务、游览体验"的认知要素，提出了游客感知评价指标体系。

七是系统提出了构建中国世界遗产文化竞争力提升的战略框架与

对策建议。紧紧围绕遗产价值深化战略、遗产全方位保护战略、世界遗产命运共同体战略、遗产融合战略、数字遗产战略、"互联网+遗产"战略、中国特色遗产管理体系构建战略、遗产活化战略、遗产外交战略和人才兴遗战略，着力构建多元化世界遗产生产体系、多样化世界遗产消费体系、一体化世界遗产支撑体系、多渠道世界遗产传播体系、全方位世界遗产管理体系和协同化世界遗产创新体系。

八是系统测评了我国各省市区的文化遗产文化竞争力水平。发现我国文化遗产文化竞争力差距在不断缩小，不平衡问题有所改善，贵州、上海跃升最为明显。利用2002—2018年中国287个地级及以上城市的面板数据，从我国成功申遗和旅游公共服务供给维度，对区域旅游经济发展的影响及协同效应进行了系统分析和检验。

总之，该书从国际国内视野建构了世界遗产文化竞争力的理论基础、评价框架体系、评价模式、实践应用，并以中国省区市为例，动态评估了中国世界文化遗产文化竞争力水平，站位高远、内容丰富，具有很高的理论和实践应用价值，值得推荐，读者一定会开卷受益，以此为序。

2022年9月12日

前　言

在全球化迅速发展、国际竞争日趋激烈的今天，文化竞争已成为构筑当今各个国家、区域和城市竞争格局的关键环节。世界遗产是一个国家、民族的独特文化标识，其蕴含的影响力可以转化为现实的文化竞争力，成为推动中国经济高质量发展和提升综合国力的内在驱动力。世界遗产文化竞争力深深植根于马克思主义思想中，并以马克思主义文化观为底层逻辑，在"文化是社会实践的产物"的理论框架下，凸显世界遗产本身所蕴含的价值力以及基于自身文化属性的生产、转化、兑现、传承、创新与发展能力。从狭义上讲，是指世界遗产本身所蕴含的价值力以及对世界遗产价值生产、转化、兑现、传承、创新、发展的能力；从广义上讲，是指世界遗产作为文化竞争的主体，在文化传承创新、推动可持续发展、提升形象、知名度和软实力等方面的独特优势与能力。

本书从国际大视野出发，以马克思主义文化观为指导，对世界遗产文化竞争力进行系统研究，内容包括世界遗产文化竞争力格局与理论研究、世界遗产文化竞争力分析与评价研究和中国世界遗产文化竞争力提升战略与对策研究。

格局与理论研究板块，从世界遗产保护发展与国际文化竞争两个层面提出世界遗产文化竞争力课题的宏观背景，并以马克思主义文化观为理论视域，结合世界遗产的历史性、民族性、精神性等特征，提出世界遗产文化竞争力由遗产生产力、遗产消费力、遗产支撑力、遗产传播力、遗产管理力和遗产创新力六大核心要素构成。通过文化硬要素与文化软要素的有机结合，体现世界遗产文化竞争力的文化内生效应，实现世界遗产的保护利用与创新发展有机结合。同时，综合采用层次分析法与熵权法，构建科学性、可量化的世界遗产文化竞争力指标体系与测评模型。

分析与评价研究板块，从国际、省级、城市和游客感知等视角对世界遗产文化竞争力进行定量与定性两个层面的对比分析与综合评价。国际层面，以2019年为基准，选取世界遗产数量前20的国家作为研究样本进行对比评价。研究表明，世界遗产文化竞争力综合得分均值为0.3888，标准差为0.1387，表明各国家之间的世界遗产文化竞争力水平有差距，但总体来说差距主要体现在资源拥有量和本身经济社会发展程度等方面。省级层面，以我国31个省域文化遗产竞争力数据进行对比分析。研究表明，我国各省市区之间的遗产文化竞争力水平差距有所缩小，不平衡问题有所改善，贵州、上海跃升最为明显，而西藏、重庆下降幅度最为显著。城市层面，利用2002—2018年中国287个地级以上城市的面板数据，对申遗成功和旅游公共服务供给对区域旅游经济发展的影响及协同效应进行系统分析和检验。研究表明，申遗成功对入境旅游影响不大，但极大促进了区域旅游经济发展，在东部和西部地区最为显著，且地方政府的旅游公共服务供给会显著放大世界遗产的人数效应和收入效应。在游客感知层面，通过依存句法分析结合LDA话题建模，挖掘了15个世界遗产景区在线评论样本，并建立了由环境氛围认知、建筑外在认知、人文内涵认知、导览服务、交通服务、门票与在线预订服务、游览体验构成的景区网络口碑指标体系。

研究表明，世界遗产景区的情感指数呈两极化趋势，且导览服务、建筑外在认知、环境氛围认知三项指标最受游客关注，说明能直接看到、触摸到、感受到的显性要素对游客满意度有较大影响。

战略与对策研究板块，系统提出了构建中国世界遗产文化竞争力提升的战略框架与对策建议。新时代提升中国世界遗产文化竞争力，要紧紧围绕遗产价值深化战略、遗产全方位保护战略、世界遗产命运共同体战略、遗产融合战略、数字遗产战略、"互联网＋遗产"战略、中国特色遗产管理体系构建战略、遗产活化战略、遗产外交战略、人才兴遗战略，着力于构建多元化的世界遗产生产体系、多样化的世界遗产消费体系、一体化的世界遗产支撑体系、多渠道的世界遗产传播体系、全方位的世界遗产管理体系和协同化的世界遗产创新体系。

以马克思主义文化观和习近平新时代中国特色社会主义思想为指导，立足当下中国特色社会主义伟大实践的要求，着眼于人民群众对遗产体验的新要求和精神生活的新需求，充分挖掘和发挥世界遗产综合优势，从遗产生产力、遗产消费力、遗产支撑力、遗产传播力、遗产管理力和遗产创新力六个维度，全方位提升中国世界遗产文化竞争力，走出一条符合中国国情的世界遗产保护利用与发展创新之路。

目 录

第一章 绪论 …………………………………………………（1）
  第一节 研究背景 ……………………………………………（1）
  第二节 相关概念界定 ………………………………………（6）
  第三节 研究内容 ……………………………………………（9）
  第四节 研究思路与研究方法 ………………………………（12）
  第五节 研究综述 ……………………………………………（13）
  第六节 研究贡献 ……………………………………………（40）
  第七节 本章小结 ……………………………………………（42）

第二章 世界遗产保护发展历程与我国文化遗产保护发展历程 ……（44）
  第一节 世界遗产保护发展历程 ……………………………（44）
  第二节 我国文化遗产保护发展历程 ………………………（46）
  第三节 我国文化遗产保护存在的主要问题 ………………（52）
  第四节 本章小结 ……………………………………………（61）

第三章 国际文化竞争的格局和态势 ………………………（62）
  第一节 国际竞争格局与态势 ………………………………（62）

第二节　世界文化产业发展潮流与竞争态势……………………（67）
　　第三节　世界遗产领域合作与竞争………………………………（71）
　　第四节　本章小结…………………………………………………（74）

第四章　世界遗产文化竞争力体系的理论建构………………（75）
　　第一节　世界遗产文化竞争力理论基础…………………………（75）
　　第二节　世界遗产文化竞争力要素构建解析……………………（86）
　　第三节　世界遗产文化竞争力指标体系…………………………（88）
　　第四节　本章小结…………………………………………………（93）

第五章　国际视角下世界遗产文化竞争力分析与评价………（95）
　　第一节　现状分析…………………………………………………（95）
　　第二节　指标体系构建……………………………………………（98）
　　第三节　分析与评价………………………………………………（102）
　　第四节　本章小结…………………………………………………（115）

第六章　省域视角下中国文化遗产文化竞争力分析与评价……（118）
　　第一节　指标体系构建……………………………………………（118）
　　第二节　指标权重的确定…………………………………………（121）
　　第三节　分析与评价………………………………………………（123）
　　第四节　本章小结…………………………………………………（132）

第七章　城市视角下世界遗产文化竞争力分析与评价…………（135）
　　第一节　现状背景分析……………………………………………（135）

目 录

  第二节 理论分析与研究假说 …………………………… (138)
  第三节 模型设定与数据说明 …………………………… (141)
  第四节 实证研究与结果分析 …………………………… (145)
  第五节 稳健性检验 ……………………………………… (162)
  第六节 本章小结 ………………………………………… (166)

第八章 游客视角下世界遗产文化竞争力分析与评价 ………… (169)
  第一节 研究进展 ………………………………………… (170)
  第二节 特征与情感词对提取 …………………………… (176)
  第三节 分析与评价 ……………………………………… (184)
  第四节 结论与建议 ……………………………………… (196)
  第五节 本章小结 ………………………………………… (199)

第九章 中国世界遗产文化竞争力提升的战略框架 …………… (201)
  第一节 指导思想 ………………………………………… (201)
  第二节 战略原则 ………………………………………… (202)
  第三节 战略目标 ………………………………………… (204)
  第四节 总体定位 ………………………………………… (206)
  第五节 战略举措 ………………………………………… (210)
  第六节 路径选择 ………………………………………… (226)
  第七节 本章小结 ………………………………………… (231)

第十章 我国世界遗产文化竞争力提升的对策建议 …………… (233)
  第一节 构建多元化的世界遗产生产体系 ……………… (233)

第二节　构建多样化的世界遗产消费体系 …………………（248）

第三节　构建一体化的世界遗产支撑体系 …………………（253）

第四节　构建多渠道的世界遗产传播体系 …………………（257）

第五节　构建全方位的世界遗产管理体系 …………………（266）

第六节　构建协同化的世界遗产创新体系 …………………（275）

第七节　本章小结 ……………………………………………（280）

附　录 ……………………………………………………………（281）

参考文献 …………………………………………………………（288）

后　记 ……………………………………………………………（298）

第一章 绪 论

第一节 研究背景

党的二十大报告提出:"高质量发展是全面建设社会主义现代化国家的首要任务。"① 我国历史文化悠久,文化遗产资源富集。在新时代背景下,实现文化遗产高质量发展、保护传承好这些文化遗产是当代国人义不容辞的职责和使命。长期以来,特别是改革开放四十多年来,我国文化遗产保护取得了举世瞩目的成就,同时也为促进经济社会发展做出了很重要的贡献。随着社会文明的进步,文化遗产服务经济社会发展的时代价值不断被挖掘、阐释、重塑。尤其是党的十八大以来,习近平总书记多次强调要保护、发展文化遗产,让文化遗产发挥坚定文化自信、推动文化繁荣的价值与作用。新的时代背景下,遵循在保护中发展、在发展中保护的理念思路,不断挖掘、重塑文化遗产服务经济社会发展的时代价值,提升文化遗产竞争力,具有非常重要的现实意义,其具体表现如下。

---

① 习近平:《高举中国特色社会主义伟大旗帜 为全面建设社会主义现代化国家而团结奋斗——在中国共产党第二十次全国代表大会上的报告》,人民出版社2022年版,第28页。

一 坚定文化自信，推动文化大发展、大繁荣

特定的文化传统和文化内涵，是一个民族区别于另一个民族的独有标识，是民族自我的内在规定。就现今中国而言，一个重大而艰巨的文化使命，就是通过重新审视民族主体性的内在特质，复归民族存在的始源性前提，挖掘文化遗产坚定文化自信的时代价值，推动社会主义文化大发展、大繁荣。

文化遗产是坚定文化自信形象的承载者。文化遗产是一个国家最为独特的文化基因，也是坚定文化自信和国家认同的精神支柱。我国文化遗产包含着中国传统的自然观念和思维方式，体现了中华民族文化内涵。每一项文化遗产都有其独特的精神意识、思想内涵，是一种集体人格的表征，一经形成，就会使每一位身处其间的成员产生强烈的情感认同和心理归属感，逐渐构建起民族身份认同和国家认同。尤其是非物质文化遗产更是植根于民族民间的活态文化，是发展着的传统生产方式和生活方式，也是现实中人民群众鲜活的生活和创造活动，是一个民族和国家全部的文化积淀之所在，更是解释一个民族和国家的文化身份、彰显文化个性的依据。

文化遗产是延续文化生命力的有力支撑。联合国教科文组织《世界文化报告2000：文化的多样性、冲突与多元共存》中指出，单个纪念物不再是文化遗产领域关注的重点，当下要着眼于文化遗产与文化、环境、社会的复杂关系[1]。党的二十大报告也提出要加大文物和文化遗产保护力度，加强城乡建设中历史文化保护传承，建好用好国家文化公园[2]。

文化遗产成为从文化上连接人与社会的枢纽，能为每个人提供精

---

[1] 联合国教科文组织：《世界文化报告2000：文化的多样性、冲突与多元共存》，关世杰等译，北京大学出版社2002年版，第147页。

[2] 习近平：《高举中国特色社会主义伟大旗帜 为全面建设社会主义现代化国家而团结奋斗——在中国共产党第二十次全国代表大会上的报告》，人民出版社2022年版，第45页。

神皈依之处，不同的人都能在文化遗产中找到情感共鸣。因此，文化遗产能够为文化生命力提供源源不断的滋养。例如，长城作为中华民族的伟大创造和人类重要的历史文化遗产，在数千年历史上，始终饱含着中华民族的凝聚力、创造力、影响力，同时也是中华文化生生不息、永葆魅力的体现和象征。14—17世纪的文艺复兴运动，引领了西欧走出中世纪的蒙昧与黑暗，奠定了近代西方社会跨入工业文明新纪元的文化和思想基础。

二 推进以文化人，弘扬社会主义核心价值观

社会主义核心价值观是以马克思主义理论为基础，在其中国化的过程中不断吸收中华民族优秀传统文化精髓，进而逐渐发展和完善起来的。正如习近平总书记指出，社会主义核心价值观，体现了古圣先贤的思想，体现了仁人志士的夙愿，体现了革命先烈的理想，也寄托着各族人民对美好生活的向往。[①] 中华优秀传统文化，是孕育社会主义核心价值的思想基础。

充分发挥文化遗产在凝魂聚气、不断夯实中国特色社会主义思想道德基础上的价值效应。中国文化遗产承载着中华民族的思想精华和道德精髓，要通过深入挖掘文化遗产所体现的中华民族共有的精神特质来实现其当代价值重构。比如，积淀深厚、丰富多彩的非物质文化遗产作为我国传统文化的重要组成部分，蕴含着中国传统文化的智慧基因，有利于增强民族文化认同、自信与团结能力，是维护和谐社会与道德秩序的重要力量。例如，非物质文化遗产展示的"天人观""和为贵"和"善美"等理念，与社会主义核心价值观的基本精神高度一致，是今天强化人与自然、人与社会和谐相处思想和行动自觉的鲜活素材。正如习近平总书记指出，"中华文明绵延数千年，有其独特的价

---

① 《习近平谈治国理政》，外文出版社2014年版，第181页。

值体系。中华优秀传统文化已经成为中华民族的基因，根植在中国人内心，潜移默化影响着中国人的思想方式和行为方式。今天，我们提倡和弘扬社会主义核心价值观，必须从中汲取丰富营养，否则就不会有生命力和影响力。比如，中华文化强调'民惟邦本'、'天人合一'、'和而不同'等等。"① 文化遗产工作者，要以科学的态度、发展的眼光和创新性的举措，借助一切可能的平台、渠道和方式，高度重视文化遗产在弘扬社会主义核心价值观、提升思想道德境界中的基础作用。

充分发挥文化遗产在培育担当民族复兴大任的时代新人中的价值效应。社会主义核心价值观建设，归根结底是思想建设和境界提升，其目的是着力培养人生观、价值观和世界观正确的社会主义接班人。要把文化遗产作为立德树人、以文化人的重要内容，与弘扬民族精神和时代精神，加强爱国主义、集体主义、社会主义教育相结合，与深化社会主义思想道德建设、公民道德建设和加强改进思想政治工作相结合，与家风建设、学校教育相结合。要主动融入中国当代话语体系，让优秀文化遗产以符合人民群众喜闻乐见的思维方式和审美取向，走进现代生活的方方面面，内化为生活理念，落实到具体行动，使人民群众在体认践行优秀传统文化的知行合一中，不断提升道德素养、强化使命担当。

三 着力改善民生，推动经济社会高质量发展

党的十八大以来，我国在促进经济社会高质量发展方面取得了可喜的成就，但与人们的期望和需求相比，还存在较大差距。我们应把文化遗产作为引领时代风尚、构筑时代美学的新动能、赋能美好生活的"超级IP"，充分发挥其在促进经济社会高质量发展中的重要作用。

用文化遗产推动文化事业全面繁荣。归根结底，特定时代的文化

---

① 《习近平谈治国理政》，外文出版社2014年版，第170页。

是由当时的现实问题与发展任务决定的。从这一层面讲，当代中国的文化就是由当代中国所面临的经济、政治、社会、生态等方面的任务和问题所决定的。当今中国社会的主要矛盾，就是当代中国文化的主要矛盾。这就要求推动文化遗产走入社会、服务群众、改变生活，满足人民群众日益增长的精神文化需求，从而使文化遗产的价值得以全面融入民众的日常生活，使人民群众在持续的文化滋养中，在持久的格物致知中，在充分的美之熏陶中，更好地认识中华文明的价值，提升人文素养，增强民族自信，推动文化事业全面繁荣兴盛。

用文化遗产促进文化产业快速发展。文化遗产所蕴含的文化元素和人文精神能够转化为文化产业发展资源，对于推动经济转型与社会现代化具有重要作用。中国文化遗产类型丰富、数量繁多，是当今文化生产与文化创造的源头活水，特别是手工技艺、美学艺术、传统中医和老字号美食等，已经被当作地方文化产业新的经济增长点，在生产性保护过程中得到合理开发与利用。同时，我国文化遗产不仅赋予文化产品鲜明的地域特色和独特的内容形式，而且为文化产业发展提供了底蕴深厚的文化沃土，能够对我国文化产品赋予特殊的文化魅力和市场竞争力，在世界激烈的国际竞争市场上，向世人传达中国审美和价值观念。

四 参与全球治理，构建人类命运共同体

文化遗产，是民族的，也是世界的。要在现代化和全球化的时代背景中，深刻认识中国文化遗产与世界文化遗产、中华文化与世界文明的关系，要以国际视角和全局视野看待我国文化遗产，要充分传承发挥中国遗产的中国性、东方性和世界性，以中国文化遗产为载体，不断提升中华文化在中国参与国家事务和全球治理中的影响力。

今天，中国文化遗产蕴含的中国智慧对全球治理、解决人类面临

的难题有着重要启示。中国文化遗产蕴含着与未来沟通对话的能力和智慧，应主动回应当代人类面临的一系列的全球性问题和困难，如生态环境持续恶化问题、恐怖主义问题、宗教信仰问题、地区冲突问题、资源短缺问题等，立足人类命运共同体构建的高度来挖掘中国文化遗产的时代价值，充分发挥其在提升国际治理体系和治理能力的现代化水平中的价值，探求人类社会可持续发展之道，贡献中国价值、中国智慧和中国方案。

中国文化遗产反映的中国文化的多元内涵对维护世界文化的多样性、促进人类文明交流互鉴有着重要的作用。文明因交流而多彩，文明因互鉴而丰富。人类历史是不同文明在相互交流、相互学习和交汇融合过程中共同创作的宏美图景。中华文明之所以能够延续五千年，并且为人类文明做出巨大贡献，根本原因就在于中华文明始终与其他文明互相交流、学习与融合。全人类的发展历史充分说明，不同文明之间的相互交流、相互学习是维持世界文化多样性、促进人类文明进步的重要动力。在未来的发展中，我们必须通过文明交流、互动、融合来解决地域隔阂、冲突、优越等国际问题。只有这样，才能真正实现全球文明交流互鉴，才能推动人类文明长足进步，才能维护世界永续和平发展。我国文化遗产不仅是中华文明传播发展的不朽见证和互通桥梁，更是维护世界文化多样性、促进全球交流和展现、构筑全球兼收并蓄文化格局、促进世界各国人民团结合作的重要支撑。

第二节　相关概念界定

一　世界遗产

根据形态与性质，世界遗产可划分为世界文化遗产（包含文化景观)、世界自然遗产、世界文化和自然双重遗产；从广义上来讲，世界遗产也分为物质文化遗产和非物质文化遗产。截至 2021 年，世界遗产总数达 1154 项，分布在世界 167 个国家。其中，双重遗产 39 项，自然遗产 218 项，文化遗产 897 项。

《保护世界文化和自然遗产公约》明确规定，从历史、艺术或科学角度看，以具有突出普遍价值为前提，文化遗产主要包括三个层面的含义，分别是建筑物、碑雕和碑画或具有考古性质的成分或结构、铭文、窟洞以及联合体，建筑式样独特、分布均匀或与环境景色完美结合的单立或连接的建筑群和人类工程或自然与人联合工程以及考古地址等地方。自然遗产则从审美、科学和保护的角度，可以认定为具有突出普遍价值的由物质和生物结构或这类结构群组成的自然面貌、地质和自然地理结构以及明确划为受威胁的动物和植物生境区和天然名胜或明确划分的自然区域。文化与自然双重遗产，则是指同时满足文化遗产与自然遗产认定标准的混合类遗产。

二 文化竞争力

20 世纪 90 年代，西方管理学家普拉哈拉德、哈默在研究企业核心竞争力时首次提出了"文化竞争力"的概念。随着约瑟夫·奈"软实力"的提出，中国国际政治研究领域的专家学者试图寻找使中国"和平崛起"的力量，在对"软实力"概念进行本土化之后，创新发展出"文化软实力"的理论内涵，并逐渐将"核心竞争力"的概念进行引申，进而认为文化也是国际竞争力的一种，并着力探讨通过提升中国文化竞争力达到增强国家综合实力目的的可行路径。基于马克思主义文化力理论，将文化力、文化软实力等概念相融合，并与国家发展、国际竞争紧密联系，提出富有中国特色的"文化竞争力"理念，是对中国特色社会主义文化建设时代趋势的科学判断与深刻认识，也是对马克思主义中国化的与时俱进与创新发展。党的十九大报告提出，中国特色社会主义已经进入新的时代，并且指出了"坚定文化自信"等社会主义文化建设方向，提升文化竞争力已经成为新时代建设社会主义现代化强国的重要目标。

竞争力是一种相对的综合能力，主要是两个或两个以上竞争对手在竞争中的优势、差距对比，体现出强者的吸引能力和收益能力。由此可见，竞争力强调的是可比性，即相比之下影响力的强弱表现，从而凸显某一国家、区域或城市竞争力的优势①。文化竞争力是一种国家、区域、城市在比较过程中展现出来的发展力、影响力，体现了文化构成要素之间系统协调与科学配置的水平高低。目前，文化竞争力研究，学者主要关注文化竞争力的概念内涵②、评价指标体系③。随着研究的拓展与深入，在宏观的国家文化竞争力框架下，又基于多元视角提出了中观层面的区域文化竞争力和城市文化竞争力，将文化竞争力置于区域、城市发展格局中进行分析与研究④⑤。

尽管不同学者对文化竞争力的研究视角不同，但从中可以看出，学界对文化竞争力的界定综合了生产力、凝聚力、导向力、鼓舞力、推动力等多个层面，是一个综合性的多形态复杂系统。文化竞争力作为国家、区域、城市综合实力与国际竞争力的重要组成部分，既强调文化对民族、国家、区域、城市的凝聚力、感召力，同时强调文化对经济、社会的推动力、影响力，是文化因素在推进经济、社会和人全面发展过程中所产生的一种综合力。

---

① 黄活虎：《我国区域文化竞争力概念研究综述》，《华东经济管理》2009 年第 11 期。
② 田丰：《论文化竞争力》，《马克思主义研究》2006 年第 2 期。
③ 赵秀玲、张保林：《文化核心竞争力及其评价指标体系构建思路》，《高等学校文科学术文摘》2008 年第 3 期。
④ 黄活虎：《我国区域文化竞争力概念研究综述》，《华东经济管理》2009 年第 23 期。
⑤ 李向民等：《城市文化竞争力及其评价指标》，《中国文化产业评论》2008 年第 2 期。

三 世界遗产文化竞争力

"文化竞争力"是国内学者基于马克思主义基本原理对西方相关文化理论进行扬弃与转化，并结合中国实际进行本土化创新的理论成果。世界遗产文化竞争力是由文化竞争力派生的概念，其研究将在文化竞争力框架内进行。在借鉴文化竞争力概念的基础上，按照抽象化、高度凝练、差异化原则，"世界遗产文化竞争力"从狭义上讲，是指世界遗产本身所蕴含的价值力以及对世界遗产价值生产、转化、兑现、传承、创新、发展的能力；从广义上讲，是指世界遗产作为文化竞争的主体，在文化传承创新、推动可持续发展及提升形象、知名度和软实力等方面的独特优势与能力。具体来讲，世界遗产文化竞争力，一是世界遗产本身的价值力，即历史价值、艺术价值、科学价值、文化价值、经济价值、社会价值等，强调世界遗产客体的与生俱来，天然独有的价值属性；二是对世界遗产价值的生产、转化、兑现、传承、创新、发展能力，强调主体的主观能动性、创造性，即价值附加、创新、发展能力。

世界遗产文化竞争力依然体现文化竞争力物质与精神相结合的属性特征。首先，世界遗产资源可以科学、合理地为文化产业发展提供要素支撑，具有促进经济发展和国力提升的作用。其次，世界遗产也是一个民族、国家在文化创造和传承过程中形成的精神力量和文化积淀，是社会意识形态的重要组成部分，能够发挥价值、教育、认知等综合作用，有助于培育国家认同、塑造民族性格、凝聚发展合力。

第三节 研究内容

本书从国际大视野出发，以马克思主义文化观为指导，对世界遗产文化竞争力进行理论体系构架，构建国家世界遗产文化竞争力评价体系。在此基础上，通过国际、省级、城市及游客感知等视角对世界遗产文化竞争力进行对比分析，有针对性地提出我国世界遗产文化竞争力提升的战略框架与对策建议。研究内容主要包括世界遗产文化竞争力格局与理论研究、世界遗产文化竞争力分析与评价研究、中国世界遗产文化竞争力提升战略与对策研究三大板块。

一 格局与理论

世界遗产文化竞争力格局与理论研究的核心内容是从世界遗产保护发展与国际文化竞争两个层面提出世界遗产文化竞争力课题的宏观背景，并创新提出世界遗产文化竞争力的相关理论，构建评价世界遗产文化竞争力的量化指标体系。第一，世界遗产保护发展历程概述。梳理世界遗产保护发展历程，厘清我国融入世界遗产保护发展格局的历史脉络，研判我国文化遗产保护存在的主要问题，从宏观上把握我国世界遗产保护与发展现状。第二，国际文化竞争格局解读。分析当前世界格局与特点，解读世界文化格局与文化产业发展潮流与竞争态势，重点研究世界遗产领域的国际文化合作与竞争，阐明世界遗产在国际文化竞争中的地位与作用。第三，世界遗产文化竞争力理论构建。以马克思主义文化观为理论视域，分析具有中国特色的"文化竞争力"理念内涵。在此基础上，借鉴已有的文化竞争力概念，同时结合世界遗产的历史性、民族性、精神性等特征，从文化内生角度考量世界遗产文化竞争力，从文化硬要素与文化软要素两个角度进行分析，构建世界遗产文化竞争力的理论与指标体系。

二 分析与评价

世界遗产文化竞争力分析与评价研究的核心内容是从国际、省级、城市和游客感知等视角对世界遗产文化竞争力进行定量与定性两个层面的对比分析与综合评价。第一，国际层面世界遗产文化竞争力进行对比分析。以2019年为基准，选取世界遗产数量前20的国家作为研究样本，进行世界遗产文化竞争力的对比分析。第二，省际层面文化遗产文化竞争力对比分析。结合主客观赋权法对文化遗产文化竞争力指标体系权重进行综合确定，以我国31个省域文化遗产文化竞争力数据进行对比分析，进一步提出基于省际层面的我国文化遗产文化竞争力的提升路径。第三，城市层面文化遗产文化竞争力对比分析。利用2002—2018年中国287个地级以上城市的面板数据，对申遗成功和旅游公共服务供给对区域旅游经济发展的影响及协同效应进行系统分析和检验。第四，游客感知视角下世界遗产文化竞争力评价。尝试通过依存句法分析结合LDA话题建模，挖掘15个世界文化遗产景区在线评论样本的共同主题，建立景区网络口碑指标体系，提出"遗产心情指数"并进行遗产景区的横向对比。

三 战略与对策

中国世界遗产文化竞争力提升战略与对策研究的核心内容是立足世界遗产文化竞争力评测体系和综合评价结果，系统提出中国世界遗产文化竞争力提升的战略与对策。第一，中国世界遗产文化竞争力提升的战略框架。围绕指导思想、基本原则、战略目标、总体定位、战略选择、路径优化等内容，系统构建中国世界遗产文化竞争力提升的战略框架。第二，中国世界遗产文化竞争力提升的对策建议。立足世界遗产文化竞争力主要构成要素，围绕遗产生产力、遗产消费力、遗产支撑力、遗产传播力、遗产管理力、遗产创新力六要素，提出构建世界遗产生产体系、消费体系、支撑体系、传播体系、管理体系、创新体系的对策建议。

第四节　研究思路与研究方法

一　研究思路

理论构建把中国世界遗产文化竞争力放在世界遗产保护与国际文化竞争大格局中进行；实证分析基于国际、省级、城市和游客感知等不同视角，从定量与定性两个层面对中国世界遗产文化竞争力进行对比分析与动态测评；对策应用则在评测体系和综合评价结果的基础上，围绕世界遗产文化竞争力核心要素，有针对性地构建提升中国世界遗产文化竞争力的战略框架与对策建议。研究技术路线如图 1－1 所示。

二　研究方法

一是对比分析法。根据中国世界遗产文化竞争力指标模型，从国际、省际、城市、游客等层面，综合测评各国、各省与城市间世界遗产文化竞争力的数据信息，在不同层面的对比中评估中国世界遗产文化竞争力的真实水平，重点研究存在问题及其原因。

二是田野调查法。综合运用文献分析、个案研究、问卷调查、深度访谈等方法，并借助专业调查咨询机构获取研究的一手资料，完成世界遗产文化竞争力评价指数和相关数据的确定，从而展开动态评价的综合研究。

三是大数据研究法。基于 Baidu、Google 等搜索引擎和主流社交媒体以及瑞士洛桑学院、世界经济论坛等历年所发布的全球竞争力等相关数据，结合主客观赋权法对收集到的一手数据资料进行定量和定性混合研究。

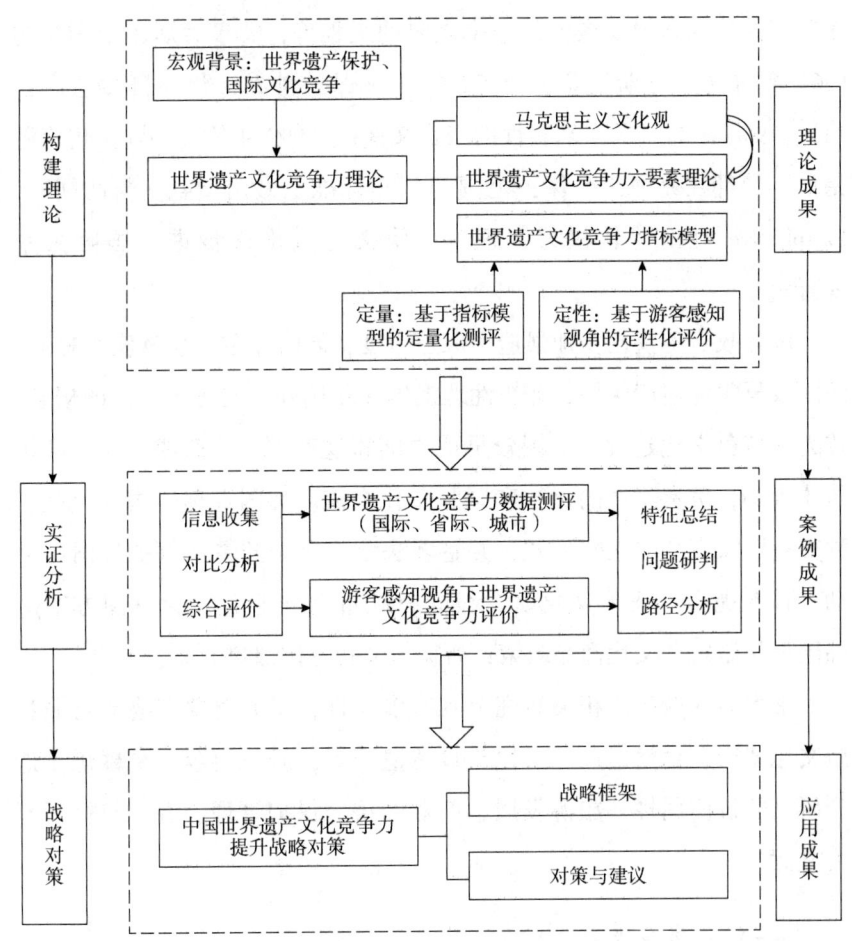

图1-1 研究技术路线

第五节 研究综述

一 关于遗产的相关研究

遗产保护理念源于欧洲第一次工业革命时期，随着战争以及城镇化进程的加速，逐渐进入制度保护时代。1931年颁布的《雅典宪章》，在遗产保护理念的发展上是一个重要的里程碑,关于后期逐步颁布的1964年的《威尼斯宪章》、1972年的《保护世界文化和自然遗产公约》、1994年的《关于真实性的奈良文件》、1999年的《国际文化旅游宪章》等都在完善遗产保护范围和国际标准上做出贡献。与此同时,Joseph Nye提出"软权力"理论,使文化战略逐步进入国际关系视野①。

国际政府不仅逐步加强遗产保护力度,同时注重文化软实力提升。法国较早关注遗产保护,开拓性地提出文化例外、文化多样性的概念,致力于特色文化建设。英国较早成立国家遗产部,后改成文化、媒体与体育部,负责遗产的保护和国际文化交流。美国宣称美国文化是一种支持国家安全的战略方式,并签署法令在全国开展"保护美国"活动。日本提出"无形文化财"概念,颁布《21世纪文化立国方案》。韩国早年制定了文化商品政策,后提出文化立国战略。

学术界在遗产的相关研究上具有多元性,研究对象有物质与非物质文化遗产、自然遗产、文化与自然遗产等,研究内容主要聚焦于遗产研究的价值属性、旅游发展、产业经济、保护管理、游客与社区五大方面。

(一) 价值属性

文化遗产方面,陈立旭、鲍展斌在历史文化遗产的功能和价值角度上进行了探讨②③。权东计、朱海霞在梳理国内外关于文化遗产价值研究的理论基础上,提出了文化遗产价值观,即文化遗产的经济价值是

---

① [美]约瑟夫·奈:《"软权力"再思索》,《国外社会科学》2006年第4期。
② 陈立旭:《论城市历史文化遗产的价值》,《中共浙江省委党校学报》2001年第6期。
③ 鲍展斌:《历史文化遗产之功能和价值探讨》,《绍兴文理学院学报》2002年第3期。

伴随着其科学价值、历史价值以及艺术价值而产生的①。蔡靖泉通过对文化遗产的价值进行细化分析，指出文化遗产的价值不限于历史的、艺术的（审美的）和科技的这三大方面，其价值在不同文化遗产对象上有着侧重不同或程度不同的体现，特别是其思想的、经济的价值不可忽略②。周英以遗产主体由内到外的衍生价值为主要研究内容，案例选择旅顺太阳沟和大连凌水寺③。一方面，探究这两处文化遗产旅游资源的使用价值和非使用价值在其遗产总价值中的占比；另一方面，对其保护与修复的现状及存在的问题进行评估，最终建立遗产价值的评价指标。刘艳、段清波从文化遗产的系统性与整体性角度出发，将文化遗产的价值体系视为包含着类别丰富、互相依赖的子系统的集合，继而归纳出文化遗产价值体系这一集合的多重特点——文化遗产价值结构的丰富性、体系的规律性、发展的时段性与前进性以及价值体系主体元素之间的可识别性等④。

自然遗产方面，陈富斌、赵永涛、兰立波关注到国家一级保护动物生存的自然环境，选择夹金山脉的大熊猫栖息地作为研究对象，深入分析其自然遗产资源及自然遗产价值，并呼吁各界对此类生物多样性的典型自然遗产地区进行重点保护以及重视其世界遗产价值，也以此提出了保护和利用自然遗产资源的策略⑤。张成渝将自然遗产价值中的地质学价值单独作为研究主体，以八达岭风景名胜区为对象进行案例研究，分别从其遗产资源保留现状和自然环境的构成两个方面研

---

① 权东计、朱海霞：《大遗址保护与遗址文化产业发展——以汉杜陵（雁塔）区域发展为例》，陕西人民出版社2007年版。
② 蔡靖泉：《文化遗产价值论析》，《三峡大学学报》2010年第1期。
③ 周英：《文化遗产旅游资源经济价值评价研究》，大连理工大学，博士学位论文，2014年。
④ 刘艳、段清波：《文化遗产价值体系研究》，《西北大学学报》（哲学社会科学版）2016年第1期。
⑤ 陈富斌等：《论夹金山脉大熊猫栖息地的世界自然遗产价值》，《山地学报》2002年第6期。

究其地质学价值，丰富了自然遗产价值在遗产研究中的理论与应用①。于维墨、陈玲玲等针对云南石林奇特的自然资源属性进行多视角、多层次的分析与研究，在此基础上借鉴世界上其他相关喀斯特类型的景观，运用对比分析法进行自然环境、自身价值、衍生价值等方面的对比，最终确定云南石林的世界遗产价值的构成要素②。陈炜在桂林喀斯特世界自然遗产地生态科普旅游资源的价值体系基础上，运用旅行费用法和条件价值评估法评估其生态科普旅游资源价值，为深入挖掘与合理开发利用桂林喀斯特自然遗产地旅游资源提供参考借鉴③。

　　非物质文化遗产方面，王宁认为非物质文化遗产的价值是各类遗产资源中最具不可替代性的价值，并从其产生历史、文化传承、民族特征等方面进行深层次的阐述，为非物质文化遗产的价值研究提供了重要的理论依据④。李淑敏、李荣启着眼于非物质文化遗产保护，围绕当下非物质文化遗产在保护与文化价值传承方面存在的问题提出保护的完整性、价值挖掘的深层次性以及价值传承的可持续性等三大基本属性⑤。苏卉对非物质文化遗产资源的旅游价值进行综合评价，采用多层次灰色综合评价的定量研究方法构建相应指标，并确定适用于我国的非物质文化遗产旅游价值的评价模型，丰富了非物质文化遗产价值的量化研究方法⑥。梁圣蓉、阚耀平将非物质文化遗产自身价值细化成

---

① 张成渝：《从遗产和自然环境的关系看文化遗产的地质学价值——以八达岭风景名胜区为例》，《中国园林杂志》2003年第3期。
② 于维墨等：《世界自然遗产价值及旅游开发探析——以云南石林为例》，《资源与产业》2012年第3期。
③ 陈炜：《基于TCM和CVM方法的生态科普旅游资源价值评估——以桂林喀斯特世界自然遗产地为例》，《社会科学家》2019年第1期。
④ 王宁：《非物质遗产的界定及其价值》，《学术界》2003年第4期。
⑤ 李淑敏、李荣启：《论非物质文化遗产的保护原则》，《船山学刊》2005年第3期。
⑥ 苏卉：《非物质文化遗产旅游价值的多层次灰色评价》，《北京第二外国语学院学报》2010年第9期。

三大类，即传承价值、存在价值、开发价值，把相关利益主体的价值细化为非物质文化遗产传承人价值、目的地居民价值、当地政府以及旅游者价值等，研究了两种对应主体之间的价值关系，最终对非物质文化遗产资源的特性及价值从多视角进行阐述①。张叶露将非物质文化遗产的艺术价值单独作为研究对象进行深层次剖析，指出非物质文化遗产的艺术价值体现为它蕴含着民族的艺术精神，强调对非物质文化遗产艺术价值的挖掘能够丰富当代艺术学的研究与发展，同时还应重视保护与传承②。

（二）旅游发展

国内学者的研究中，李蕾蕾将不同类型遗产旅游的开发与保护条件以及效应进行了多方面的对比分析，涉及工业遗产旅游、古遗址旅游、古城镇旅游等遗产地类型，最终确定了以上几种类型遗产地在旅游开发与保护中应注意的问题以及发展方向③。谢朝武、郑向敏系统梳理了国内外文化遗产旅游的相关报道，从理论角度找到文化遗产旅游的研究方向和重点，并归纳了在实践应用中可供借鉴的先进经验，在此基础上确定了我国文化遗产旅游的研究方法与体系④。宋振春、朱冠梅从旅游者角度研究世界遗产地旅游开发模式，选择曲阜世界遗产地为研究对象，通过调查问卷的形式分析了曲阜文化遗产资源的价值、吸引力以及表现形式，得出遗产地在进行旅游产品开发时应注意遗产

---

① 梁圣蓉、阚耀平：《非物质文化遗产的旅游价值评估模型》，《南通大学学报》（社会科学版）2011年第6期。
② 张叶露：《非物质文化遗产的艺术价值》，《河南教育学院学报》（哲学社会科学版）2015年第3期。
③ 李蕾蕾：《逆工业化与工业遗产旅游开发：德国鲁尔区的实践过程与开发模式》，《世界地理研究》2002年第3期。
④ 谢朝武、郑向敏：《关于文化遗产旅游研究的若干思考》，《桂林旅游高等专科学校学报》2003年第2期。

资源的创意转化与目的地服务质量两方面的结论[①]。雷蓉、胡北明通过对民间文学类、表演艺术类、文化空间类、仪式与节日类等不同类型的非物质文化遗产进行深层次以及系统的梳理与分析,归纳并确定了各类物质文化遗产之间内涵、特征、承载与传承形式、开发模式以及衍生发展等属性的异同,整理出相关旅游发展对策[②]。张荣天、管晶以安徽皖南地区作为案例地,研究其现有文化遗产资源的保护现状与程度,以罗森伯格—菲什拜因模型定量方法建立文化遗产资源评价指标体系,得到该地区未来文化遗产与旅游开发的方向和策略,丰富了遗产资源评价的量化研究体系[③]。

(三) 产业经济

国外学者 Joaquín Murillo Viu、Javier Romaní Fernández、Jordi Suriñach Caralt 选取位于西班牙格拉纳达的世界遗产 alhambra 和 generalife 建筑群进行案例研究,通过量化并分析影响因子,得出旅游业通过强有力的部门间关系发挥了强有力的推拉效应的结论[④]。Ha Inhyuck、"Steve"和 Grunwell Sandra S. 考察了美国传统铁路大烟山对周边农村经济的经济影响,发现大烟山铁路对该地区产生了深远的影响[⑤]。比如对区域经济做出了重大贡献,并根据游客满意度提供了超

---

① 宋振春、朱冠梅:《世界文化遗产旅游深度开发研究——以曲阜为例》,《旅游学刊》2007年第5期。

② 雷蓉、胡北明:《非物质文化遗产旅游开发模式分类研究》,《商业研究》2012年第7期。

③ 张荣天、管晶:《非物质文化遗产旅游开发价值评价模型与实证分析——以皖南地区为例》,《旅游研究》2016年第3期。

④ Joaquín Murillo Viu, Javier Romaní Fernández and Jordi Suriñach Caralt, "The Impact of Heritage Tourism on an Urban Economy: The Case of Granada and the Alhambra", *Tourism Economics*, Vol. 14, No. 2, 2008, pp. 361–376.

⑤ Ha Inhyuck, "Steve" and Grunwell Sandra S., "The Economic Impact of a Heritage Tourism Attraction on a Rural Economy: The Great Smoky Mountains Railroad", *Tourism Ana (2) sis*, Vol. 16, No. 5, 2011, pp. 629–636.

值的服务，有助于使该地区的旅游产品多样化，增强其独特性并振兴其旅游业。

国内相关研究中，李萱等从地理学角度研究城市空间改造过程中的文化遗产保护，基于经济学理论和比较分析法理论考察了旧城翻新的内在原理，认为文化遗产的保护与传承同样需要依据经济学方面的知识来分析，进一步得出文化遗产在城市旅游开发过程中的可持续方向与城市公共政策的实施方向是保持一致的结论[①]。阮仪三等对旅游地社区文化遗产保护在市场经济下的现状与存在的问题作了探讨，将社区中保留的文化遗产看作以国家为主体进行保护引导与资源调配的具有公共属性的遗产，进一步分析政府在文化遗产开发与保护中的地位以及作用，认为在市场经济背景下，目的地在实践中进行城市规划的设计中需要考虑到文化遗产的公共利益的属性[②]。华春霞、贾鸿雁将经济学与非物质文化遗产旅游研究结合起来，基于符号经济理论研究非遗旅游开发与保护中的经济学问题，丰富了国内非物质文化遗产旅游领域中的研究[③]。王忠等从游客旅游体验过程中的感知出发，运用体验经济理论研究非物质文化遗产旅游产品与项目的开发设计，并进一步比较分析不同遗产类型，最终提出针对各类遗产以及目的地的旅游产品设计策略[④]。

[①] 李萱、赵民：《旧城改造中历史文化遗产保护的经济分析》，《城市规划》2002年第7期。

[②] 邵甬、阮仪三：《市场经济背景下的城市遗产保护——以上海市卢湾区思南路花园住宅为例》，《城市规划汇刊》2003年第2期。

[③] 华春霞、贾鸿雁：《非物质文化遗产与旅游开发》，《东南大学学报》（哲学社会科学版）2007年第A2期。

[④] 王忠、吴昊天：《体验经济视角下的非物质文化遗产旅游开发研究：以澳门非物质文化遗产的旅游开发为例》，《青海社会科学》2017年第6期。

（四）保护管理

国外学者 Harriet Deacon 提出非物质文化遗产保护具有重要性[①]。Brenda Barrett研究了从保护鱼类和野生动物栖息地到国家公园服务的国家景观保护政策的发展。通过分析不断发展的文化景观运动，建立了大型景观保护与景观网络发展之间的联系[②]。

国内学者阮仪三对国内及国际上的遗产保护研究做了总结，指出要持续地深化和扩张保护的深度与范围，不断增设和补充保护内容[③]。陶伟从可持续的视角出发，探讨世界遗产旅游发展，继而以我国世界遗产为例，探讨开发旅游中的问题，并确立了与我国世界遗产相适应的可持续发展方案及运作模式，即正确掌握开发与保护、过度与适度、数量与质量、经济与文化之间的关系[④]。王兴斌针对自然文化遗产的保护与管理问题进行研究，通过梳理与分析国际上广泛认可的保护与管理模式，基于自然文化遗产与旅游融合的特殊性与可持续性，构建了一种"四权分离但相互制衡"的管理模型，分别是经营权、管理权、监督权和所有权[⑤]。李传义将近代城市文化遗产保护研究作为整体进行分析，总结并归纳其环境因素、管理目的和研究意义，进一步按照城市遗产类型和等级构建出近代城市文化遗产保护体系，为城市遗产保护提供了系统性的研究[⑥]。陆建松通过对国内外遗产保护进行对比分析，发现我国缺乏本土化的文化遗产管理体制，需要以文化遗产行政管理体制改革、运行

---

① Brenda Barrett, "Large–Landscape Conservation: A New Frontier for Cultural Heritage", *Forum Journal*, Vol. 32, No. 3, 2011, pp. 13–21.

② Harriet Deacon, "Intengible Heritage in Conservation Management Planning", *International Journal of Heritage Studies*, No. 5, 2004, pp. 68–70.

③ 阮仪三：《世界及中国历史文化遗产保护的历程》，《同济大学学报》（人文·社会科学版）1998年第1期。

④ 陶伟：《中国"世界遗产"的可持续旅游发展研究》，《旅游学刊》2000年第5期。

⑤ 王兴斌：《中国自然文化遗产管理模式的改革》，《旅游学刊》2002年第5期。

⑥ 李传义：《近代城市文化遗产保护的理论与实践问题》，《华中建筑》2003年第5期。

机制和规范标准制定三个方面为基准来构建符合中国国情的文化遗产保护与管理体系[1]。另外，国内还有一些学者从图书馆[2]、博物馆等角度进行研究[3]。可以看出，我国对遗产的保护与管理方面的研究越来越丰富且趋向于成熟。

（五）游客与社区

国外学者得出旅游者和社区居民对文化遗产地发展旅游有重要作用的结论。Manjula Chaudhary 从游客的感知角度出发对遗产地旅游形象进行研究，通过分析游客对印度旅游的期望与满意度之间的差别，提出进一步完善遗产地旅游形象的建议和策略[4]。Mark P. Hampton 提出遗产地居民的有效参与具有必要性，这种必要性在被接受后可以令文化遗产给当地社区带来实际的经济和社会利益[5]。Aaron K. B. Yankholmes、Oheneba A. 考察了在黑色旅游或奴隶制遗产背景下，游客对丹麦遗产旅游的看法。结果表明，游客对丹麦的看法反映了他们对该遗址文化遗产属性的了解。此外，研究发现，游客对遗址有双重体验[6]。一种是与遗址的休闲活动相关的体验，另一种是基于背景赋予意义的体验。Mina Dragouni、Kalliopi Fouseki 探讨了遗产价值、旅游

---

[1] 陆建松：《中国文化遗产保护管理的政策思考》，《东南文化》2010 年第 4 期。

[2] 许鑫、赵嘉伦：《图书馆参与非物质文化遗产保护的现状与建议》，《图书情报工作》2014 年第 58 期。

[3] 秦一：《虚拟现实技术在文物遗产保护和博物馆教育中的应用研究》，《现代营销》（学苑版）2017 年第 1 期。

[4] Manjula Chaudhary, "India's Image as a Tourist Destination: A Perspective of Foreign Tourists", *Tourism Management*, Vol. 21, 2000, pp. 293–297.

[5] Mark P. Hampton, "Heritage, Local Communities and Economic Development", *Annals of Tourism Research*, Vol. 32, 2005, pp. 735–759.

[6] Aaron K. B. Yankholmes and Oheneba A., "Akyeampong. Tourists' Perceptions of Heritage Tourism Development in Danish – Osu", *Ghana*, Vol. 12, No. 5, 2010, pp. 603–616.

和目的地主办者所持的社区观念对参与遗产旅游开发意愿的推动作用①。以希腊的卡斯托利亚为案例地,通过态度调查收集定量数据。研究结果表明,参与的意图主要是由社区理想所驱动的,面对地方依恋高的社区成员的积极影响明显。

国内学者黄玉理对我国世界遗产地居民旅游发展的态度与感知方面进行了研究,案例选取世界文化遗产地平遥古城,研究具体包括当地居民的类型、对旅游业发展以来所带来的正面与负面的影响以及在未来发展的态度等,指出世界遗产地在旅游发展过程中应与社会居民构建一种和谐可持续的社会关系②。隋丽娜等从文化遗产旅游者的感知价值角度出发,通过量化研究建立了文化遗产旅游者感知价值测量表,同时也研究了中西方文化遗产旅游者的顾客价值差异,使文化遗产领域中感知价值的量化研究得到了发展③。严润成基于可持续发展角度对文化遗产旅游进行研究,以四川江油李白非物质文化遗产为例,认为要想持续地开发非物质文化遗产旅游,从政府、非遗传承人到地方民众,都要关注非遗这种特殊文化遗产的传承氛围的构建④。周丽洁、易伟新从消费者响应视角探讨文化遗产旅游产品的开发,分析游客个性化需求以及情感层次的深度体验,要为游客提供具有差异化和多元化的旅游体验,建立文化遗产旅游产品的开发与设计的多需求层次模式⑤。张瑛⑥、

---

① Mina Dragouni and Kalliopi Fouseki, "Drivers of Community Participation in Heritage Tourism Planning", *Journal of Heritage Tourism*, Vol. 13, No. 3, 2018, pp. 237 – 256.

② 黄玉理:《我国世界遗产地居民对旅游发展的态度与感知研究——以平遥古城为例》,《桂林旅游高等专科学校学报》2006 年第 1 期。

③ 隋丽娜等:《中西方文化遗产旅游者感知价值差异研究》,《旅游科学》2009 年第 6 期。

④ 严润成:《非物质文化遗产旅游可持续发展的实证研究》,《商业经济研究》2011 年第 6 期。

⑤ 周丽洁、易伟新:《消费者响应视角的非物质文化遗产旅游开发探讨》,《求索》2013 年第 12 期。

⑥ 张瑛等:《"旅游绅士化"与农耕文化遗产地可持续发展——以联合国教科文组织(UNESCO)世界遗产地元阳梯田为例》,《中央民族大学学报》(哲学社会科学版)2016 年第 6 期。

马斌斌等学者均从各利益主体对遗产地可持续发展进行研究，认为在文化遗产可持续发展中，政府、开发商、社区居民、旅游者均有着不同的存在价值和意义，遗产地旅游的可持续发展需要各方在开发和保护方面相互达成共识，在社会环境、经济、文化等方面共同促进与发展是遗产地发展实现可持续的根本[①]。

就整体而言，在文化遗产保护利用领域，国内的研究进展良好，不仅速度很快，而且内容丰富，涉及范围较广。然而与国际研究进程相较而言，还需进一步拓展和补充完善，尤其是以下方面。首先，现有的研究多侧重于文化遗产保护、城市发展、旅游发展，忽略了基础理论认识和先进的保护技术手段；其次，虽然从体量上来看，研究案例相当可观，然而多是一般性的论述与分析，学科背景与研究方法单一，且多是有形的文化遗产，较少涉及非物质遗产及口述内容。由于文化遗产保护利用属于一种多学科、跨领域的工程，涉及文化学、考古学、民族学、旅游学、历史学、建筑学、管理学、经济学，且涉及国家、地方居民、开发企业乃至整个社会。鉴于此，文化遗产的研究也要尝试从不同的层面和维度切入，进行多元化、多层次的探讨。

二 关于世界遗产的相关研究

（一）国外相关研究

关于世界遗产的研究起源于20世纪80年代，研究地区主要集中在大洋洲，到20世纪90年代，美洲、欧洲等地区开始出现世界遗产相关研究。国外世界遗产的研究偏重于实践应用，注重现实效益，解

---

① 马斌斌、鲁小波：《基于扶贫视角的中国土司遗产可持续旅游开发与保护研究》，《广西民族研究》2016年第3期。

决实际问题；理论基础类研究较少。① 主要涉及以下几个方面。

1. 世界遗产地旅游规划

Jonathan Wager 研究发现自然和文化资源的可持续发展是吴哥窟世界遗产地的战略重点所在。② Teresa Andresen 等论述了绿色走廊概念（Greenway Concept）这一风景规划工具在上杜罗葡萄酒产区文化风景区应用的原则、方法及效果③。Susanna Heldt Cassel 和 Albina Pashkevich 探讨了世界遗产地旅游规划中的创新过程，采用定性方法，如访谈和分析五个选定的瑞典世界遗产遗址的书面材料，并对法伦大铜山进行深入分析，归纳出瑞典世界遗产旅游规划中的可供其他世界遗产地借鉴之处以及未来发展方向④。

2. 世界遗产管理与旅游可持续发展

Audrey Gilmore 和 David Carson 等以世界遗产地为背景，探讨了可持续旅游营销，并将可持续旅游营销定义为结合特定区域的社会、经济和环境观点的营销，认为可持续旅游发展的战略营销方法对世界遗产地的管理至关重要。Sally M. Farid 通过对马里和埃塞俄比亚等非洲国家的案例研究，讨论了世界遗产地的旅游管理以及旅游业对经济发展的影响。结果表明，遗址的存在与游客数量正相关，当地居民通过部署和体现文化资本，在文化旅游中发挥着关键作用并从中受益⑤。

---

① 王惠：《世界遗产可持续发展实践模式研究综述》，《桂林旅游高等专科学校学报》2007 年第 1 期。

② Jonathan Wager, "Developing a Strategy for the Angkor World Heritage Site", *Tourism Management*, Vol. 16, No. 7, 1995.

③ Teresa Andresen, Fernando Bianchi de Aguiar and Maria JoséCurado, "The Alto Douro Wine Region Greenway", *Landscape and Urban Planning*, Vol. 68, No. 2 – 3, 2004.

④ Susanna Heldt Cassel and Albina Pashkevich, "World Heritage and Tourism Innovation: Institutional Frameworks and Local Adaptation", *European Planning Studies*, Vol. 22, No. 8, 2014.

⑤ Sally M. Farid, "Tourism Management in World Heritage Sites and its Impact on Economic Development in Mali and Ethiopia", *Procedia – Social and Behavioral Sciences*, Vol. 211, No. 25, 2015.

EvaParga Dans、PabloAlonso González 通过混合方法将遗产管理和可持续旅游领域统一起来，提供了一个理论贡献，它展示了西班牙阿尔塔米拉世界遗产地的社会层面，结合了定性和定量技术①。研究结果提供了关于决定世界遗产社会价值的多种因素的信息，即存在价值、美学价值、经济价值和遗产价值，以及与低估当代社会价值相关的风险。

3. 世界遗产地居民

Lorraine Nadia Nicholas、Brijesh Thapa and Yong Jae Ko 调查了影响当地社区居民支持管理区作为世界遗产地的因素，以及他们对可持续旅游业发展的支持。发现社区依恋对支持行为有积极影响，而环境态度通过对遗产管理区的感知间接影响支持行为，指出世界遗产旅游发展中社区参与的重要性②。Rasoolimanesh S. Mostafa、Jaafar Mastura 等采用动机、机会和能力模型调查了世界遗产地社区参与的影响因素③。研究结果表明，在低水平的社区参与中动机产生的正向影响最大，在高水平的社区参与中机会的影响最大。在能力维度中，即认知和知识维度，研究结果表明，认知程度越高的居民对低水平的社区参与越感兴趣，而知识程度越高的居民对高水平的社区参与越感兴趣，研究结论进一步为旅游业发展和世界遗产地保护与管理做出了贡献。

4. 世界遗产地游客

S. Lucia、Lorraine、Lorraine Nicholas 和 Brijesh Thapa 将游客确定为可持续旅游业发展的关键利益攸关方群体，基于可持续旅游发展框架

---

① EvaParga Dans and PabloAlonso González, "Sustainable Tourism and Social Value at World Heritage Sites: Towards a Conservation Plan for Altamira, Spain", *Annals of Tourism Research*, Vol. 74, 2019.

② Lorraine Nadia Nicholas, Brijesh Thapa and Yong Jae Ko, "Residents' Perspectives of a World Heritage Site", *Annals of Tourism Research*, Vol. 36, No. 3, 2009.

③ Rasoolimanesh S. Mostafa, Jaafar Mastura, Ahmad A. Ghafar, et al, "Community Participation in World Heritage Site Conservation and Tourism Development", *Tourism Management*, Vol. 58, 2016.

审查了游客对环境、经济和社会的态度,并探讨了支持可持续旅游发展的态度的效果和最佳预测有效性①。研究了他们对世界遗产地皮顿管理区可持续旅游业发展的看法和支持。结果表明,首先人们的态度总体上是积极的,经济态度指数的预测力最高;其次是社会态度指数、环境态度指数不显著。

5. 城市发展与遗产保护

John Pendlebury、Michael Short and Aidan While 讨论了将传统的保护概念转化为城市世界遗产所代表的多样化和动态化的城市环境的困难,以及由此产生的对其管理的挑战,在对英国三个城市进行分析研究后提出城市世界遗产的一系列管理创新②。Victor T. King 和 Michael J. G. Parnwell 考察了在泰国为旅游而动员教科文组织世界遗产遗址的过程中,与保护、管理的必要性相对立的一些内在矛盾③。选取了两个文化遗址和一个自然遗址,具体分析大都市产生的物质发展给遗产地带来压力的方式,以及快速变化的生活方式、消费和休闲模式以及文化价值观如何重新定义对国家遗产的利用和态度。

可以看出,国外关于世界遗产的研究侧重于可持续发展方面,主要涉及世界遗产地旅游开发与保护、可持续性的规划、一定的社区参与等来保证世界遗产的可持续发展。

(二) 国内相关研究

中国自加入《保护世界文化和自然遗产公约》以来,相关领域的

---

① S. Lucia, Lorraine Nicholas and Brijesh Thapa, "Visitor Perspectives on Sustainable Tourism Development in the Pitons Management Area World Heritage Site", Environment, Developmerrt and Sustainability, Vol. 12, No. 5, 2010, pp. 839 – 857.

② John Pendlebury, Michael Short and Aidan While, "Urban World Heritage Sites and the Problem of Authenticity", Cities, Vol. 26, No. 6, 2009, pp. 349 – 358.

③ Victor T. King and Michael J. G. Parnwell, "World Heritage Sites and Domestic Tourism in Thailand", South East Asia Research, Vol. 19, No. 3, 2011, pp. 381 – 420.

学者们开始了对世界遗产研究的关注，主要有以下几个方面。

1. 关于世界遗产的价值与功能研究

谢凝高基于对世界遗产内在价值分析的基础上，关注世界遗产的衍生功能，发现其具有科学文化研究、基础知识教育、旅游吸引，以及丰富个体内涵和体验等主要功能，并进一步认为世界遗产最重要的功能应当是科学文化研究[①]。郑易生从经济学角度研究了自然文化遗产的经济价值，基于利益相关者理论将文化遗产的潜在经济价值、实际经济价值以及相关的利益群体凝聚在一起，深刻地论述自然文化遗产价值对与其相关的利益群体的影响，如政府层面对遗产地进行引导规划、社区居民群体对遗产地环境保护等方面[②]。陈来生的研究侧重于从审美价值与历史文化价值，基于该视角出发进行论述，认为艺术价值与历史价值是评定重点遗产的基本条件[③]。陈先元在论述中，将世界遗产视为媒介的一种，在此基础上提出世界遗产应具备的一些基本的社会功能——作为讨论案例用于进行教育传播、作为分析文本用于进行文化传播、作为短缺资源用于促进经济传播[④]。另外，也有大量的学者主张基于社会教育功能的视角进行讨论。如陈孟昕、张昕清楚地表示，在保护和传承文化遗产中，地方高等院校要积极地承担起桥梁和载体的角色，为文化遗产传承、传播提供助力[⑤]。孙克勤从更深的层面出发，主张将世界遗产教育常规化和普及化，即在日常教学中导入世界遗产知识，既能够补充和创新教育资源，还能够借助各学科教育渗透和传播文化遗产知识，促使自然与文化遗产成为一项广泛普及的教育

---

① 谢凝高：《"世界遗产"不等于旅游资源》，《北京规划建设》2001年第6期。
② 郑易生：《自然文化遗产的价值与利益》，《经济社会体制比较》2002年第2期。
③ 陈先元：《作为媒介的世界遗产》，《上海交通大学学报》（哲学社会科学版）2004年第3期。
④ 陈先元：《作为媒介的世界遗产》，《上海交通大学学报》2004年第3期。
⑤ 陈孟昕、张昕：《中国高等院校首届非物质文化遗产教育教学研讨会综述》，《湖北美术学院学报》2003年第4期。

课题①。薛岚、吴必虎等通过对世界遗产历史发展的回顾，对我国世界遗产价值的转变提出五个思路，分别是从高贵到朴素、从专业到大众、从经济到教育、从静态到动态和从保护到传承等，指出这些转变带来了世界遗产价值的传播研究，继而在对遗产传播概念进行初始界定的基础上，纳入传播学基本理论，选取传播内容、传播通道和传播效果三个角度对世界遗产价值的传播系统进行了构建②。周睿、钟林生等研究对象为乡村世界遗产，以28处独立且仍有人类活动的乡村世界遗产为例，归纳总结了乡村规划布局、文化艺术、杰出建筑和土地利用等4大乡村世界遗产核心价值③。同时得出，我国的乡村世界遗产申遗工作起步晚、地域受限、类型单一等，并且提出相应解决对策。刘兴宜、熊康宁等以世界遗产中的条件价值评估法为研究对象，阐明条件价值评估法内涵以及发展过程，梳理条件价值评估法在国内外遗产价值评估中的应用范围，分析条件价值评估法应用于遗产价值评估中存在的因认知而导致研究的局限性以及方法可能导致的各类偏差，并提出解决方法④。

2. 关于世界遗产原真性与完整性的研究

张松在研究中选择以徽州文化生态保护实验区为样本展开讨论，基于对无形遗产与有形遗产、文化遗产与自然遗产的对比分析，探寻保护文化生态的整体性策略与区域性方案⑤。同时指出，无论是何种形态的遗产资源，在实施保护时都要强调原真性和完整性两大

---

① 孙克勤：《对世界文化和自然遗产教育的探讨》，《中国地质教育》2004年第4期。
② 薛岚等：《中国世界遗产的价值转变和传播理念的引出》，《经济地理》2010年第5期。
③ 周睿等：《乡村世界遗产特征与价值研究》，《世界地理研究》2016年第4期。
④ 刘兴等：《条件价值评估法在世界遗产价值评估领域研究进展》，《科技管理研究》2018年第23期。
⑤ 张松：《文化生态的区域性保护策略探讨：以徽州文化生态保护实验区为例》，《同济大学学报》（社科版）2009年第3期。

原则。徐嵩龄解读了 authenticity 的含义，提出相较于"真实性"的说法，很明显"原真性"更为贴切、准确、全面，认为原真性含义比较丰富，强调原真性是所有文化遗产必备的要素，其在后来的研究中对"原真性"这一概念在国际遗产界的演进做了总结，并基于遗产管理、逻辑框架、当代理解、遗产保护技术的视角做了相当深刻的阐述①。张成渝等解析比对了"完整性""真实性"在世界遗产保护中的内涵，并对这两大概念在国内的应用和演变做了概括②。蒋昕等从原真性出发，对黄鹤楼进行讨论，认为保护景观建筑的原真性不同于遗产建筑，两者截然不同，不仅是保护原则侧重不同，保护实践也存在显著的差异③。陈勇对遗产原真性与旅游遗产的内涵及概念作了解析，分析讨论了两者的相互关系④。徐红罡、万小娟等指出以"原真性"为核心的世界遗产保护和管理是一个社会建构的过程，因此从地方性构建的视角出发，通过对宏村遗产保护规划管理的过程及效果进行分析，探讨在中国自上而下的政权体制下，建构原真性文化遗产和对其保护的特点⑤。结果表明，在宏村遗产保护规划管理中的文化遗产原真性的建构是政府主导的，是一个自上而下的过程，该遗产保护具有表面化、静态化、无机化、旅游化特点。本土声音特别是当地社区居民的话语权缺失，原真性为"国际的"、政府的和精英意识的，失去了其

---

① 徐嵩龄：《第三国策论中国文化与自然遗产保护》，科学出版社 2005 年版，第 103—124 页；徐嵩龄：《遗产原真性·旅游者价值观偏好·遗产旅游原真性》，《旅游学刊》2008 年第 4 期。

② 张成渝、谢凝高：《"真实性和完整性"原则与世界遗产保护》，《北京大学学报》（哲学社会科学版）2003 年第 2 期。

③ 蒋昕、张军：《黄鹤楼文化旅游的深度开发——基于文化遗产真实性的分析》，《湖北经济学院学报》2007 年第 6 期。

④ 陈勇：《遗产旅游与遗产原真性——概念分析与理论引介》，《桂林旅游高等专科学校学报》2005 年第 4 期。

⑤ 徐红罡等：《世界遗产原真性原则的地方性建构——以宏村为例》，地理学核心问题与主线——中国地理学会 2011 年学术年会暨中国科学院新疆生态与地理研究所建所五十年庆典论文摘要集，2011 年。

植根于本土文化、民族文化和大众的真正意义。陈享尔、蔡建明等基于原真性学说针对游客感知与世界遗产资源旅游发展内涵作了相关性论述①。对世界遗产故宫博物院实证研究的结果表明，数学集合理论模型能够很好地模拟游客原真性感知与遗产资源发展内涵之间的内在联系，继而建立了"相离关系""相交关系""包含关系Ⅰ""包含关系Ⅱ"和"重合关系"5种集合式关系。

3. 关于世界遗产旅游开发与保护的研究

吴必虎等借助问卷调查、计量地理学理论、空间结构、地理信息系统等手段，探讨和分析了中国世界遗产地潜在的庞大旅游开发需求，继而提出加强世界遗产地保护的主张②。杨锐提出开发遗产地旅游要建立在科学化的基础之上，并强调以保护为前提，根据资源状况选择适合开展旅游的遗产地③。陈来生提出要学习发达国家遗产地保护理念与举措，主张开发要立足于公益性，不能本末倒置、过度追求盈利④。陈耀华、赵星烁等表示只有做好了遗产保护，才能产生持久的吸引力，才能实现持续的旅游开发，与此同时繁荣的旅游有助于更好地保护遗产，促进遗产绽放活力⑤。陈峰云、范玉仙、朱文晶等同样主张通过科学的规划可以调和遗产保护与开发的冲突。开放旅游的首要准则是"保护第一"，同时结合科学的管理与保护举措⑥。庄优波、徐荣林等对九寨沟进行实地勘察后指出在其可持续旅游发展的进程中，需要关

---

① 陈享尔等：《游客原真性感知与世界遗产资源原真性内涵集合式关系研究》，*Journal of Resourecs and Ecololgy* 2014 年第 5 期。
② 吴必虎等：《中国世界遗产地保护与旅游需求关系》，《地理研究》2002 年第 5 期。
③ 杨锐：《关于世界遗产地与旅游之间关系的几点辨析》，《旅游学刊》2002 年第 6 期。
④ 陈来生：《中国世界遗产旅游可持续发展研究简述》，《学术月刊》2003 年第 11 期。
⑤ 陈耀华、赵星烁：《中国世界遗产保护与利用研究》，《北京大学学报》（自然科学版）2003 年第 4 期。
⑥ 陈峰云等：《世界文化遗产旅游开发与保护研究——以平遥古城为例》，《华中师范大学学报》（自然科学版）2007 年第 1 期。

注游客规模和游客容量测量①。生态环境和生物多样性受游客规模的影响，而游客容量测量作为实时数据载体其中缺少了生物多样性的监测数据，所以要建设以监测为基础的游客容量适应性管理机制。唐培、张国超从武当山世界遗产地当地居民和游客感知的视角出发，构建评估指标体系，进行模糊综合评价，得到该遗产地旅游影响不佳的情况②。虽然说对经济影响较好，但是在环境方面与社会文化方面的影响极其不良，需加强改善。欧文仪、贾亮从旅游者的视角出发，研究世界遗产地形象感知，基于携程网上关于布拉格的游记的数据，运用内容分析法，通过构建分析类目对数据进行归类，运用相关软件对数据进行解译，归纳出国内旅游者对布拉格的旅游目的地形象感知③。官彬以湖北省唐崖土司城为例，针对乡村类世界遗产作了探讨，寻找适合的保护与开发路径，提出乡村类世界遗产的保护和旅游开发工作的协调互利是该类遗产管理中的重要环节，他将湖北省唐崖土司城视为乡村类遗产管理工作的典范，分析并归纳其管理经验如下④。强调保护优先的根本原则，强化整体保护意识；重视土司制度及文化的挖掘和研究；与地方文化传承、产业发展、生态保护相顺应；赢得政府、村民、学者的支持与参与，共同为开发和保护遗产助力。

近些年在国际遗产理念的相关讨论中，中国十分活跃。基于对现代遗产理念的充分汲取，作为东亚文化遗产保护的代表，中国的保护思路及经验在国际遗产学界备受关注，并得到广泛的理解和认同。在

---

① 庄优波等：《九寨沟世界遗产地旅游可持续发展实践和讨论》，《风景园林》2012年第1期。
② 唐培、张国超：《武当山世界遗产地旅游影响测评研究》，《湖北工业职业技术学院学报》2016年第2期。
③ 欧文仪、贾亮：《中国游客对世界遗产地布拉格的旅游目的地形象感知——基于携程网数据分析》，《热带地貌》2017年第1期。
④ 官彬：《乡村类世界遗产的保护与旅游开发——以湖北省唐崖土司城为例》，《湖北社会科学》2019年第2期。

世界遗产领域的研究上，我国虽然已经取得了相当丰硕的成果，涉猎的范围也相当宽泛，然而在个别领域仍有不足，需加强补充和强化。首先，现有的课题多集中在旅游开发及如何实现可持续上，忽略了对文化景观、农业文化遗产、线性文化遗产、红色遗产等其他遗产类型的关注。其次，中国的世界遗产原真性与完整性的研究主要集中在世界遗产地旅游开发与原真性感知方面，关于地质、生态、生物多样性等自然遗产自身保护的原真性和完整性研究是单一匮乏的。最后，现有研究基本上都关注到了遗产资源损毁的问题，然而却未找到科学可行的解决方案，只有一些宏观框架，没有针对性和技术性，且高度雷同。

三 关于文化竞争力的相关研究

文化竞争力是以文化软实力为植根点萌发而来，早在20世纪70年代末被应用于企业研究，之后被引入综合国力研究，得到进一步的拓展和补充。学术界关于文化竞争力的相关研究较为丰富，初期研究多聚焦于文化竞争力的理论解读。哈佛大学教授约瑟夫·奈表示"软实力具有同化性和吸引性，源自政治观、文化内涵及外交政策"，肯定了竞争力中文化的意义及作用。刘本锋基于全球化经济背景，提出文化是构成综合国力的根本要素，并逐步占据国际竞争的核心地位，其可以分为"意态文化"和"物态文化"，是在与对手方竞争的过程中展示的优势①。田丰表示，时下的国际竞争开始转向文化竞争，全球化背景下，面临的是文化竞争和创新，比拼的是文化竞争力，也就是个体的本质力量，这是基于社会交往和生产实践而产生的②。柳泪指出，在改变世界的诸多因素中，文化竞争力是最根本、最持久、意义最深

---

① 刘本锋：《论增强我国文化竞争力》，《求实》2003年第8期。
② 田丰：《论文化竞争力》，《马克思主义研究》2006年第2期。

刻的一种因素。其是以某一地区作为行为主体，与同一层次的其他行为主体在区域一体化和经济全球化下的比拼，在各种情境下消除对手方的干扰，形成持续的影响力，直至达成该区域既定的文化价值目标①。

学术界主要从文化产业竞争力、城市文化竞争力等视角在实证方面对此问题进行了广泛探讨。

(一) 文化产业竞争力

国外关于文化产业的研究最早可以追溯到20世纪30年代，在文化产业与文化竞争力的融合研究过程中依赖于产业竞争力理论的相关基础，直至21世纪初，有关文化产业竞争力的研究已经是相当丰富，学者们分别从多视角、多维度以及多元研究对象出发进行了大量研究。迈克尔·波特将关注点放在影响文化产业竞争力的相关因素方面，从国际视角出发，运用因子分析法得出影响国际文化产业竞争力的7方面，涉及资源赋能、发展展望、利益相关者、供应链、组织战略、竞争与合作以及市场环境等，并进一步认为以上指标能够从国家层面提升文化竞争力能力和水平。Eui–Burm Park、Shasha Yu 在分析国际文化贸易的基础上，运用灰色系统理论，建立了基于钻石模型的文化产业国际竞争力评价模型指标；② 发现发展中国家拥有扩大其文化贸易的巨大潜力，指出了文化产业的重要领域和潜在领域。国内关于文化产业竞争力的研究从20世纪90年代才开始以相关的国外理论为依托，进行梳理、整合、提炼，还未形成系统性的理论，也没有评价文化产

---

① 柳泪：《文化竞争力提升背景下政府文化管理职能创新研究》，湖南大学，硕士学位论文，2011年。

② Eui–Burm Park and Shasha Yu, "The Factors of Cultural Industry Competitiveness – The Comparative Study of China, Korea, Japan, and United States", *The Journal of Korea Research Society for Customs*, Vol. 10, No. 4, 2009, pp. 557–584.

业竞争力的标准模型与成熟的指标，研究者大多是从所在的研究领域出发，依托于国际理论体系，基于不同角度进行模型建设及指标设计。祁述裕从竞争力理论出发，导入了环境竞争力、基础竞争力、核心竞争力，并结合政府行为、需求状况、生产要素、需求状况、文化企业战略、相关辅助产业五大要素，创设出含有67个指标、17个竞争面评价体系及评价模型[1]。赵彦云等对36个省（市）从文化产业的运行过程和环境的方向进行了文化产业竞争力量化分析，为此构建了一个指标体系，其中包括106个固定指标、7个要素、21个子要素[2]。万君宝以西方企业为研究对象，分别从宗教文化、种族文化、企业行为、企业功能和国际政治等五个视角来分析其企业文化竞争力[3]。顾乃华、夏杰长立足于文化服务业，以国内文化产业领先的地区为对象，实施竞争力评价，创设了有14个竞争点、12个竞争面、3个模块构成的指标系统，并通过因子分析确立各个指标的权重，并算出9个代表性城市的竞争力[4]。叶丽君、李琳基于层次竞争力理论，分别从现实竞争力与潜在竞争力切入，确立了发挥基础作用和决定性作用的23个具体指标及8个模块，并借助聚类分析法，评价分析国内各省的文化产业竞争力，概括了各地的竞争力水平和差异情况及应对方案[5]。李卫强围绕文化产业竞争力创设了对应的评价指标体系，在此基础上以北京市文化产业为样本，在实证分析后，针对北京市文化产业竞争力的优劣提出

---

[1] 祁述裕：《中国文化产业国际竞争力报告》，社会科学文献出版社2004年版。
[2] 赵彦云等：《中国文化产业竞争力评价和分析》，《中国人民大学学报》2006年第4期。
[3] 万君宝：《西方文化竞争力研究的五种视角》，《上海交通大学学报》（哲学社会科学版）2007年第6期。
[4] 顾乃华、夏杰长：《我国主要城市文化产业竞争力比较研究》，《商业经济与管理》2007年第12期。
[5] 叶丽君、李琳：《我国区域文化产业竞争力评价与差异分析》，《科技管理研究》2009年第3期。

相关政策建议①。王文锋探讨了国外文化（创意）产业指数在我国的本土化应用。同时在我国本土化文化产业竞争力评价模型及指标体系上总结出了具有代表性的五类②。杨霞构建指标体系，涉及居民文化基本素质、城市文化发展潜力以及城市文化环境三个要素，评估不同城市居民文化素质，辅以回归分析，得到城市居民文化素质与城市文化产业竞争力正相关的结论③。程浩、黄晶莹在"钻石模型"的基础上，建构了6大维度评价系统，包括发展基础、生产要素、文化创新能力、政府行为、产出效益和关联产业，以全国31个省2017年的截面数据为样本，综合运用Q型层次聚类分析、探索性因子分析以四川为样本开展文化产业竞争力的实例分析④。

（二）城市文化竞争力

国外围绕城市文化竞争力的相关研究中，学者多进行比较分析和指标建立等，在城市竞争力框架下进行城市文化竞争力要素的比较。Ruxandra Irina Popescu 强调从城市文化竞争力的角度对一个国家的城市地区进行定性和优先排序，通过使用一些标准和指标来显示各个城市所取得的经济和社会发展，并将针对特定类型产生的指标进行分析得出的结论作为制定战略和目标的起点，最终得出这些战略和目标是通过针对城市和区域规划的战略和方案确立的结论⑤。Alessia Mariotti 运用系统地理方法，通过文化路线分析环境改善战略中的一些核心要素，

---

① 李卫强：《北京市文化产业竞争力的实证研究》，《国际贸易问题》2012年第3期。
② 王文锋：《文化产业竞争力评价模型及指标体系研究述评》，《经济问题探索》2014年第1期。
③ 杨霞：《城市居民文化素质与文化产业竞争力关系实证研究》，《广西师范学院学报》（哲学社会科学版）2016年第1期。
④ 程浩、黄晶莹：《四川省文化产业竞争力的评价研究——基于因子分析和聚类分析》，《文化软实力研究》2019年第2期。
⑤ Ruxandra Irina Popescu, "Study Regarding the Ways of Measuring Cities Competitiveness", *Economia Seria Management*, Vol. 14, No. 2, 2011, pp. 288 – 303.

如城市规模、空间优化和与当地系统的整体整合水平[1]。Nevado Peña、Domingo、Alfaro Navarro、José Luis、López Ruiz、Víctor Raúl 运用智力资本模型来衡量和管理城市竞争力。以卡斯蒂利亚—拉曼查和另外 19 个西班牙城市为研究对象进行分析对比，随后提出了一个综合指标作为根据现有信息对泛城市进行排名的依据，最终根据各城市竞争力排名提出一个综合管理战略，解决有形和无形的竞争力问题[2]。国内围绕城市文化竞争力的相关研究中，聚焦于国家文化软实力的分析研究，其关注点主要落在两方面，一是文化软实力的评估，二是文化软实力的提升，只有个别将关注点放在了城市文化软实力上。阎学通、徐进基于定量的方式对比分析了中美两国的软实力，创设了由六大量化指标构成的评价系统，即国家模式吸引力、国际规则制定权、友好关系、文化吸引力、对国内社会上层及下层的动员力[3]。黄活虎选择以区域文化竞争力概念作为切入点，分别对以区域文化系统论为依据的区域文化竞争力、以区域文化共识论为依据的区域文化竞争力以及以文化异质论为依据的区域文化竞争力做了梳理比对，全面系统地论述了其特征及内涵[4]。陶建杰选择从城市软实力的内涵切入，创设了由自然环境、人口素质、社会和谐、文化资源、建构效果、传播力度构成的结构方程模型，在此基础上选取了 287 个城市作为样本，开展实证验证[5]。构建了包括政府执行力、社会和谐力、教育发展力、城市

---

[1] Alessia Mariotti, "Local System, Networks and International Competitiveness: from Cultural Heritage to Cultural Routes", *Almatourism - Journal of Tourism, Culture and Territorial Development*, Vol. 5, No. 3, 2012, pp. 81 - 95.

[2] Nevado Peña, Domingo, Alfaro Navarro, José Luis, López Ruiz, Víctor Raúl, "Castilla - La Mancha Cities' Competitiveness in Intellectual Capital as Compared to Other Spanish Cities", *Drustvena Istrazivanja*, Vol. 26, No. 4, 2017.

[3] 阎学通、徐进：《中美软实力比较》，《现代国际关系》2008 年第 1 期。

[4] 黄活虎：《我国区域文化竞争力概念研究综述》，《华东经济管理》2009 年第 11 期。

[5] 陶建杰：《城市软实力评价指标体系的构建与运用——基于中国大陆 50 个城市的实证研究》，《中州学刊》2010 年第 3 期。

凝聚力、文化号召力、区域影响力、形象传播力、环境舒适力的评价体系，同样以多个城市为样本，开展了实证验证。秦瑞英运用以公共文化服务力、文化辐射力、文化资源竞争力、文化创新力、文化价值转化力为代表的21个指标组成了一套系统的指标体系，在此基础上，导入因子分析法，选取了17个国内城市与广州做对比分析[①]。田卉基于"跑道模型"建立了城市文化竞争力评价指标体系，综合运用数学分析法及德尔斐法，进行权重分配，在此基础上通过现状观测、数据分析，对36个中心城市的现况与分布做了细致的比对与分析[②]。

基于对国内外文献阐述来看，学者们从各种角度出发，对文化竞争力开展了丰富的理论探讨，其中文化产业竞争力和城市文化竞争力关注度最高，地域文化竞争力的关注度较低。在文化竞争力研究上国外处于先行地位，这为我国的研究明确了基本的方向。在相关的研究中国内和国外表现出以下特点。第一，初期阶段，国外研究兼顾了文化与文化竞争力。最初，文化竞争力被国外学者视为一种现象，之后在企业中也发现了它的存在，并不断地拓展其影响力与重要性，从而引起学界的高度关注与深入探讨。第二，对竞争力的研究愈发宽泛，从不同的角度来挖掘其内涵。研究范围扩宽到了企业、城市、地区、国家等。研究内容包括城市和城市本身竞争力的构成要素，以及相关模型和机制、指标系统等。第三，由于文化竞争力是从竞争力中延伸出的一个新支，还没有系统成熟的理论依据和完善的指标系统，要通过文化科技与社会经济的持续推进慢慢补充和健全。第四，研究方法上，无论是关于文化产业竞争力还是城市文化竞争力的定量研究，对于竞争力指标的研究居多，多数学者在权重确定方面均采取熵值法、

[①] 秦瑞英：《基于因子分析法的广州城市文化竞争力比较研究》，《开发研究》2013年第4期。
[②] 田卉：《我国中心城市文化竞争力评价研究》，《市场研究》2016年第10期。

层次分析法、聚类分析法及因子分析法等对指标体系赋权。

四 关于世界遗产文化竞争力的相关研究

学术界对于世界遗产有关竞争力方面的研究集中于遗产旅游竞争力方面，关于世界遗产文化竞争力，较少有系统研究。

（一）遗产旅游竞争力

在遗产旅游竞争力的相关研究中，孙晓亚利用层次分析法对四川省六大世界遗产地景区竞争力进行研究和分析，认为各遗产地景区之间应开展旅游合作，实现各景区的共同发展，并提出了相应的竞合引导策略[①]。孙媛媛、杜忠潮等基于钻石模型对咸阳帝陵遗产旅游在生产要素、关联产业、支持产业、需求条件、企业的战略、竞争对手、结构以及政策等方面进行竞争力研究，结合当前遗产旅游发展新势头，为其旅游规划与决策提供依据[②]。龚文彪以张家界土家风情园为例，构建张家界非物质文化旅游竞争力评价指标，同时表示，资源吸引力、市场能力、创利能力及可持续发展能力四个准则层指标，以及17个评价指标的指标体系在评价非物质文化遗产旅游竞争力的必要性[③]。李杏、马婧、孙克勤在对庐山进行分析时，导入因子分析对建构的遗产旅游竞争力综合评价指标体系进行定量分析，并设计了综合评价模型，另外为庐山文化遗产如何提升旅游竞争力制订了参考方案[④]。

---

① 孙晓亚：《四川省世界遗产地旅游竞争力评价及竞合关系研究》，《成都理工大学学报》（社会科学版）2010年第2期。
② 孙媛媛等：《基于钻石模型的咸阳帝陵遗产旅游竞争力分析》，《经济研究导刊》2011年第33期。
③ 龚文彪：《张家界非物质文化遗产旅游竞争力评价研究：以"土家风情园"为例》，硕士学位论文，湖南师范大学，2012年。
④ 李杏等：《基于因子分析法的庐山文化遗产旅游竞争力评价研究》，《资源开发与市场》2014年第12期。

（二）文化遗产竞争力

在文化遗产竞争力的相关研究中，集中于对二者之间关系的研究。李昕指出，保护非物质文化遗产，是强化本国文化竞争力、提高在国际文化地位的有效办法，并阐述了保护和发展文化遗产对于强化文化竞争力的意义与作用，同时强调两者的协调与平衡，力争实现双赢[①]。管宁认为文化遗产作为一种文化资源存在，须经由一定方式的转换才能形成文化产业，主张运用创意和策划，促进文化遗产充分高效地由资源存量转化成产业竞争力[②]。苟园从我国基本国情出发，认为当下阶段文化遗产资源如果能顺利地转化为文化产业竞争力，有助于提升我国在国际文化领域的地位与影响力，继而实现文化竞争力的强化与文化遗产的保护[③]。

当今时代背景下，文化显然是驱动经济社会高质量发展必备的精神引擎与智力支撑，文化竞争力更是评估国际竞争力与综合国力的一个决定性指标。世界遗产作为大自然的馈赠和前人留给我们的重要财富，是一种珍贵的文化资源，随着国家对文化重视程度的加强以及人们对文化认知的深入，世界遗产的内涵与外延也都发生了巨变。而我国对于世界遗产与文化竞争力的融合研究才处于起步阶段，仅限于理论关系研究，缺乏量化实证以及历时性对比分析等的研究。

五 文献述评

综上所述，目前学术界关于遗产以及文化竞争力方面的研究已经

[①] 李昕：《保护非物质文化遗产增强文化竞争力》，《重庆文理学院学报》（社会科学版）2008年第3期。

[②] 管宁：《文化遗产与文化产业：从资源存量到产业竞争力》，《综合竞争力》2011年第5期。

[③] 苟园：《论基于增强文化竞争力的文化遗产保护》，《文化创新比较研究》2020年第2期。

取得了一系列丰硕的成果,为本研究提供了较好的参考与借鉴。但是,依旧存在一些有待改进或进一步深化的领域。第一,关于文化竞争力研究多数是从文化产业竞争力、城市文化竞争力角度展开,鲜有从宏观层面对世界遗产文化竞争力进行综合评价分析;第二,现有的关于文化遗产文化竞争力的相关文献,也均是从遗产旅游视角,基于对单个文化遗产旅游目的地进行具体的案例分析,侧重于旅游竞争力而非遗产文化竞争力,少有涉及文化学、地理学、经济学、管理学等多学科交叉分析的研究成果。截至2021年,中国世界遗产已经达56项,居世界第一位。面对我国遗产事业和文化旅游业的蓬勃发展,全面解读我国世界遗产文化竞争力的理论内涵,科学、准确地评价世界遗产文化竞争力,对于推动我国遗产事业大发展、提升我国文化竞争力具有十分重要的意义。因此,在现有文献的基础上,本研究尝试从世界遗产角度入手,突出强调世界遗产的创新性内涵,构建一个科学的世界遗产文化竞争力测评体系,探究各个城市之间遗产文化竞争力情况,分析制约我国遗产文化竞争力的关键因素,找出提升世界遗产文化竞争力的相关举措,力图实现中国世界遗产文化竞争力评价与空间差异分析相关研究思路、研究方法的新突破,为提升中国世界遗产文化竞争力提供系统且有针对性的对策建议。

第六节　研究贡献

一　创新之处

(一) 理论创新

本书以马克思主义文化观为指导,以中国世界遗产文化竞争力研究为切入点,利用世界遗产培育核心竞争力来提升中华文化竞争力,对当今学术界文化竞争力研究是一种学术创新，同时也进一步拓展了马克思主义和科学社会主义理论体系的内涵。

（二）内容创新

本书创新性提出构建世界遗产文化竞争力的理论体系，并在此基础上构建世界遗产文化竞争力评价指标体系，为国内外文化遗产竞争力研究提供理论指导。

（三）视角创新

本书始终贯穿国际比较视野，并从全球化时代文化竞争思维探究、大数据调查技术运用出发，形成中国世界遗产文化竞争力研究独特的国际比较新视角。

（四）方法创新

本书在传统整理资料的基础上，通过统计数据、调查数据与网络信息等多元化途径收集必要数据信息，且综合运用跨学科分析法、综合数据分析法和定量与定性研究相结合等方式，实现对中国世界遗产文化竞争力的系统研究。

二　学术价值

本课题研究的理论目标是以马克思主义文化观为指导，挖掘中国世界遗产文化竞争力的关键构成要素，整合形成中国世界遗产文化竞争力基础理论，同时构建中国世界遗产文化竞争力评价标准和指标体系。因此，本课题的学术价值体现在以下两个方面。一是尝试将马克思主义文化观作为研究的根本出发点，并结合全球国际竞争的新格局和中国世界遗产价值特性，构建世界遗产文化竞争力的基础性理论体系，为文化遗产研究与马克思主义理论发展开拓新视角和新途径。二是在马克思主义文化观指导下，尝试构建一套具有普遍性、适用性的评测方法和指标体系，为各国世界遗产参与国际文化竞争提供理论支撑。

三 应用价值

本课题研究的实践目标是从国际比较视角探索中国世界遗产多元化价值重构、彰显的新思路和新路径，通过世界遗产文化竞争力提升为国家文化建设、文化安全、文化自信以及文化形象塑造等提供支撑，同时构建"世界遗产命运共同体"，为世界治理贡献"中国方案"，提高中国在国际文化竞争格局中的地位与话语权。因此，本课题的应用价值体现在以下两个方面。一是着眼于中国世界遗产文化竞争力研究，寻求世界遗产与当代社会现实价值的契合点，为中国世界遗产保护发展和适应性管理，乃至国家文化建设、国家文化安全、国家文化形象建设提供富有建设性的理论支撑。二是客观评价中国世界遗产的文化竞争力，深入挖掘中国世界遗产的现实价值，向世界治理贡献"中国智慧"，让"中国智慧"为世界问题提供新的解决方案。

第七节 本章小结

2022年5月，习近平总书记在中共中央政治局第三十九次集体学习时指出："文物和文化遗产承载着中华民族的基因和血脉，是不可再生、不可替代的中华优秀文明资源。"[①] 我国有百万年的人类史、一万年的文化史、五千多年的文明史。悠久的历史创造了辉煌灿烂的文化，留下了丰厚的文化遗产。立足于中国特色社会主义发展的文明成就，

---

① 习近平：《把中国文明历史研究引向深入 增强历史自觉坚定文化自信》，《求是》2022年第14期。

不断挖掘、重塑文化遗产服务经济社会发展的时代价值，提升文化遗产竞争力，是当前我国文化强国战略的重要支撑点。本章节从国内外世界遗产发展趋势出发，对世界遗产、文化竞争力和世界遗产文化竞争力等概念进行了详细界定。从国际视野出发，对世界遗产文化竞争力进行理论体系构架，构建国家世界遗产文化竞争力评价体系。拟从国际、省级、城市和游客感知等不同视角进行实证分析，分别从定量与定性两个层面对中国世界遗产文化竞争力进行对比分析与动态测评；并以此为基础，有针对性地构建提升中国世界遗产文化竞争力的战略框架与对策建议。此外，本章节还详细梳理了国内外关于文化遗产的研究动态，给予评述。从而为本文在文化遗产竞争力创新、学术及应用研究方面，提供了价值思考。

第二章　世界遗产保护发展历程与我国文化遗产保护发展历程

从某种程度上讲,世界遗产保护发展历程就是以西方遗产观念为中心的世界遗产话语权构建的过程。随着遗产认识和遗产保护实践的不断发展,遗产不再是既定事实和自证的存在物,更多学者认同遗产的本质就是话语的建构,话语背后的权力和意识形态决定了遗产的实践,影响了遗产的选择与生产、解释与建构、保护及利用[1][2]。

第一节　世界遗产保护发展历程

西方文物保护理念萌芽于文艺复兴时期,在法国大革命时期得到快速发展,后经英国保护学派和意大利保护学派加以完善。在文艺复兴时期,西方开始着手保护文物建筑,如实施了历时 120 年的圣彼得大教堂重建工程等重大项目。特别是文艺复兴以来,人们逐渐意识到古建筑的历史文化地位,开始关注古建筑的艺术价值,而不仅仅考虑

---

[1] [澳]劳拉简·史密斯、侯松、谢洁怡:《反思与重构:遗产,博物馆再审视——劳拉简·史密斯教授专访》,《东南文化》2014 年第 2 期。
[2] 张朝枝、林诗婷:《遗产内涵的政府话语分析》,《旅游论坛》2017 年第 1 期。

其实用价值。1792年法国大革命取得胜利，国家委员会将国王、修道院和贵族的财产变为国家财产，文化遗产也成为国家所属，并出台了文物遗产保护的相关措施，成立了第一个法国建筑遗迹博物馆，实施了圣丹尼大教堂、维泽勒大教堂等一批保护项目。

18世纪下半叶，欧洲社会精英、知识分子等群体的遗产保护意识不断增强，并开始主导英国、意大利等国家的文化遗产保护事业，由此诞生了文物建筑历史价值学派，并在当时的社会中影响深远。受文物建筑历史价值学派影响，人们开始关注中世纪哥特式建筑，并着手实施了一批具有强烈主观色彩的文物修复工程，例如根据自己的想象给建筑物新加上塔楼、尖顶等哥特式建筑特色的构件。此后，维欧勒·勒·杜克提出了一套较完整的"风格性修复"理论。19世纪下半叶，法国以杜克为首的"风格性修复"与英国以拉斯金为首的"反修复理念"进行了激烈的争论。以反映文物建筑历史真实性的"反修复理念"最终得到英国民众认可，同时也被欧洲大陆国家所借鉴，直接影响了20世纪建筑保护理论的发展方向。

进入20世纪后，以《雅典宪章》和《威尼斯宪章》的相继颁布为标志，文化遗产保护工作的重心逐步转向关注遗产的历史价值。在历经前后两百年时间之后，西方社会逐渐完善了对历史文化遗产的价值认知，针对文物古迹的历史价值进行相关历史信息保护的思想构成了西方文化遗产保护的基本准则。近百年的世界遗产保护运动与实践，推动着文化遗产保护理念的不断发展与自我更新。《威尼斯宪章》之后，联合国教科文组织、国际古迹遗址理事会（ICOMOS）等先后提出了《保护世界文化和自然遗产公约》《佛罗伦萨宪章》《华盛顿宪章》《考古遗产保护与管理宪章》《奈良真实性文件》《木结构文物建筑保护标准》《乡土建筑保护宪章》及《文化旅游的国际宪章（第8稿）》《西安宣言》《魁北克宪章》《塞拉莱建议》等一系列国际保护文件，并通过木质文物国际委员会、石质文物国际委员会等 ICOMOS 专业委员会和各国家委员会的实践与发展,变得更有广泛的适用性和可操作性,最终形成一个完整系统的文化遗产保护理论体系,如图 2-1 所示。

从 20 世纪 60 年代的《威尼斯宪章》到 2015 年的《塞拉莱建议》,每一个文件都是对文化遗产保护内涵的一次补充和发展,体现了人们从认知上不断发展文化遗产保护理念,也体现出国际上文化遗产保护体系的不断拓展,并以西方文化遗产保护理念和方法为基础,逐步形成在全球范围内具有普适性的世界文化遗产保护发展理论与实践体系。

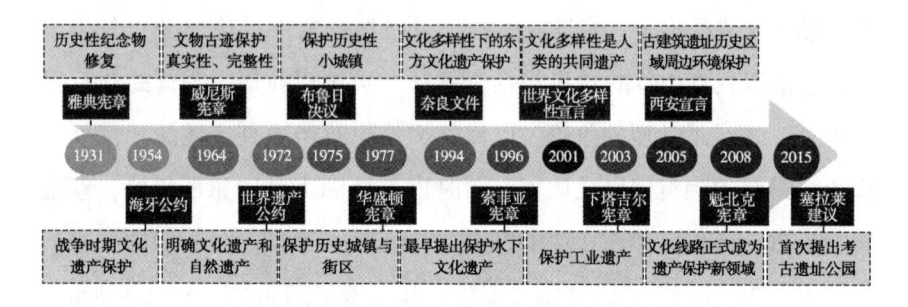

图 2-1 国际文化遗产保护理论体系的形成

第二节 我国文化遗产保护发展历程

一 早期文物保护意识萌芽

我国保护文化遗产的传统历史悠久。从出土的商周时期青铜器、玉器及其铭文中,就可以看出三代时期将前朝遗物视为显示政权合法性的神圣之物,从而在客观上保存、利用历史遗物的思想意识和实践行为。秦始皇打捞沉入泗水的"九鼎",也是出于这种政治象征意义的考量。汉代皇室创制秘阁、设立画室，并在鸿都门创立学校，就是为了收藏、鉴赏、学习前代辞赋书画精髓。唐代是中国传统文化的一个鼎盛期，文人学士都以收藏、鉴赏前代遗物为雅趣。此外，对出土的文字、典籍等文物也非常重视。例如，汉代在孔子旧宅壁中发现的古文经书和晋代发现的汲冢竹书，因记载着古代的"经""史"而大受重视。东汉著名经学家许慎，也收录整理过不少青铜器文物上记录的"前代之古文"，从而编撰了中国第一部字典《说文解字》。陕西凤翔的秦石鼓在唐代被发现后，就有人根据拓片进行研究。韩愈在《石鼓歌》中所说"张生手持石鼓文"，指的就是石鼓的拓片。到了北宋时期，青铜器与石刻研究盛行，许多学者以青铜器和石刻为主要对象，进行了比较系统的分类、著录并加以考证和研究，形成盛极一时的金石学。南宋以后，金石学在社会上成为一种专门的学问，在客观上推动着青铜器、石刻碑碣等的保护，为研究中国早期历史保存下珍贵的实物资料。

对于地下文物的保护与管理，历朝历代统治者都通过律令对其所有权进行规定，很早就明确了"地下文物概归国有"的观念。《淮南子·氾论训》中记载，盗墓者要被处以死刑。《唐律疏议》与《宋刑统》等律令条文中，也有明确规定，如果从地里挖出形制奇特的文物要送交官府，并可获得一定报酬。如果私自隐匿被发现，将获罪并判处一定责罚。《大明律》继承并发展了前代的各项法律制度，在保护前代遗物方面，也规定一旦挖出古器、钟鼎、符印等文物，必须限期上交国家，违令者将杖责甚至入狱。清初曾命令保护南京明孝陵和北京明十三陵。我国现存的绝大部分古代遗迹，特别是桥梁、寺庙等建筑文化遗产，都有赖于清代的修葺才得以保存至今。毕沅任陕西巡抚时，踏勘调查名胜古迹，保护帝王陵墓，整修西安碑林，编纂文物志书，对陕西文物古迹保护做出了重大贡献，就是典型的事例。

二　近代文物保护理念形成

清末民国时期，我国在政府层面开始重视古代遗存，并制定法律条文对其进行保护、管理。1906年，清朝廷设民政部，并颁布《保存古物推广办法》，要求各省依令执行。这是我国历史上第一个文物保护法规，分为调查和保护两部分，根据各类文物特点制定相应保护措施。1912年"中华民国"政府筹建"国立"历史博物馆。1914年，保管清廷文物并向公众开放的古物陈列所（故宫博物院前身）成立，并且颁布了《大总统禁止古物出门令》。

1928年，中央古物保管委员会在南京国民政府时期成立，这是我国第一个正式的文物保护管理机构。同年内务部颁布《名胜古迹古物保存条例》，对各类名胜古迹古物的保护管理进行了规定。1930年，第一个国家层面的文物保护法规——《古物保存法》由南京国民政府颁布，并明确提出，不论是考古学、历史学还是古生物学或其他文化有关的"一切古物"，都在古物保存的范围之内。1931年，又以《古物保存法施行细则》的形式，将文物保护的具体实行办法加以说明。1935年，国民政府批准设立了"旧都文物整理委员会"，专门负责研究、整修北平的重要古建筑，包括天坛祈年殿、国子监、中南海紫光阁、西直门箭楼、五塔寺、碧云寺罗汉堂等。1946年，作为最高法律准则的《中华民国宪法》颁行全国，并将国家有义务保护古迹文物写入该《宪法》相关条例。

20世纪20年代，我国的文物保护、研究工作在北京大学考古研究室和故宫博物院陆续展开。1926年，李济先生主持开展了中国首次科学考古发掘工作，在山西夏县西阴村发现了与仰韶文化同期的历史遗存。1929年，中国营造学社成立，致力于采用西方现代科学研究中国古建筑，这为中国建筑文化遗产的保护奠定了重要的理论、实践基础。

三 中华人民共和国成立以来文化遗产保护的发展与实践

中华人民共和国成立以后，文物保护作为国家文化事业的重要组成部分得到跨越式的发展，文物保护法律法规体系日臻完善，多层次的文物保护体系逐步建立。改革开放以后，经济高速发展、城乡建设加快，文物保护要求也随之不断提高，从而导致遗产保护与经济建设之间产生日益激烈的矛盾冲突，客观上加大了遗产保护工作的难度。尤其是1985年加入《保护世界文化和自然遗产公约》以来，文化遗产特别是世界遗产的保护工作又面临着新的机遇与挑战。1986年，我国开始申报世界遗产。1987年，我国的明清皇宫、秦始皇陵、敦煌莫高窟、周口店北京人遗址、长城和泰山六大遗产被登录为世界遗产。此后，我国积极参与世界遗产申报工作，世界文化遗产的理念逐渐在全社会得到传播并认可，进一步推动了我国文化遗产保护工作的开展。特别是2003年以来，中国世界遗产申报连续18年获得成功，成为世界遗产领域实行申报限额制以来，唯一一个世界遗产连续申报成功的国家。

随着我国列入《世界遗产名录》的文化遗产数量增多，我国文化遗产保护机构与联合国教科文组织（UNESCO）、国际古迹遗址理事会（ICOMOS）、国际文化财产保护与修复研究中心（ICCROM）等国际组织建立了广泛的合作关系，我国文化遗产保护与国际先进理念之间的交流互动愈加频繁。1997年，在美、澳协助下编制的《中国文物古迹保护准则》（以下简称《准则》）发布。《准则》参照了以《威尼斯宪章》为代表的国际原则，并立足中国文化遗产保护的需求，结合中国文物保护实际进行了保护理念、价值取向、评价标准的多元整合，是我国文物古迹保护工作与国际接轨的重要标志性事件。2006—2014年，国家文物局陆续举办了9届中国文化遗产保护无锡论坛，广泛并深入探讨了工业遗产、乡土建筑、20世纪遗产、文化景观、文化线路、运河遗产、世界遗产的可持续发展、文化遗产的保护与利用、文物事业与法制建设等遗产保护主题。此外，我国还先后召开了第28届世界遗产委员会大会、第15届国际古迹遗址理事会大会、第2届文化遗产保护与可持续发展国际会议、东亚地区文物建筑保护理念与实践国际研讨会等重要国际会议，《西安宣言》《北京文件》等国际文件陆续出台，加强了中国与国际文化遗产保护领域的沟通与交流。可以说，不论在理念还是实践层面，中国文化遗产保护都在逐步与国际并轨，且在丰富国际文化遗产保护思想体系的过程中发挥着重要作用。

四 新时代文化遗产保护的趋势

党的十八大以来，习近平总书记多次将文化遗产保护工作视为中华民族伟大复兴的重要内容，提出保护文化遗产要像爱惜自己的生命，努力让文物活起来等重要论述。党的十九大报告中也提出，要坚定文化自信，加强文物保护利用和文化遗产保护传承。这些都从理论和实践上引导着新时代文化遗产保护工作的展开。

2016年，国务院发布《关于进一步加强文物工作的指导意见》，在明确"十六字"工作方针的基础上，进一步强调指出，要坚持保护文化遗产的真实性和完整性，正确处理文化遗产保护与经济社会发展的关系。此外，还提出"坚持创新、协调、绿色、开放、共享的发展理念"以及"切实做到在保护中发展、在发展中保护"两个全新叙述，并指出要立足文化遗产的科学保护，深入挖掘和系统阐发文化遗产的时代内涵与价值，进一步明确了新时代做好文化遗产保护与利用工作的前进方向。2018年，《关于加强文物保护利用改革的若干意见》印发，要求在文物保护与传承中要坚持创造性转化、创新性发展，符合时代性、国情性的发展需求。可以说，加强文化遗产保护传承与创新

第二章 世界遗产保护发展历程与我国文化遗产保护发展历程

发展,已成为新时代文化遗产保护工作的新任务、新要求。

截至2021年,我国已有56项世界遗产列入《世界遗产名录》,位居世界第一。其中,世界文化遗产38项、世界自然遗产14项、世界文化与自然双重遗产4项。同时,还有40项非物质文化遗产列入《人类非物质文化遗产代表作名录》,总量也位居世界第一。此外,我国还积极申报世界记忆遗产、世界灌溉工程遗产、全球重要农业文化遗产等其他类型的世界遗产。目前,已拥有13项世界记忆遗产、19处世界灌溉工程遗产、15处全球重要农业文化遗产,成为世界上拥有世界遗产类别最齐全的国家之一,也是拥有世界自然遗产、世界文化与自然双重遗产、世界非物质文化遗产、世界灌溉工程遗产、全球重要农业文化遗产数量最多的国家。

我国文化遗产保护工作晚于西方近百年,直到20世纪初中国营造学社成立,才发展出现代意义上的文物保护理念。中华人民共和国成立以后,逐步建立了中国特色的文物保护实践与学术研究体系。此后,又经过近四十年的摸索与尝试,到改革开放以后才迎来文化遗产保护的大发展时期。我国文化遗产保护工作经历了曲折的历史过程,文化遗产的内涵、外延以及遗产保护理念都随着实践发展而不断变化。从要素上来说,由保护文物扩展至保护文物环境;从类型上来说,从单一要素文化遗产扩展至多重要素融合的综合性遗产;从空间上说,由单体文物古迹保护扩展至历史街区保护;从时间上说,从古代文化遗产保护扩展至近现代文化遗产保护;从性质上说,从保护古迹遗址扩展至"活的"遗产;从形态上说,从保护文化艺术精品扩展到保护与日常生活相关的文化遗产,从保护物质文化遗产扩展至保护非物质文化遗产;从参与上说,从政府、专家的"小众"保护扩展至全民、社会的"大众"保护。可以说,文化遗产事业的内涵与领域正在逐渐深化、扩大。

总体而言，一方面，国民综合素养的提升使得人们的文化遗产保护观念不断增强；另一方面，人们对文化遗产的经济、文化、社会等时代价值还没有深刻认知，尤其是未能充分认识到遗产与国家文化软实力、文化自信、国家形象、社会治理、民生改善等重大社会问题相联系，将遗产保护与利用工作单纯看作一项技术性的日常工作，未能上升到国家意识形态和国际文化大交流、大竞争的层面来探讨。在新的形势下，我们要准确把握时代趋势，创新遗产保护发展理念，构建中国特色文化遗产保护发展体系，推动我国文化遗产保护能力建设，提升我国遗产文化竞争力。

第三节 我国文化遗产保护存在的主要问题

长期以来，尤其是近些年来，学界同人及文化遗产爱好者不断从法律法规、体制机制、经费投入、人才队伍、舆论宣传等方面研究梳理、归纳总结中国文化遗产保护发展存在的相关问题，概括起来，主要有保护意识比较薄弱、法律法规不够健全完善、法制意识薄弱、保护管理体制不健全、宣传教育工作不到位、保护经费短缺等。此外，从国际上看，也存在申遗程序不规范、世界遗产法律不健全、学术研究基础较弱和遗产话语权有待提升等问题。客观地讲，运用历史的发展的观点来看，以上这些不是当前中国文化遗产保护发展存在的主要问题，而且从纵向对比的角度来说，有些反而是今天中国文化遗产保护发展所取得的成绩与进步。比如，当前国人的文化遗产保护意识、国家和地方文化遗产保护法律规章的制定修订、国家各级财政对文化遗产保护经费的投入等方面，无疑均为历史上的最好时期和最好状态。

探讨中国文化遗产保护发展中存在的主要问题，首先，要运用历史的、发展的观点来看待,因为在马克思主义理论的框架下,分析任何问题都要置身于该问题所处的历史语境①。不论是何种文化现象,都要视为与经济、社会、政治诸要素统一的整体来加以研究分析。其次,要把文化遗产保护的实际成效作为评判的主要标准,因为有问题还是没问题,问题大还是问题小,都应由成效说了算。再次,要看文化遗产资源在促进经济社会发展中的作用发挥得如何,即文化遗产的时代价值彰显得怎样。因为从文化遗产的时代价值来说,一个民族的文化遗产作为该民族在生产生活中聪明才智的体现和劳动的结晶,在不同的历史阶段都将为该时期的经济、文化、社会发展服务。也就是说,文化遗产在每一个时代都有独特的价值,保护发展文化遗产不仅要传承、弘扬历史的、传统的民族文化,也要切实发挥文化遗产推动当前时代经济、社会发展的时代责任。因此,中国文化遗产保护发展存在的主要问题可以归纳为以下三点。

一 文化遗产受损现象时有发生

(一) 本体丢失

文化遗产是长期历史积累中,由特定历史时期的社会、经济、文化和技术等多方面因素共同作用而形成的。由于时间的不可逆性,文化遗产从时间意义上具有稀缺性。任何一种文化遗产被毁坏,都不可能再生。但是,由于人为或自然的破坏,许多文化遗产的本体,在整体或局部上遭受损害,没有做到能保则保、应保尽保。第三次全国文物普查结果显示,我国平均每年有2000处不可移动文物正在消失。长城被誉为"世界十大奇迹之一",但由于自然侵蚀、人为损害和管理不善等众多因素影响,古长城遭到严重破坏,约五分之四的墙体保存状

---

① 《列宁选集》第4卷,人民出版社1972年版,第290页。

况都不乐观,而整个古长城已经消失掉30%。可移动文物保护也面临严峻的形势。《第一次全国可移动文物普查数据公报》显示,2012—2016年普查全国可移动文物共计超过1.08亿件/套。其中,完整保存占24%,基本完整占60%,残缺占14%,严重残缺占2%。也就是说,全国76%的馆藏文物均存在不同程度的残损。

传统村落是我国农耕文明的重要见证,目前也在日渐消失,且消失速度达到每天2个。非物质文化遗产的处境更为艰难,许多传统技艺面临着消失、遗忘、割裂的困境。据不完全统计,20世纪50年代全国保留下的368个戏曲剧种,在70年的时间里大概消失了28%,而仅存的267种戏曲中,还有60多个缺乏音像资料,正在随着民间传承人的逝去而消亡。

自20世纪80年代开始,随着经济发展和城镇化步伐的加快,大量的历史文化建筑被拆除,造成难以挽回的损失。时至今日,在一些基层文保单位,依然存在文物保护让步于城市经济建设的现象,甚至出现"破坏性修复"的现象。2013年,辽宁省级文保单位云接寺内保存的清代壁画被重绘成"现代动画",不仅对这座清代寺庙建筑造成严重破坏,也影响了国保单位云接寺辽代佛塔的真实性与完整性。

历史文化名城名镇名村建设过程中,文化遗产本体遭到破坏的事件屡见不鲜。2019年,住房和城乡建设部、国家文物局在对国家历史文化名城和中国历史文化名镇名村保护工作进行评估时,总结当前历史文化名城名镇名村保护工作中存在的突出问题为大拆大建、拆真建假、孤立保护以及重申报、轻维护、重精品文物、轻一般遗产等,亟待从观念和实践上进行科学转变。

(二) 环境丧失

文化遗产周边环境与遗产本身唇齿相依,是遗产存在的重要支撑和其价值的重要体现。近年来，随着社会经济的快速发展和城镇化步伐的不断加快，许多文化遗产的周边环境和遗产空间遭到程度不等的历史破坏。例如，登上西安大雁塔，已看不见曲江池的迤逦景色；唐代长安城的最高点乐游原，被城市建设蚕食的面积越来越小，使依存于它的青龙寺难以再现昔日巍峨壮观的盛景。全国重点文物保护单位曾国藩墓也曾遭到严重损毁，由一个本应该以文化保护为主的重要历史遗迹保护区，变成了一片以经济目的为主的开发区，墓园年久失修、残破不堪，大规模开发建设也将原有历史风貌与田园风光破坏殆尽。

（三）精神遗失

一个民族的文化遗产蕴含着该民族的工匠精神、创新精神。保护发展文化遗产的重要任务之一，就是要传承文化遗产精神。可是，长期以来，中国文化遗产特别是物质文化遗产的保护，在很大程度上只注重外在形式，停留在物质层面上的保护，而很少洞悉其内在光华、传承弘扬遗产精神，并使之成为当代文化和生活的有机组成部分。例如，1997年，丽江古城申遗成功，随之而来的是大量旅居、开店的外地人涌入，他们逐渐成为古城新的"土著"居民。根据丽江古城开发办公室提供的数据，1996年以前古城内有原住民3万多人，到2005年仅有6000人左右，短短8年间原住民减少了约80%。过度商业化导致古镇文化流失，原住民不断外迁与边缘化，原有的历史风貌和文化底蕴被破坏，历史文化价值也受到严重影响。

二 文化遗产保护与文化建设、文化发展严重脱节

（一）与文化建设内容脱节

文化遗产保护与文化建设在很大程度上处于两张皮的状态。遗

工作者重在遗产保护，很少关心如何让保护对象有效服务于当下当地的文化建设；而文化建设者亦很少考虑如何从既往的遗产中挖掘文化建设所需要的内容滋养。其结果是，许多内涵丰富并具有重要价值的文化遗产，要么沉睡在广袤的大地上，要么尘封在文物库房里，要么隐匿在文献典籍中，没有成为今天文化建设的重要资源。

（二）与文化发展质量脱节

无论是文化遗产工作者还是文化建设者，均未很好地挖掘、提炼文化遗产中体现传统审美崇尚、反映共同价值追求、富有浓郁时代气息、彰显不同民族特色的文化元素，并使之浸入文化建设的方方面面，在生动彰显中华文化基因密码和独特魅力的同时，有效提升文化发展的质量与水平。

（三）与文化发展特色脱节

文化遗产是一个地域的特色符号，是延续具有鲜明特征的地域文化的表达方式，见证着一方水土悠久的历史和深厚底蕴，承载着其所在民族或地区的审美习惯、价值追求，是强化当今文化发展特色的重要资源与支撑。可是，就当前中国文化遗产保护发展的实际状况来看，紧密联系当今当地人民群众文化活动和文化需求，从形式、内容、价值等方面挖掘、弘扬遗产地域特质，增强文化、发展特色不够充分、有力。

三 文化遗产的价值没有得到充分彰显

（一）文化价值弱化

文化遗产保护没有很好地彰显文化遗产资源促进当今文化发展的价值作用，文化遗产的文化价值被严重弱化。新时代文化遗产保护发展，不仅要探索科学、艺术、历史等文化价值，还要使文化遗产成为现代生活中优秀文化表达、传播的基地和源泉，为国家和社会提供精神与文化指引。

（二）经济价值淡化

文化遗产具有重要的经济价值属性。长期以来，文化遗产保护推动经济社会发展的作用未能得到很好发挥，尤其是一旦论及文化遗产的经济价值，人们每每把它和过度开发甚至破坏画等号，文化遗产的经济价值被严重淡化。

（三）社会价值虚化

在文化遗产界，从专家学者到专业技术人员、行政管理工作者，更多重视的是对文化遗产原貌、原状的保护，特别是对文化遗址、古建筑等不可移动文化遗产的保护，基本上都是通过维修加固以达到本体元素的保留，而很少从活化遗产的角度对其在以文化人、改善民生等方面的社会价值进行挖掘展示，文化遗产的社会价值被严重虚化。

四　文化遗产的话语权远未建立

（一）以西方为中心的遗产话语体系影响广泛

遗产的本质是话语的构建。立足在西方文化遗产特质基础上的国际遗产保护利用规则条约在很大程度上代表了西方主义精神和价值观念，虽然它在一百多年的发展历程中，不断加以更新和完善，但没有从根本上加以改变其内在的理论逻辑、价值导向和审美情趣，在最大程度上保留着以西方为中心的遗产话语权力，在当今世界遗产管理领域至今发挥着无与匹敌的影响。

(二) 我国世界遗产话语体系构建任重道远

我国由于加入世界遗产组织时间比较晚，对国际规则和理论框架一直处在理解、学习、模仿、移植的阶段。近年来，随着遗产保护实践的不断深入，国家科技水平、思想认识和文化意识不断提升。最根本的是，此套国际通行的遗产话语体系与中国特色的遗产保护实践有很大的不适应性，在实际工作中使得中国的文化遗产事业发展受阻，使得我国的遗产话语意识逐渐提升，迫切需要构建起一套适合中国国情和遗产特点的遗产话语体系。

五 问题的根由

以上问题可以从思想观念、行为实践等层面探究根由。概括起来，主要是由以下三个方面造成的。

(一) 缺乏符合中国特色的文化遗产保护发展理念

就文化遗产的特性来说，西方国家的古建筑基本上是石质结构，不易破损，保存时间长。如古希腊、古罗马时期的一些神庙、宫殿，虽历经数千年风雨剥蚀，但其主体轮廓依然保存至今。中国则不然，大部分古建筑都是土木、砖木结构，易破损，保存时间短，如果不积极主动地采取有效措施进行保护，许多文化遗产将遭到人为或自然破坏，以致渐渐消亡。在我国历史上，很多文物古迹在不同历史时期都得到行之有效的创新保护，从而使许多重要的文化遗产得以保存至今。例如，大雁塔始建于唐代，最初五层，后加盖至九层，再后层数和高度又有数次变更，最后固定为现存的七层塔身。而且，目前的大雁塔，也不能简单称之为"唐代大雁塔"，因为明代在维修保护时对其外围加固了一层60厘米厚的砖，才使得大雁塔得以保存至今。

第二章 世界遗产保护发展历程与我国文化遗产保护发展历程

就传统的审美崇尚与价值取向来说，一方面，中西方的审美崇尚源自不同的标准。中国人对"美"的认知即"善"，倡导人们"向善"，要注重教化、伦理的作用；西方则认为"美"由"和谐""比例"组成，鼓励人们"求真"，要注重追求科学、真理。不同的审美思维形成不同的遗产保护理念。中国人注重意义的传承，西方则注重信息的可读。另一方面，中西方有不同的哲学思想和天人观念。中国传统文化主张天人合一、顺其自然，强调和谐、包容与悟性，在建筑文化中表现出曲线、含蓄的内向美；西方文化主张征服自然，强调优胜劣汰、适者生存，在建筑文化中表现出平直、对立的外向美。在这两种不同的哲学思想影响下，中国人在文化遗产保护上更看重整体和谐、精神价值传承；西方则更看重原真保护、文物信息传递。

由于受不同审美崇尚与价值取向的影响，中西方形成不同的文化遗产保护理念。对文化遗产的保护，中国人偏重整体风格、人文环境与意义传承，尤其注重遗产的象征意义。比如，我国著名文化遗产岳阳楼，在历史上曾不断进行重修，正如《岳阳楼记》所云："政通人和，百废待兴。乃重修岳阳楼，增其旧制，刻唐贤今人诗赋于其上。"可以说，每一次重修岳阳楼，其背后的深层原因在于延续"先天下之忧而忧，后天下之乐而乐"精神的文化需求。

目前，《威尼斯宪章》等一系列文件精神构成国际文化遗产保护的基本理念原则。不可否认，以《威尼斯宪章》为基本原则逐渐形成的国际文化遗产保护理念产生的重要的积极作用。但同时也要看到，《威尼斯宪章》所彰显的西方哲学思想、文化传统及石质文物特性与中国存在较大的差异，不加辩证地直接生搬硬套，必然造成西方文化遗产保护理念与实践体系在中国"水土不服"，从而引发一系列文化遗产保护的难题，其结果就是导致文化遗产保护效果不明显，甚至产生保护性破坏、主观性破坏等问题。

(二) 注重保护传承，轻视发展创新

长期以来，我国文化遗产工作者的主要任务是保护、传承文化遗产的现存样貌状态，其角色职能如同接力赛中的传棒人。正因如此，文化遗产领域的学科建设、课程设置、课题立项、项目资助、技能培训等无一不是围绕保护传承这一价值取向来安排实施。至于如何促进文化遗产在新的历史时期取得从形式到内容的发展创新，始终未能受到高度重视并付诸实施。我们知道，一方面，就文化遗产的形式来说，每一种文化遗产都有其独特的表现形式和风格，而且其形式和风格随着社会的发展变化都在不断地演变创新，以适时展示新时代的发展内涵与特征。另一方面，就文化遗产的内容来说，文化遗产的内涵始终处于不断创新扬弃、充实完善的发展过程中。就物质文化遗产中的不可移动文物来说，历史上每一次对其进行的加固性修复、修补性修复、复原性修复、重建性修复、适应性再利用等保护，都在程度不等地赋予其新的时代内涵与特征。尤其是对具有活态传承独特性的非物质文化遗产来说，每一时代对其进行的保护，都是对其内涵的吐故纳新、改造提升。基于此，新时代文化遗产保护，在注重保护传承的同时，要按照文化遗产保护发展演变规律，对其进行更多的发展创新。

(三) 忽视文化遗产的时代价值

文化遗产蕴含的文化、科技、经济、社会、艺术价值在很大程度上是以服务当代经济社会发展的"时代价值"的形式来体现的。随着时代的发展和社会文明的进步，文化遗产的时代价值不断被重构、彰显，文化遗产推动经济社会发展的作用愈益显得尤为重要。然而，令人遗憾的是，长期以来，我国文化遗产事业的推进，没有很好地把遗产保护与价值彰显相结合，从思想到方法上始终表现出重保护传承、轻价值发挥的倾向，文化遗产的时代价值在很大程度上被忽视甚至漠视。

第四节 本章小结

本章从国际、国内文化遗产保护两个层面，梳理了世界遗产保护历程以及中国融入世界遗产保护格局的历史脉络，并立足世界遗产保护相关国际文件，论述了世界遗产保护体系的形成与不断发展。以西方文化遗产保护实践为基础的文化遗产保护体系，是当今世界遗产保护的重要理论基础和法律依据。毋庸讳言，现已确立的保护规则和制度也代表了以西方为中心的遗产价值观念和行为准则，使得西方社会在文化遗产领域拥有广泛的话语权，在世界遗产遴选的选择权和相应国际性文化遗产组织架构的控制权等方面，有着天然的优势和便利，使得后加入国家相对处于弱势。我国加入时间较晚，并由于自身思想认识、社会经济发展、技术能力等，在整体的遗产保护管理水平、发展理念、学术研究、人才培养等方面与西方还存在较大差距，在世界文化遗产领域的话语权和影响力较弱。如何针对自身存在的问题，提升我国世界遗产文化竞争力，是新时代文化遗产保护发展面临的重大现实课题。

第三章 国际文化竞争的格局和态势

第一节 国际竞争格局与态势

世界格局，即世界秩序，是指国际社会主要政治力量在一定时期内形成的相对稳定的结构状态，包括政治格局、经济格局、军事格局和文化格局。世界文化格局是指无政府状态下国际文化力量对比而形成的国际文化关系的结构。

一 两极格局的终结

二战后期，美苏英建立了雅尔塔体系。战后先后成立了以美国为首的北约和以苏联为首的华约，两个集团开始长久地抗衡。随着1989年柏林墙倒塌，东欧剧变。1990年民主德国退出华约。原社会主义国家波兰、捷克、匈牙利、保加利亚、罗马尼亚等国发生了政权更迭，苏联式的社会主义模式难以为继，尤其是1991年苏联解体，标志着世界两极格局的消亡。

二 一超多强格局的形成

"一超"在这种情况下可以理解为，存在一种单一的霸权格局，全球的国际性合作和治理都是在唯一霸权国的主导下进行的，国际格局的稳定和纷争取决于该霸权国的存在与否①。唯一霸权国向全球提供公共产品，其他国家没有该项权利，存在一种搭便车现象，但该情况使霸权国获得了由此带来的巨大利益，从而还乐于单独提供。

冷战结束后，美国成为唯一的超级大国。而在20世纪90年代，多极化趋势才出现。"多强"指，欧盟、日本、中国、俄罗斯几国。美国在经历了"9·11"事件和反恐战争，以及2008年的全球性金融危机后，其相对实力有所减弱，但是从现有的实力对比来看，一超多强格局中，美国仍处在"一超"地位。但不容忽视的是新兴国家综合实力迅速提升，已对当前国际竞争格局产生了广泛而深远的影响。

三　多极格局正在形成

当今全球格局是传统大国与新兴大国并存，世界多极化格局不断加深。历史上一直有这样的"修昔底德陷阱"现象，新老大国之间难以共存，往往最终以战争解决一切问题。历史上新老大国在世界并存时，彼此的关系甚至决定了世界的命运和历史的走向。古希腊、罗马帝国解体时，现代的两次世界大战都出现过这样的案例。因此，当前的国际关系显得尤为错综复杂，正如习近平总书记所指出的当今国际社会正处在"百年未有之变局"，尤其是在新冠疫情及其次生灾害的冲击下，国际格局进一步加速变化，美国的综合国力和国际形象在这次疫情危机中深受损害。美国民调机构皮尤研究中心（Pew Research Cen-

---

① [美]查尔斯·P.金德尔伯格：《世界经济霸权：1500—1900》，高祖贵译，商务印书馆2003年版；[美]罗伯特·吉尔平：《国际关系政治经济学》，杨光宇等译，经济科学出版社1989年版。

ter）于2020年6—8月在加拿大、英国、法国、德国、比利时、丹麦、意大利、荷兰、西班牙、瑞典、澳大利亚、日本、韩国13个国家进行的民调显示，美国的国际形象在疫情影响下达到冰点。在法国只有31%的人对美国持正面看法，英国只有41%的人表示对美国具有好感，这是皮尤研究中心在英国进行的历次调查中最低的比例，德国只有26%的人对美国抱有好感。虽然美国方面始终坚持打造世界单一格局的企图，但整个国际格局总体趋势是沿着多极化发展，在这一过程中，充满着斗争性、长期性和艰苦性。

四 世界格局的特点

从纵向看，冷战结束后新一轮国际格局转型开始。从美苏对抗的两极格局走向美国一超独大的单极格局到现今的多极化发展格局。从横向看，国际关系有以下四个特征。

第一，国际政治关系合作与矛盾并存。和平仍是世界发展的主题。合作与变革的要求愈发强烈，国际社会寻求建立利益与命运共同体的呼声持续高涨。在国际政治关系中，秉持"不冲突、不对抗、相互尊重、合作共赢"理念，呈现"彼此相互竞争但不对抗、相互牵制但不会彼此冷战和热战、各自加强军力但不进行军备竞赛、各自发展不在全球寻求势力范围，具有鲜明的时代观、共同的合作观、公正合理的规范观、休戚与共的命运观等特点"。[1] 大国力量此消彼长，各自竞争且合作，寻找着国家利益的共同点。国际社会努力维持和平与稳定，解决棘手问题并缓解各国相互关系。

罗伯特·基欧汉（Robert Keohane）提出发展的国际机制功能理论。国际政治经济上的合作与和平是由霸权国建立的国际机制维系。其中在国家衰落和国际机制衰落之间存在时滞。在这个时滞中，国家

---

[1] 刘胜湘、叶圣萱：《国际格局新型两极共生关系论析》，《东北亚论坛》2019年第2期。

之间的合作与和平仍然会被其维持①。但是，由于众多原因，比如宗教、恐怖主义、地缘政治关系、经济利益等导致国际政治关系中的不安全、不稳定因素仍然存在，原有的国际经济政治秩序不会轻易改变。"单极"还是"多极"将不断斗争，国际关系发展不会就此温和。美国作为传统的超级大国，与那些想要改变现状的国家必然存在矛盾。在中东地区、克什米尔地区、伊拉克、阿富汗等地区的矛盾凸显，甚至会影响全球战略格局。

第二，国际经济关系合作与竞争同在。随着互联网技术的广泛应用，信息技术革命的迅速推广，国际社会生产力的急速跃升，带动了全球生产关系的历史性调整，在全球引发了一场前所未有的新经济革命——物质经济向非物质经济转移、刚性经济向柔性经济转移、工业经济向服务经济转移、实物经济向虚拟经济转移、经济全球化的特征越发凸显及国际贸易、世界金融、跨国生产、世界营销、技术变革、空间网络等以空前的深度和广度迅猛发展，国际经济关系形成"地球村"的局面。国际金融风暴影响波及世界各地，没有国家能够独善其身。在共同应对危机的进程中，"相互依存""抱团取暖""同舟共济"等理念逐渐得到国际社会的认同。与此同时，金融危机之后，尤其是肆虐全球的新冠疫情暴发以来，全球经济复苏乏力，保护主义、单边主义、权力主义、国家至上主义和逆全球化思维倾向逐渐抬头。随着美国总统特朗普上台后，其秉持的"美国利益优先"原则，发起了贸易保护战，利用或者破坏国际贸易规则，维护美国利益。英国脱欧更是让欧洲"精疲力尽"，发展中国家想要改变国际秩序的欲望被动荡不安的国际形势所激发。同时，世界经济体系中的弱势群体、不发达国家在全球化进程中面临着被边缘化的危险。

---

① [美]罗伯特·基欧汉：《霸权之后：世界政治经济中的合作与纷争》，苏长和等译，上海人民出版社2006年版。

第三，传统安全问题与非传统安全问题并存。从 2001 年的"9·11"事件之后，恐怖主义等非传统安全问题成为全球关注的焦点。十年的反恐战争没有让美国的恐怖主义绝迹，反而愈加猖獗，极端组织"伊斯兰国"（ISIS）的发展和活动规模令人心惊。国际社会共同应对的问题也成为如何铲除恐怖主义根源、遏止民族分裂主义、极端主义和恐怖主义引发的地区动荡。互联网技术和信息技术的广泛应用和普及，使得网络安全成为国际社会普遍面临的重大公共安全课题。另外，国际社会的热门议题还有全球气候变暖、粮食安全、金融风险、疾病防治等。

合作已成为共识，但竞争依然存在。随着美国不再具有单一霸主的国际地位，不仅中、欧、俄、日、印等大国自身独立性不断强化，众多中等国家也在国际事务中扮演着更加重要的角色。但美国不甘心失去霸权地位，它不仅继续保存冷战时期建立的军事联盟，还进一步强化联盟关系。美国在北约的军事战略构架还在继续延续，与亚太地区的日本、韩国、澳大利亚的军事同盟关系不断发展，多次在西太平洋举行联合军演强调其军事存在。在中国周边煽动领土主权问题，影响地区稳定。

第四，软实力竞争上升，社会信息化影响增大。自从迈入 21 世纪，各国之间软实力竞争开始登上主流。虽然渗透和反渗透的斗争还存在，但如今不同文明间多采取对话方式来解决问题。当今的国际较量，硬实力的比拼已经不是唯一重点，软实力的比拼逐渐登上舞台。随着信息技术的迅猛发展，手机用户可随时随地利用互联网即时发布信息。随着网络的不断进步，5G 手机等移动终端的普及，网络与现实的界限不断模糊，每个人都是互联网流中的重要一链。约瑟夫·奈指出，在全球信息化的推动下，无论是个人、企业、非政府组织、恐怖分子还是社会运动等都成为国际政治影响变量，使得政府本身对本国事务的控制力有所削弱。随着新媒体和舆论的影响力加大，国内问题和国际问题的边界变得灵活。这将带来很多新的课题，公共外交和其平台作用越发重要①。

第二节 世界文化产业发展潮流与竞争态势

一 冷战后国际文化关系的变动与世界文化力量格局的重组

冷战的结束使得原本均衡的国家文化关系和世界文化力量格局发生了巨大的变化和位移。冷战时期形成的以意识形态斗争为主题的世界文化秩序需要在新的国际文化关系格局的重大变化中重建。福山宣告"历史终结"后，亨廷顿站在"防卫中的美国国家安全利益"立场上提出了"文明冲突"理论，揭示了这种重建的历史趋势，并描绘了它未来的远景图画。美国政府在这一理论的指引下，迅速调整了它的全球文化战略布局和政策选择。如，乌拉圭回合谈判中，美国坚持把文化产品列入服务贸易自由化范畴；对华经贸合作和中国入世谈判中，美国不断施加知识产权武器，强行要求它的视听产品进入中国，人为设置中国入世门槛。这一切，让中国必须重新认识自己在世界文化秩序中的地位和作用，尤其是要重新审视文化和意识形态在新的国家文化大格局中的地位和作用。

新的国际文化关系的变化，使得文化产品及其市场成为新的世界文化秩序重建的关键性因素，国际文化关系格局正沿着文化产业这条轴线充分展开。经济全球化对世界各国的经济和文化都有很大影响，包括各国的经济政策和运动，文化政策、体系和文化产业发展的走向，甚至是变动国际文化秩序和重组文化力量格局。全球化带来的信息流、资金流、人流、物流空前广泛的流动，带动了文化商品在全球范围内

---

① 苏格：《国际格局变化与中国外交战略》，*China International Studies* 2015 年第 4 期。

的流动以及文化产业形态相互碰撞。正如胡惠林教授所说："传统意义上的文化传承在全球化的语境下正越来越失去固有的空间，国家和民族文化边界正在被消解，国家文化主权受到严重威胁和挑战，这就使得全球化不仅是经济战略问题，也是文化战略问题，更是文化产业发展战略问题。"[①] 西方发达资本主义国家依托其强大的经济、技术、资本、管理的优势，裹挟着西方的思想观念、生活方式和思维方式，对发展中国家构成巨大的挑战和冲击，对其文化市场形成碾压态势，国家文化主权和文化安全问题显得尤为迫切。

二 世界文化产业发展潮流和趋势

美国学者亨廷顿在冷战结束后曾指出："21世纪的竞争将不再是经济的竞争、军事的竞争，而是文化竞争。"文化产业的发展被世界各国纳入了国家长期发展战略，逐渐成为一种国际战略竞争新形态。随着信息技术的推动，文化产业在从功能城市向服务城市再向文化城市转变过程中取得再次跃迁。国际性产业发展的基本逻辑为传统经济服务化、服务经济知识化、以知识为基础的服务经济信息化，而文化产业作为服务业的重要组成部分，在这一基本逻辑当中逐级推进，也引发了世界文化呈现出多样化的发展趋势和特点。

第一，世界文化将走上数字化、信息化为代表的变革。传统的文化形态、文化生态和文化存在方式都将在文化产业数字化、信息化和全球化中进行革命性变化。一个国家的文化实力和影响力将会由文化产业发展的现代化程度衡量。

第二，文化产业升级改造将着重在创意产业特别是内容产业上。创意产业特别是内容产业对知识经济时代提出的文化产业的创新和科

---

① 胡惠林：《文化产业发展的中国道路：理论·政策·战略》，社会科学文献出版社2018年版，第7页。

技要求积极响应,不断发展成为符合现代需求的文化产业,以其内在发展动力积极指引世界文化产业发展。

第三,国际贸易中文化产业增加值所占比例升高。文化产业大国在向文化产业强国努力,众多国家对外贸易的主导产业和经济发展的国家意志都逐渐成了文化产业。在21世纪的美国最大的出口创汇行业是文化产业。

第四,国际文化贸易的主体是跨国文化集团和文化组织。跨国文化集团和文化组织影响着国际、国家文化关系,同时在重建国际文化秩序、变动世界文化产业格局中发挥着重要作用。

三 文化贸易领域的竞争

国际文化贸易是国际贸易的重要部分,也是全球服务贸易行业竞争的关键领域。作为有着五千年文明史的中华民族拥有着丰富多彩的优秀传统文化资源,理应在国际文化贸易市场中占有重要的一席之地。近年来,随着经济结构的不断完善,中国对外文化贸易总体规模增长迅速,文化贸易市场有序健康发展。根据商务部的数据,2018年,我国文化产品和服务进出口总额达1370.1亿美元,同比增长8.3个百分点。其中,文化产品进出口总额1023.8亿美元,同比增长5.4个百分点;文化服务进出口总额346.3亿美元,比2017年增长17.8%。《中国国际文化贸易发展报告(2019)》分析指出,我国对外文化贸易规模不断扩大,贸易总额持续增长,在国际贸易发展中的作用愈发凸显。文化产品贸易在出口中仍占主要份额,且贸易结构不断优化。在文化产品出口方面,贸易伙伴更加多元,我国对"一带一路"沿线国家文化产品出口总额达162.9亿美元,为历年最高水平。同时,文化服务贸易体量快速增长,各大行业贸易发展趋势持续向好。

文化遗产不仅是我国优秀传统文化的代表,还是我国经济增长和产业升级的助推器，它推动了产业结构调整，加强了我国文化的国际影响力与竞争力。文化遗产作为一种在地性不可移动的客观存在，在国际贸易领域最具代表性的活动就是入境旅游。由联合国教科文组织世界遗产委员会官方网站可知，意大利、西班牙、墨西哥和美国的世界遗产排名前十，是全球著名的旅游国家。同时，几国均在世界经济论坛发布的"The Travel and Tourism Competitiveness Report 2007—2017""全球十大最受欢迎旅游目的地国家"行列。

我国出境旅游人数大于入境旅游人数，每年出境游1.5亿人次，入境旅游人数在7000万人次，旅游逆差可能把中国变成贸易逆差国，一年旅游贸易的逆差在2000亿美元左右。以2018年为例，美国国际旅游收入是2000多亿美元，日本是400多亿美元，泰国是600多亿美元，我国是400多亿美元。另一个标志是入境旅游对GDP的贡献。在世界前几十位主要经济体中，一般国家都在1%—3%，而中国只有0.3%。2017年，美国、土耳其、意大利、西班牙、泰国、墨西哥六国旅游服务贸易顺差占所有长期收益方顺差总额达57.54%，其中包括了发达国家和发展中国家。其中，旅游外汇收入占总出口贸易20%以上的国家有土耳其、西班牙和泰国。由以上可知，我国国际旅游贸易逐渐失衡，且逆差呈现不断扩大趋势。

四 文化意识形态领域的竞争

文化的竞争是错综复杂的，其外在表现为市场竞争，但背后是国家和地区整体的政治经济和社会发展的综合影响力的竞争。赫伯特·席勒认为，在资本主义进入帝国主义阶段，文化竞争的实质事实上源自西方的资本主义如何将所谓西方中心论"普世价值"向全球扩张的过程，文化竞争的终极意义是意识形态竞争，其表现是"文化帝国主义"。意大利思想家安东尼奥·葛兰西曾提出文化领导权思想，统治者合法权要被社会广泛认可，包括道德观、世界观上的共识，而不是依靠暴力，同时统治者要注重社会意识形态和文化在政治权力上的重要影响力。布热津斯基曾在《大失控与大混乱》中指出，美国依靠其绝对的经济实力、文化实力、科技实力、军事实力和政治实力称霸全球，其中最重要的是它的全球文化意识形态吸引力。为了保护民族文化、防止大国思想文化的渗透，法国政府高举"文化主权"旗帜，倡导"文化例外"政策，在全球设立文化中心和文化学院，成立法语联盟，以保护法国文化。新加坡提出对亚洲的价值观进行继承和发展，推行"讲华语"运动和英语教育并列。

第三节　世界遗产领域合作与竞争

一　国际遗产保护利用合作趋势增强

世界遗产是人类共同的财富，保护好世界遗产，挖掘阐释好它们的价值内涵，是国际社会应有的共同责任和神圣使命。国际社会上保护文化遗产有三大权威机构，分别是联合国教科文组织、国际古迹遗址理事会和国际文物保护和修复研究中心。他们通过制定法律文件和制度规范来实现对世界文化遗产的联合保护，如《保护世界文化和自然遗产公约》等国际公约是解决国际争端和各国立法的重要基础，《关于古迹遗址保护与修复的国际宪章》（威尼斯宪章）等建议性文件是传播先进理念和指导各国工作的重要准则。正是在这些国际遗产保护管理组织和制度的助推下，世界遗产保护利用合作蓬勃开展，取得了较好成就。截至2021年7月25日，全球共有192个国家加入《保护世界文化和自然遗产公约》，列入《世界遗产名录》的世界遗产达1122项（分布在167个国家），其中世界文化与自然双重遗产39项，世界自然遗产213项，世界文化遗产869项，其中中国拥有世界遗产56项。从以上数据可以看出，国际社会遗产保护的意识在逐渐增强，公约的缔约国数量在不断增长，保护交流的合作成效显著。

国际上最早就某一遗产开展国际交流合作的是埃及因修建阿斯旺大坝而受到威胁的努比亚遗址，随后是国际社会对意大利威尼斯及其潟湖、巴基斯坦摩享佐达罗考古遗迹、印度尼西亚婆罗浮屠寺庙群的抢救和修复。1992年吴哥古迹列入世界文化遗产名录，随即又因保护问题被列入濒危遗产名单，在柬埔寨王国政府的请求和联合国教科文组织的倡导呼吁下，国际社会发起"拯救吴哥古迹国际行动"。这是当前国际遗产交流合作最具代表性的行动。在这一行动框架下，柬埔寨的周萨神庙、茶胶寺、王宫遗址、崩密列寺、柏威夏寺等，通过运用现代科技手段对其进行综合研究与保护修复，取得了良好的效果。与此同时，国际著名大学或专业遗产保护管理机构之间也进行了良好的交流合作，如敦煌研究院与美国盖蒂保护所就敦煌石窟的保护研究，也进一步推动了国际社会文化遗产保护交流的大格局[1]。

中华人民共和国成立70年来，我国与日本、美国、德国、法国、意大利、英国、加拿大、澳大利亚等国大学和研究机构联合开展了近百项合作调查与发掘，时代范围涵盖旧石器时代、新石器时代、青铜时代的夏商周时期和铁器时代的汉唐宋元明时期。研究内容包括史前聚落、古代宫殿、人与环境的关系、铜和盐等重要资源的供给、丝绸之路古代遗迹的研究等，有力促进了我国文化遗产的保护利用、学科建设、人才培养、国际交流等。同时，我国学者也积极参与国外考古研究。如我国著名考古学家王仲殊先生历时30年，对东亚地区古代文

---

[1] [美]内维尔·阿根纽、王旭东：《回顾与展望——敦煌研究院与美国盖蒂保护所合作二十年》，2008古遗址保护国际学术讨论会暨国际岩石力学学会区域研讨会论文集，2008年。

化交流进行了系统研究。近十年来,随着中国国力的增强和国际地位的不断提高,越来越多的中国考古队走出国门,到俄罗斯、蒙古、乌兹别克斯坦、伊朗、沙特阿拉伯、印度、巴基斯坦、孟加拉国、柬埔寨等国进行合作考古和文化遗产保护。各类古代文明重要发祥地都已经被考古学家所涉及,如埃及、肯尼亚、洪都拉斯等,他们积极参与世界人类文明的研究。这些境外合作的发掘和文化遗产的保护,提高了我国在文化交流领域的国际地位和国际声誉,尤其在"一带一路"倡议下,走出来一条具有中国特色的"遗产外交",起到了沟通民心的重要作用。

二 在合作基础上的竞争日趋激烈

由上可知,世界文化遗产保护领域合作交流是大的趋势,但在合作交流的大局下,文化遗产领域的竞争也日趋激烈。现今,单纯的文化遗产保护已经不是各国发展世界文化遗产事业的目标,这不只是表达各国对当今文明问题态度和看法的一个行为,不仅展示各民族独特的世界观、文明观、文化观、价值观,同时可以增强本国的文化软实力和提升文化形象。

众所周知,目前世界通行的世界遗产保护公约和条例基本是建立在西方遗产特性基础上的制度和规则,在很大程度上体现了西方世界的意志、规则和利益,以中国为代表的发展中国家由于遗产保护事业起步晚,加入世界遗产大家庭的时间短,在整个国际遗产组织和机构的影响力和话语权较小。世界遗产事业发展有着众多的矛盾、分歧,影响到了各国的竞争。同时,世界遗产事业随着时代发展也处于一个转型期,在这个阶段它更容易受到国际政治、地缘政治和缔约国利益的干扰。

与此同时,在以各国、各民族遗产为文化素材的文化产业竞争领域也日渐激烈。欧美世界以其成熟的技术手段、成熟的市场体系和独特的文化输出系统，对发展中或欠发达国家进行文化输出、攻城拔寨，以美国好莱坞大片为代表的文化产品就是其中的典型代表。如好莱坞大片《花木兰》《功夫熊猫》均取自我国优秀的传统文化资源，通过技术手段转化和创造，制作成符合国际消费潮流的文化符号和文化形象，对文化素材生产地进行倾销和输出，就是文化遗产在国际文化贸易领域竞争的体现。因此，世界各国如何在立足于保护、传承和展示各国各民族文明和历史时，突出各国各民族为世界文明发展做出的贡献，如何在激烈的文化竞争中，寻找到自己的国际市场和国际文化地位，已成为文化遗产保护领域一个重大的时代课题。

第四节 本章小结

当今世界正在经历百年未有之大变局。世界多极化、经济全球化、社会信息化、文化多样化深入发展，全球治理体系和国际秩序变革加速推进，新兴市场国家和发展中国家快速崛起，国际力量对比更趋均衡，世界各国人民的命运从未像今天这样紧紧相连。人类面临着许多共同挑战，如恐怖主义、气候变化、地区冲突、新冠疫情等。全世界面临着考验，在对抗这些全球性问题时，中国尽显大国魅力，其国际形象不断提升，话语权不断增强，在世界舞台上大放异彩。这个过程使中华文化不断输出并获得了各国认同。在思想文化激烈交锋的今天，各国的文化输出都不相上下，文化软实力在综合国力竞争中的地位日益凸显[1]。这就要求中国必须依托丰厚的文化遗产，大力推动文化的繁荣发展，切实增强中国人民的文化自觉和文化自信，提升我国的综合国力和国家文化软实力。

---

[1]《中国共产党第十七届中央委员会第六次全体会议文件汇编》，人民出版社2011年版，第14页。

第四章　世界遗产文化竞争力体系的理论建构

第一节　世界遗产文化竞争力理论基础

一　马克思主义文化理论

（一）马克思主义文化观

马克思主义作为中国共产党长期以来的指导思想，为党的路线、方针、政策的制定提供基本遵循。马克思主义肯定文化对社会历史发展的助推作用，对个人发展的引导作用，并高度肯定其对政治、经济的能动作用。在马克思整个思想体系中直接提及、谈论和描述文化的理论较少，更多的是其经济思想、政治思想和哲学思想的表述。据统计，马克思对于"文化"一词并未进行单独的概念论述，但在著作中多次使用"文化""文明""意识形态""精神生产"等词[①]。马克思的文化思想主要集中在《关于费尔巴哈的提纲》《1844年经济学哲学手稿》《德意志意识形态》《共产党宣言》等著作之中。在马克思主义

---

① 在《马克思恩格斯全集》中，"文明"一词出现的频率最高，占比67.1%，文化、意识形态、精神生产占比依次为24.3%、7.6%和1%。

创始人看来，文化是人类社会特有的本质规定性，是人的本质性的存在方式和社会存在不可或缺的重要组成部分。首先，从狭义来看，文化被界定理解为"时代精神""文化活的灵魂"，表现形式通常为知识、精神生活、文化意识、意识形态、文化观等。其次，在更多时候马克思恩格斯将文化看作与文明相等同的层级概念。文化是泛化的人类文明，把文化与社会生产生活方式、文明形态、社会形态的发展变化相联系，在这样的文化概念中，物质要素、精神要素、社会制度要素等都涵盖其中。

马克思主义文化观从人和自然的关系出发，认为文化是人在认识和改造自然的过程中创造的，明确了文化的本质是人本质力量的对象化。"正是在改造对象世界中，人才真正地证明自己是类存在物。这种生产是人的能动的类生活。通过这种生产，自然界才表现为他的作品和他的现实。"① 由此可以看出，马克思主义文化思想生成的本质内容，即人在对象世界中，不仅实现了对象世界的人化也创造出了人的文化世界。正是在人与自然之间的双向互动中推动了人类精神世界的产生和发展，而社会文化恰恰是这种互动过程中的实践行为所产生的对象化产品。马克思认为，应当从实践出发去解释社会生活的本质和发展的规律，那么，在社会活动的基础上所产生的社会文化也必然是实践本质运动产生的结果。具体来讲，文化包括三个相互联系的领域，"即人的主观心态领域、对象化活动的领域和对象化活动之产物的领域"②。

马克思充分认识到实践与文化理论观念的互动关系，认识到文化在社会历史革命中的能动作用。他在《〈黑格尔法哲学批判〉导言》中说道，理论只要抓住事物的根本，就能够说服人，掌握群众，人的根本就是人的本身。同时，马克思也充分认识到传统在文化发展中的

---

① 《马克思恩格斯全集》第3卷，人民出版社2002年版，第274页。
② 许苏民：《文化哲学》，上海人民出版社1990年版，第43页。

独特作用,任何文化创造总是由特定传统基础上具有主动性的人来进行的,自然甚至必然会受到文化传统的深刻影响,从而进一步深化对文化发展规律的理解。综观马克思恩格斯文化观逻辑和发展线索,我们可以看出,"马克思文化哲学思考的中心问题是对人及人的解放与发展的关注。以此为基点,马克思通过自然、个体、社会这条脉络,将人的研究系统地体现于唯物史观当中"①。

(二) 马克思主义文化遗产思想

马克思主义文化遗产思想是马克思主义经典作家对于如何理解和处理文化遗产问题的相关看法。马克思与恩格斯历来重视文化遗产在现实生活的重要作用,在其著作中有不少经典论述都体现了这一点。其中,文化遗产具有传承性与发展性,是马克思主义文化遗产思想的基本观点。

文化遗产作为历史文化的结晶,其内部具有继承性,为整个社会的发展提供向上的合力。马克思在《致瓦·安年柯夫》中指出,文化遗产在奔流的历史长河中作为文化的结晶具有其内在继承性,为整个社会的发展提供向上的合力。马克思指出,由于后来的每一代人利用前人创造的生产力条件都为新生产服务,所以这个历史随着人们的生产力以及人们的社会关系的发展而愈益成为人类的历史。恩格斯也曾高度赞颂文艺复兴对古希腊文化的传承:"拜占庭灭亡时抢救出来的手抄本,罗马废墟中发掘出来的古代雕像,在惊讶的西方面前展示了一个新世界——希腊的古代。"② 同时,文化遗产的发展是一个历史连续性的进程,任何时代的历史文化遗产的产生和发展都是在前人所积累的思想材料的基础上进行的。马克思曾说:"人们自己创造自己的历

---

① 邹广文:《马克思文化哲学思想的展开逻辑》,《求是学刊》2010 年第 1 期。
② 《马克思恩格斯选集》第 3 卷,人民出版社 1972 年版,第 444—445 页。

史，但是他们并不是随心所欲地创造，并不是在他们自己选定的条件下创造，而是在直接碰到的、既定的、从过去承继下来的条件下创造。"① 人们创造着自己历史文化的过程，绝不是随心所欲地进行。每一个特定时期的文化遗产不仅是当时社会经济状况的能动反映，也是前一时代烙印的生动镌刻。正如他在书中谈道："每个特定时代的思想体系永远是和前一时代的思想体系有密切的——肯定的或否定的——联系。"② 因此，在探究时代的思想成果时，应当从前一时代的智慧状况中去寻找其传承性，去寻找其中千丝万缕的联系。

基于历史性、传承性和发展性的要求，文化遗产不能全盘否定，应该在现实的基础上进行批判改造、优化吸收，做到既肯定又否定，既克服又保留。马克思也曾说道，虽然他曾经批判过黑格尔辩证法的神秘方面，但是也要公开承认他在批判改造的基础上吸收了黑格尔哲学遗产的合理内容。恩格斯同样重视对文化与思想遗产的批判继承，他说："因为历史地出现的政治经济学，事实上不外是对资本主义生产时期的经济的科学理解。所以，与此有关的原则和定理，也能在例如古代希腊社会的著作家那里见到。"③ 也就是说，恩格斯认为，现代科学理论发源于古代的文化与思想遗产。

二 列宁主义文化理论

纵观马克思主义发展史可以看出，列宁第一次自觉地、全方位地彰显了马克思主义文化理论的实践维度，按照马克思主义文化观的指导，推动无产阶级"文化革命"和社会主义文化建设。列宁把文化看作人的实践本质的自觉体现，强调实现人的自身全面自由发展这一宗

---

① 《马克思恩格斯选集》第 1 卷，人民出版社 1995 年版，第 585 页。
② 《马克思主义史》第 2 卷，人民出版社 1995 年版，第 519 页。
③ 《马克思恩格斯选集》第 3 卷，人民出版社 1995 年版，第 573 页。

旨是文化建设和文化批判的目的。他清醒地认识到，"文化革命"是俄国社会主义革命重要组成部分和不可逾越的重要阶段。相对于经济革命和政治革命，"文化革命"具有长期性、艰巨性、复杂性等特征，"文化革命"的成败直接关系到俄国社会主义革命的成败。这是因为"在一个文盲的国家内是不能建成共产主义社会的"[1]。因此，他进一步强调："要使整个苏维埃建设获得成功，就必须使文化和技术教育进一步上升到更高的阶段。"[2]

列宁认为，无产阶级文化是过去社会文化遗产继承发展的结果。无产阶级文化不是从天而降的东西，也不是所谓的文化专家凭空捏造出来的，其是在过去的文化遗产中，在时代的基础上继承发展的结果。同时，列宁还指出一个国家或民族的文化的发展不仅是对本国本民族文化遗产的批判继承，也是对其他国家或民族的文化遗产进行批判、吸收的过程。在对待资本主义文化遗产的问题上，他进一步指出，马克思主义这一无产阶级革命思想体系赢得了世界历史性的意义，是因为它并没有抛弃资产阶级时代所取得的宝贵的成就，而是吸收和改造了两千多年来人类思想和文化发展中一切有价值的东西。

三 中国化的马克思主义文化理论

马克思主义中国化的文化理论是马克思主义中国化理论的重要组成部分。它是中国共产党以马克思主义理论为指导，立足于近代以来中国革命、建设和改革时期不同的社会矛盾、历史主题，以解放思想、实事求是的思想路线为指导，在文化建设方面不断进行理论创新和实践探索的结果。它是对马克思主义文化理论的继承、创新、发展，是立足中国实际，从中国国情出发，符合中国人民根本利益的智慧结晶

---

[1] 《列宁选集》第4卷，人民出版社1972年版，第357页。
[2] 《列宁全集》第38卷，人民出版社1986年版，第176页。

和理论成果。在中国化的马克思主义文化理论指导下，历代领导人在治国理政过程中始终关注历史文化遗产，并试图用马克思主义文化遗产思想分析当前文化遗产保护发展的诸多问题，形成具有中国特色的马克思主义文化遗产思想。

（一）民族的科学的大众的文化

毛泽东思想是马克思主义理论与中国具体实际相结合形成的重大理论成果，毛泽东文化理论形成并发展于中国近代以来的新民主主义革命、社会主义革命和建设的伟大实践，是毛泽东思想的重要组成部分，是对马克思主义文化理论的继承和创造性发展。毛泽东坚持以马克思主义文化观为指导，重视对其进行继承和发扬。在中共第七次全国代表大会的报告中，毛泽东指出中国共产党从成立之日就以马克思主义为指导思想，将其写在党的旗帜上，马克思主义是致力于无产阶级解放的最伟大、最革命、最科学的理论。同时，毛泽东始终坚持历史唯物主义立场，并提出整风运动就是要使得马克思列宁主义和中国革命实践、中国历史、中国文化相结合起来。

揭示文化遗产的传承与发展规律在近代中国的大变动中的表现，运用马克思主义关于文化的一般理论与中国的实际相结合，在中国把握好古今中外文化之间的关系，解决好新文化建设的问题，是毛泽东文化遗产思想的一项重大贡献[①]。在毛泽东看来，马克思主义者应该自觉认识对文化遗产的继承，只有继承民族文化中的宝贵财富，才能推动时代的发展，才能建成社会主义。在中共六届六中全会上，毛泽东把学习和继承文化遗产提到战略地位。他指出今天的中国是对历史的中国的继承与发展，作为历史唯物主义者，我们不应该割裂历史的脉

---

① 鲍展斌：《文化遗产哲思——马克思主义文化遗产观研究》，浙江大学出版社2008年版，第40页。

络和发展的内在逻辑。我们应当从过去中总结，继承这一份珍贵的遗产①。之后，在《新民主主义论》中，毛泽东又提出了"民族的科学的大众的文化"这一著名论断，并进一步强调在中国的长期封建社会中创造了灿烂的古代文化。当代的中国文化也是对古代文化的继承和发展，我们必须尊重历史，决不能割断历史。应当给予历史以一定的科学的地位，尊重历史辩证法的发展。同时，毛泽东也继承了马克思主义的批判性观点，坚持对待历史文化遗产不能全盘接受，更不能盲目反对，应该甄别文化遗产中的糟粕和精华。在1942年的延安文艺座谈会上，毛泽东指出要自觉继承一切优秀的文学艺术遗产，批判地吸收其中一切有益的要素，为以后的文学艺术创作提供丰富宝贵的原料。对待古人和外国人，哪怕是封建阶级和资产阶级的东西也不能绝对否定，而要保持辩证的态度，坚持批判吸收、优化改造的方法和原则②。

(二) 建设有中国特色的社会主义文化

十一届三中全会召开后，以邓小平同志为核心的党中央领导集体创造性地提出了改革开放时代特征下社会主义文化建设的一系列方针政策，继承和发展了马列主义与毛泽东思想。邓小平认为，社会主义精神文明是社会主义的重要特征，体现了社会主义制度的优越性③。"社会主义制度的优越性表现在它的文化、科学技术水平应该比资本主义发展得更快、更先进，这才称得起社会主义，称得起先进的制度。"④ 他强调，要建设高度的社会主义精神文明，科学文明建设与物质文明建设同样

---

① 《毛泽东选集》第2卷，人民出版社1991年版，第533—534页。
② 《毛泽东选集》第3卷，人民出版社1991年版，第860页。
③ 《邓小平文选》第2卷，人民出版社1994年版，第367页。
④ 《邓小平年谱（1975—1997）》上卷，中央文献出版社2004年版，第200页。

需要重视发展人民喜闻乐见的社会主义文化①。围绕"精神文明建设"的根本任务，社会主义精神文明建设的主要内涵是思想道德建设、教育科学文化建设，二者是紧密结合的统一体。实践是认识的来源，精神文明建设的基本方针必须在实践中得到检验，并在实践的基础上不断深化。邓小平强调，精神文明建设首先要坚持"一切着眼于建设"的总方针，在此前提下，必须坚持百花齐放、百家争鸣的方针；取其精华、去其糟粕，继承中华优秀传统文化，树立民族文化自信心，汲取世界文化精华。这一工作方针的确立，明确表现出在新的历史条件下对毛泽东文化理论的坚持与发展，开启了马克思主义文化理论创造性发展的新篇章。

邓小平也高度重视文化遗产的学习与继承。他指出，优秀文化遗产烙印于中华民族血脉之中，其在当今社会依旧展现出强大的生命力。尊重客观规律，实事求是是邓小平理论的精髓。他坚持带着发展的眼光去看待文化遗产，并创造性地提出文化遗产能够推动文化繁荣，要吸收、借鉴人类社会创造的一切文明成果，推动社会主义文化建设。他指出，要用马克思主义辩证法眼光去看待传统文化，剔除封建糟粕，吸取民族精华，学习古今中外一切有助于进步的艺术作品。所有文艺工作者要有民族责任心，钻研古今中外一切优秀艺术成果，创造出具有民族风格和时代特色的文艺作品②。

（三）发展大众喜闻乐见的具有中国特色的先进文化

江泽民牢牢把握时代脉搏与世界发展趋势，从民族竞争力角度来认识文化建设的作用。他多次强调强大的民族精神对国家凝聚力、生命力和综合国力的重要性。一个具有强大生命力的国家，不仅在物质

---

① 《邓小平文选》第 2 卷，人民出版社 1994 年版，第 208 页。
② 《邓小平文选》第 2 卷，人民出版社 1994 年版，第 335—336 页。

上不贫瘠,在精神上更不贫瘠,只有在肥沃的精神土地上,才会有强劲的国家凝聚力①。综合国力的竞争离不开强大的文化支撑,文化深深溶于民族烙印之中,是民族生命力的来源。应把握中国先进文化发展方向,立足于实践,着眼于人民最切实的精神文化需求,发展大众喜闻乐见的具有中国特色的先进文化。② 为增强综合国力、实现中国现代化提供智力支持。

面对新形势,江泽民从更高的角度阐述了文化遗产的重要地位与作用。他进一步发展了毛泽东"取其精华,去其糟粕"古为今用的文化遗产观,并提出继承和发展文化遗产要有世界眼光。高度重视文化遗产保护,不仅能够充实人民精神信念,提高国家的经济水平,更能提升国家的综合国力。2001年,江泽民在庆祝中国共产党成立八十周年大会上的讲话中指出,弘扬社会主义文化,继承中华民族优秀文化,立足于社会主义的现实生活,汲取世界先进文明③。

(四) 发展面向现代化、面向世界、面向未来的,民族的科学的大众的社会主义文化

胡锦涛以科学发展观为指导方针,强调建设和谐文化、实现文化大发展大繁荣的思想,建设和谐文化,培育文明风尚,构建社会主义和谐社会。他多次强调,文化创新度是衡量一个国家是否屹立于大国之列的重要指标,一个民族欲立于世界民族之林,必要有其深厚的文化底蕴、活跃的文化创新。优秀文化促进社会经济发展,加强综合国

---

① 中共中央文献研究室编:《十五大以来重要文献选编》上,人民出版社2000年版,第549页。
② 《江泽民文选》第3卷,人民出版社2006年版,第276—277页。
③ 江泽民:《在庆祝中国共产党成立八十周年大会上的讲话》,浙江人民出版社2001年版,第21页。

力竞争，提升民族凝聚力①。当今时代，文化在国际竞争当中占据举足轻重的地位，可以说，谁在文化发展中占有绝对优势，那么谁就在国际竞争中拥有更多的主动权。

胡锦涛从构建民族共有精神家园、提升文化国力的角度出发，高度重视文化遗产保护和对外交流。在党的十七大报告中，他指出，建设中华民族精神家园，弘扬和发展中华文化，要立足于当代文明社会，体现中华文化民族性与时代性。重视文化遗产保护和文化典籍整理工作，运用现代科技手段挖掘各民族文化，汲取外国优秀文明成果，丰富民族文化资源②。同时，运用现代科技手段，深度挖掘中华传统文化，推动文化事业与文化产业发展，带动文化市场繁荣，增强中华文化国际影响力。

（五）推进文化自信自强，铸就社会主义文化新辉煌

党的十九大把习近平新时代中国特色社会主义思想确立为我们党的指导思想。以习近平同志为核心的党中央，多次提出要树立坚定的文化自信，文化自信是国家文化发展的基础，是实现民族复兴的前提。文化繁荣与国家繁荣、民族自强紧密相连，要深度挖掘传统文化资源、高度重视社会主义核心价值观的培育、牢牢把握意识形态领导权。深厚的中华文化是中华民族遭遇劫难时的精神支撑，是中国人民艰苦奋斗的精神动力。文化是一个国家、一个民族的灵魂，文化兴国运兴，文化强民族强，没有高度的文化自信，没有文化的繁荣兴盛，就没有中华民族伟大复兴③。

---

① 中共中央宣传部、中共中央文献研究室编：《论文化建设——重要论述摘编》，学习出版社、中央文献出版社2012年版，第10页。
② 胡锦涛：《高举中国特色社会主义伟大旗帜 为夺取全面建设小康社会新胜利而奋斗——在中国共产党第十七次全国代表大会上的报告》，人民出版社2007年版，第35—36页。
③ 《习近平新时代中国特色社会主义思想三十讲》，学习出版社2018年版，第194页。

第四章 世界遗产文化竞争力体系的理论建构

"加强文物保护利用和文化遗产保护传承"① 是新时代关于中国特色社会主义文化建设的基本方略。文物是不可再生的文化资源，习近平总书记强调要留住文化根脉，守住民族之魂。他指出，文物是中华民族上千年积淀下来的宝贵遗产，传承着中华民族深厚的历史文化，是民族精神在历史中历经沧桑磨炼留下的烙印，滋养着社会主义精神文明建设。保护文物具有深远价值，功在当代，利在千秋。习近平总书记提出，统筹规划文化遗产保护，协调其与社会经济的关系，保护与发展并重，二者同时兼顾②。2003 年，他在考察杭州西湖时指出，文物保护与开发、建设是相辅相成的统一面，而不是矛盾排斥的对立面，要坚持改革创新、与时俱进，把保护与开发、建设结合起来，在保护文物中适度合理开发、建设，开发、建设的同时开展文物保护工作，实现"双赢"。2014 年，他在视察北京时进一步指出，在保护中发展，在发展中保护，传承中华历史脉络，对历史与人民负责，切实处理好城市改造与文化遗产保护之间的关系③。此外，他坚持活化文化遗产资源，使历史遗留下的文化财富成为涵养社会主义核心价值观的源头活水。习近平总书记指出，要"坚定文化自信，深化学术研究，创新展览展示，推动文物活化利用，推进文明交流互鉴，守护好、传承好、展示好中华文明优秀成果，为发展文博事业、为建设社会主义文化强国不断作出新贡献。"④

马克思主义文化观不仅在我国新民主主义革命、社会主义革命、中国特色社会主义建设发展过程中发挥着重要的指导作用，更是中国

---

① 习近平：《决胜全面建成小康社会 夺取新时代中国特色社会主义伟大胜利——在中国共产党第十九次全国代表大会上的报告》，人民出版社 2017 年版，第 44 页。
② 中共中央文献研究室编：《习近平关于社会主义文化建设论述摘编》，中央文献出版社 2017 年版，第 190 页。
③ 段金柱、郑璜：《像爱惜自己的生命一样保护好文化遗产：习近平在福建保护文化遗产纪事》，《中国文物科学研究》2015 年第 1 期。
④ 《习近平给中国国家博物馆的老专家回信强调：推动文物活化利用推进文明交流互鉴守护好传承好展示好中华文明优秀成果》，《人民日报》2022 年 7 月 10 日第 1 版。

特色社会主义文化观的理论源泉,始终起到指导中国特色社会主义文化建设的重要作用。具体到我国文化遗产保护发展事业来看,坚持和发展马克思主义文化观的主导地位,用中国化的马克思主义文化观指导我们当下的文化遗产事业,无疑是所有遗产保护工作的前提和基础,更是提升我国世界遗产文化竞争力、促进我国国家文化软实力提升的必由之路。

四 世界遗产文化竞争力分析理论

综上分析,结合世界遗产历史性、民族性、精神性等特征,从文化内生角度考量世界遗产文化竞争力。具体而言,从文化硬要素和文化软要素两个角度进行分析,动态构建文化硬实力与文化软实力两方面因素。[①] 其中文化硬要素体现了世界遗产文化竞争力的硬实力,如文化禀赋、文化经济等,具体包括世界遗产生产力要素、世界遗产消费力要素以及文化遗产支撑力要素;文化软要素体现了世界遗产竞争力的软实力,如文化管理、文化潜力等,具体包括世界遗产传播力要素、世界遗产管理力要素和世界遗产创新力要素。[②]

第二节 世界遗产文化竞争力要素构建解析

一 文化硬要素的具体体现

第一,世界遗产生产力要素反映了不同区域的世界遗产资源的富集程度。遗产资源是一个区域在发展过程中所积淀的文化内涵的总和。

[①] 范周、萧盈盈:《中国城市文化竞争力研究报告(2017)》,知识产权出版社2018年版,第37—41页。

[②] 田丰:《论文化竞争力》,《马克思主义研究》2006年第2期。

世界遗产生产力在一定程度上决定了一个区域发展文化遗产事业时最初所释放的能量以及起步的高度。第二，世界遗产消费力要素代表了不同地区到访游客所创造的经济价值以及当地居民的文化消费情况，是世界遗产与经济相结合过程中所创造的价值总和，即世界遗产价值在经济方面的集中表达。第三，世界遗产支撑力要素衡量了与世界遗产相关的产出供给能力的发展程度，同时也可以衡量世界遗产地经济社会的发展程度及其对周边的影响和带动效应。

二 文化软要素的具体体现

第一，世界遗产传播力要素强调了世界遗产在国内、国外的传播范围、影响力以及渗透人们精神生活的能力，是一个区域与其他区域实现文化互动、共享共情的重要途径，不仅是世界遗产价值的外在传播，同时也是使世界遗产价值增值的必要过程。第二，世界遗产管理力要素映射了政府部门在世界遗产保护与管理方面的重要作用，综合研判了政府部门在促进区域文化遗产事业发展方面所给予的政策支持、设施投入、人才招引以及制度保障等方面的主要贡献。第三，世界遗产创新力要素表达了世界遗产发展的创新能力，是文化创新氛围的主要体现，是衡量一个区域世界遗产发展空间的重要依据，同时也是世界遗产竞争力中最具有潜力的影响因素。

因此，基于文化内生角度，综合世界遗产的内涵特征和文化竞争力的概念范畴，以现有文化竞争力评价框架为基础，本研究将世界遗产文化竞争力的核心构成要素概括为遗产生产力、遗产消费力、遗产支撑力、遗产传播力、遗产管理力和遗产创新力六个维度。其中，遗产生产力是遗产竞争力的基础条件，遗产消费力是遗产竞争力的转换动力，遗产支撑力是遗产竞争力的重要保证，遗产传播力是遗产竞争力的辐射环节，遗产管理力是遗产竞争力发展的制度保障，遗产创新力是遗产竞争力的核心环节。因此，通过文化硬要素与文化软要素的有机结合，体现世界遗产文化竞争力的文化内生效应，实现世界遗产的保护利用与创新发展有机结合，进而提升一国或地区的文化竞争力，如图 4-1 所示。

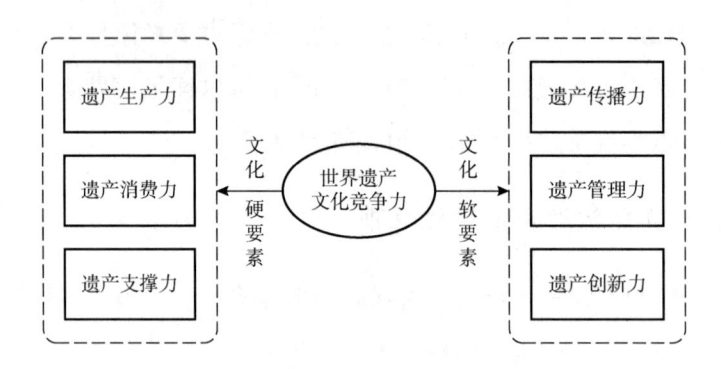

图 4-1　世界遗产文化竞争力理论模型

第三节　世界遗产文化竞争力指标体系

一　指标体系的构建原则

在世界遗产文化竞争力理论分析的基础上，构建世界遗产文化竞争力指标体系时应遵循以下几个原则。

一是系统性。世界遗产文化竞争力是一个由各种要素有机结合的复杂系统，它涉及文化、地理、管理、经济与政治等多个领域，同时也体现不同主体对世界遗产的感知价值。因此，指标的设置应全面、系统以及综合地反映与世界遗产文化竞争力相关的方方面面。

二是可行性。每一个指标的选取都应该具有可行性，并且具有绝对的代表性，只有这样，才能最大限度地体现世界遗产文化竞争力的本质内涵。在系统性的基础上，也要确保每个指标尽可能地反映世界遗产的某种特质，对描述世界遗产文化竞争力水平具有可行性。

三是可获性部分指标仅在理论角度存在合理性。在现实操作中相应数据过于微观，获取难度较大；部分数据统计口径差异较大，可获性较低。因此，为避免影响本研究的准确性，必须确保所选取的指标数据能够准确、有效地收集。

二 指标体系设置

根据世界遗产文化竞争力理论，遗产生产力、遗产消费力、遗产支撑力、遗产传播力、遗产管理力、遗产创新力成为评估世界遗产文化竞争力的基本指标。

第一，遗产生产力指标反映了不同国家的世界遗产资源。世界遗产资源是一个国家的灵魂，是一个国家开拓文脉的根基，同时也是一个国家区别于其他国家的特质所在。二级指标中不仅包含了世界遗产资源和遗产设施，同时也加入了人力资源和资本资源，从全方位衡量遗产生产力。

第二，遗产消费力指标代表了不同国家到访游客所创造的文化价值以及当地国民的文化消费情况，是世界遗产价值的内在表达，也是世界遗产多样性的体现。文旅融合背景下，遗产消费力指标在世界遗产旅游研究中显得尤为重要。二级指标包括消费程度、消费行为和消费潜力。

第三，遗产支撑力指标刻画了不同国家与世界遗产相关企业、产业以及贸易的发展程度。一方面，遗产支撑力指标可以全面地衡量世界遗产产业的发展程度及其对周边区域的影响和带动效应；另一方面，该指标也是当前各个国家在跨文化交流视域下世界遗产"走出去"战略中的重要表达。二级指标包括遗产旅游价格竞争力指数、遗产旅游基础设施指数、遗产旅游安全保障指数、旅游休闲业就业人数占比等。

第四，遗产传播力指标强调了不同国家世界遗产在国内、国外的影响力，不仅是世界遗产价值的外在表达，同时也是提升世界遗产价值传播的重要通道。二级指标主要包括国际性会议次数、世界遗产搜索指数、遗产旅游国际开放指数、世界遗产优先旅游指数等。

第五，遗产管理力指标聚焦了各国政府部门在世界遗产保护与管理方面的重要作用，同时也是研判各国政府在国际文化交往中关于世界遗产保护与管理的主要贡献的重要指标。二级指标主要包括政府政策支持、营商环境和政府信誉。

第六，遗产创新力指标表达了世界遗产发展的创新能力，是文化创新氛围的主要体现，是衡量一个国家世界遗产发展空间的重要依据，同时也是世界遗产文化竞争力中最具潜力的影响因素。二级指标主要包括遗产学科建设、创新能力与发展潜力。

三　指标权重确定

多数研究通过运用层次分析法得到指标权重，由于该方法属于主观赋权法，主观性较强，往往会因打分专家的不同而产生分析结果的差异。为了弥补层次分析法的不足，本研究将在其基础上，引入熵权法，对指标体系进行客观赋权，有效降低主观随意性，提高构建世界遗产文化竞争力评价指标体系的科学性和可靠性，为不同层面世界遗产文化竞争力比较研究提供参考依据。

（一）层次分析法

层次分析法（Analytic Hierarchy Process，AHP）的基本原理就是将所研究的对象看成一个系统，当某个系统元素数目众多、联系过于复杂时，常常会将大的系统分解为相互关联的子系统。首先位于顶层的是所要研究的总目标，称为目标层；其次是分目标，称为系统的子准则层；最后是要对分目标进行进一步解释的最底层，称为方案层。通过建立不同层次递阶结构，对每个因素进行整体的判断分析，确定各因素之间的相互关系，并用量化的数字形式表示每一层次中各个因素与其他因素相比的重要程度。

下面将以本研究构建的世界遗产文化竞争力评价指标体系为例，确定指标体系权重。根据本研究所构建的世界遗产文化竞争力评价指标体系即目标层、6个子系统即子准则层以及所有三级指标即方案层来确定递阶层次结构。

以六项二级指标相对总目标的重要性比较为例进行说明。通过发放回收30份专家打分表，对表4-1进行统计分析，进而判断相关指标的AHP法权重。

表4-1　　　　　AHP法1级至9级相对重要性说明

标度	说　明
1	表示两个因素相比，具有同等重要性
3	表示两个因素相比，一个因素比另一个稍微重要
5	表示两个因素相比，一个因素比另一个明显重要
7	表示两个因素相比，一个因素比另一个强烈重要
9	表示两个因素相比，一个因素比另一个极其重要
2、4、6、8	表示上述相邻标度的中间值

在表4-2的基础上，进一步汇总本研究构建的世界遗产文化竞争力评价指标体系的专家打分法权重。

表4-2 六项一级指标相对总目标的重要性比较

一级指标	遗产生产力	遗产消费力	遗产支撑力	遗产传播力	遗产管理力	遗产创新力
遗产生产力	1	1	1/7	1/5	6	—
遗产消费力	1	1	1/7	1/3	4	1/5
遗产支撑力	7	7	1	7	7	1/5
遗产传播力	5	3	1/7	1	5	4
遗产管理力	1/6	1/4	1/7	1/5	1	1/3
遗产创新力	1/5	5	5	1/4	3	1

注：对角线下方与对角线上方是对称的。

(二) 熵权法

仅采用 AHP 法确定的指标权重常常带有一定的主观随意性。因此，还需要结合客观赋权法即熵权法来进一步确定指标权重，以满足指标权重的科学性。熵权法就是依据熵的概念和性质，通过对各个指标的信息量化来得到指标权重的一种方法。

运用熵权法对世界遗产文化竞争力评价指标体系进行客观赋权，具体操作步骤如下。首先，根据世界遗产文化竞争力评价指标体系来确定多指标的评价矩阵，得到评价矩阵的标准化形式；其次，将标准化评价矩阵转换为"概率"矩阵；最后，计算出各个指标的信息熵，进而计算得出各个指标的熵权重，最终得到整个指标体系的熵权重。

（三）综合权重

为了使最终确定的世界遗产文化竞争力评价指标体系权重更加科学与合理，本研究通过结合 AHP 法和熵权法的指标权重，兼顾两者各自的优点，计算出世界遗产文化竞争力评价指标体系的综合权重，计算过程如公式（4-1）所示。

$$\omega_i = \frac{l_i \times w_i}{\sum_{i=1}^{m} l_i \times w_i} \qquad i = 1,2,\cdots,m \qquad (4-1)$$

其中：

l_i 是熵权法下的指标权重，$0 \leq l_i \leq 1$，$\sum_{1}^{m} l_i = 1$ $i = 1,2,\cdots,m$；

w_i 是 AHP 法下的指标权重，$0 \leq w_i \leq 1$，$\sum_{1}^{m} w_i = 1$ $i = 1,2,\cdots,m$。

第四节 本章小结

本章节以马克思主义文化观和中国化的马克思主义文化理论为视域，对马克思、恩格斯、列宁以及毛泽东、邓小平等新中国历代领导人的文化观与文化遗产思想进行了系统梳理，从中探寻世界遗产文化竞争力的马克思主义思想依据，为世界遗产文化竞争力体系构建提供学理上的支撑，并凸显世界遗产文化竞争力相关研究的现实意义。马克思以历史唯物主义理论对文化进行阐释，认为文化作为一种社会意识，产生于人类改造自然的劳动实践。因此，文化的本质就是人的实践能力的对象化，而文化的根本目的就是实现人的全面发展。马克思主义文化观中包含了大量深刻而丰富的文化遗产思想，并将文化遗产置于政治、文化、经济、社会宏观大局中进行解读，为从多维度研究世界遗产保护发展相关问题提供了理论指导与逻辑依据。在马克思主义文化观的指导下，中国历代领导人立足国情和实际，对中国化的马克思主义文化理论进行不断地发展与创新，并形成系列关于文化遗产的新思想、新理念，指导中国特色社会主义文化建设与文化遗产保护传承取得显著成就。特别是党的十八大以来，在中华优秀传统文化传承、社会主义核心价值观弘扬、国民精神文化生活丰富、经济社会发展服务及中外人文交流促进中，文化遗产工作的作用日益明显。在新的时代背景下，我们提出构建世界遗产文化竞争力理论体系，正是在马克思主义理论的指导下，继承、发展与创新中国化的马克思主义文化观与相关文化遗产理论体系而进行的实践探索。世界遗产文化竞争力深深植根于马克思主义思想中，并以马克思主义文化理论为底层逻辑，在"文化是社会实践的产物"的理论框架下，凸显世界遗产基于自身文化属性的生产、转化、兑现、传承、创新与发展能力，围绕社会生产、流通、消费、传播等基本环节，从遗产生产力、遗产消费力、遗产支撑力、遗产传播力、遗产管理力以及遗产创新力六个方面构建世界遗产文化竞争力体系，分别采用层次分析法进行主观赋权、熵权法进行客观赋权，结合主客观赋权法对世界遗产文化竞争力指标体系的权重进行综合确定，提出世界遗产文化竞争力指标体系的宏观框架。

第五章　国际视角下世界遗产文化竞争力分析与评价

第一节　现状分析

一　世界遗产规模

本章以 2019 年为基准，选取世界遗产数量前 20 的国家作为研究样本，依次为中国、意大利、西班牙、德国、法国、印度、墨西哥、英国、俄罗斯、伊朗、美国、日本、巴西、澳大利亚、加拿大、希腊、土耳其、葡萄牙、波兰、瑞典，进行世界遗产的相关分析。

同时，如图 5-1 所示，世界遗产拥有数量排名前 20 的国家大多都处于北半球，而且分布地皆拥有悠久的历史和丰厚的文化底蕴，如四大文明古国的两个都在其中，对应的是现今的中国和印度。从排名空间上可看出，世界遗产在欧洲的分布较多，亚洲其次。其中文化遗产拥有的相对数量多少也是与各国的后期相关发展有关。如图 5-2 所示，世界遗产的分类情况大多是文化遗产的数量多于自然遗产和自然与文化双遗产的数量，人类生产生活的痕迹重。但澳大利亚以其独特的地理位置造就了自然遗产高于文化遗产的客观现象，辅以数据指出大洋洲的自然遗产拥有数量可观。世界自然遗产和双遗产分

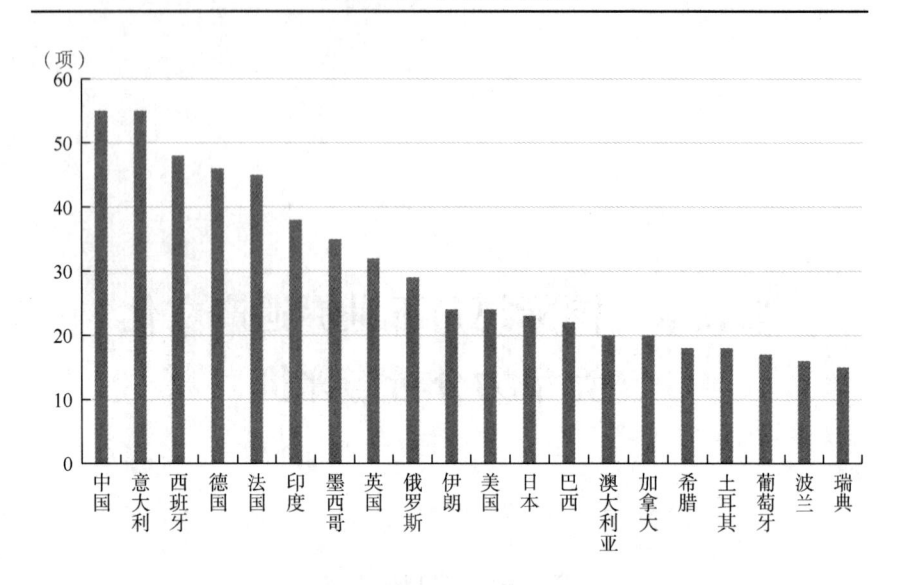

图 5-1　20 个国家世界遗产数量

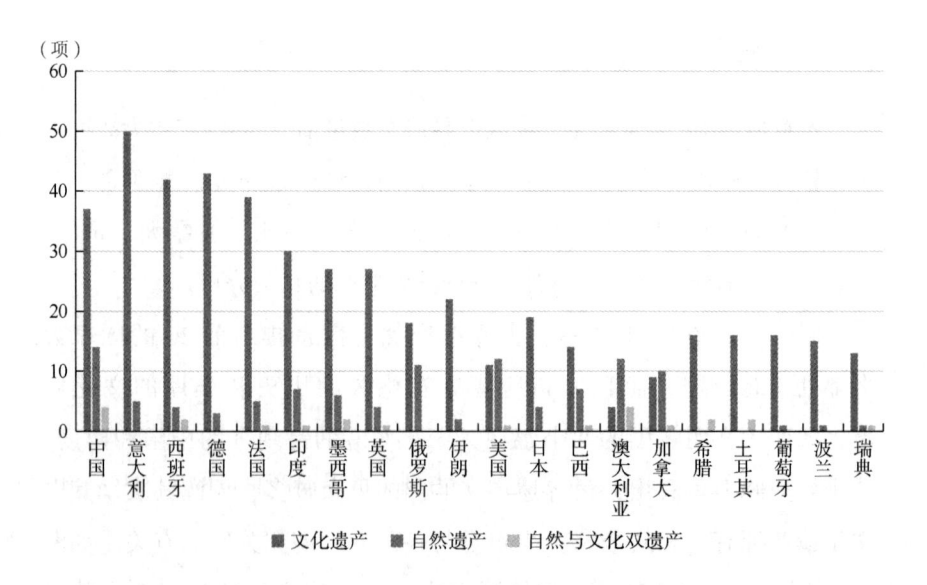

图 5-2　20 个国家世界遗产分类数量

布情况并不平衡，存在有的国家并没有这些遗产分类的情况，其中自然与文化双遗产世界各国的拥有数量都不多。因此，根据这些情况我们可以从不同的角度来分析世界遗产。

二 世界遗产分布

世界遗产的分布并非随机，而是有着内在的逻辑和规律，其受到自然环境和人文社会的双重影响。海拔、地形、水文、气候等自然环境在发挥显著作用的同时，隐藏在其背后的是孕育于良好宜居的自然环境与丰富多样的地形地貌之中的人类历史文化。

在 UNESCO 官网公布的世界遗产经纬度数据基础上，绘制世界遗产的全球分布图。从纬度角度看，世界遗产大多分布在光照时间充足、温度较高的中低纬度地区；从海拔角度看，世界遗产绝大部分都位于更加适宜人类活动的海拔较低的平原地区，极少分布于海拔较高地区的世界遗产也以自然遗产为主；从水文角度看，世界遗产主要分布于河流沿岸以及近海地区，如中国的长江黄河流域以及北美洲的东西海岸；从气候角度看，世界遗产所处地区大部分为亚热带或温带气候区，如亚洲的温带大陆性气候区、温带季风气候区，欧洲的温带海洋性气候区，尤其以地中海气候区分布最为集中，这些气候类型更加适宜人类生存，也造就了更加丰富多样的世界遗产。

除去自然环境对世界遗产分布产生的影响外，人文环境同样起着至关重要的作用。UNESCO 官网中关于世界遗产的各项数据显示，截至 2021 年，1154 项世界遗产中，自然遗产有 218 项，自然与文化双遗产有 39 项，而文化遗产则有 897 项之多，占到了世界遗产总量的 77.73%，由此可见人类文化对世界遗产产生的重要作用。根据另外一组数据，有 913 项世界遗产分布于北半球，而南半球仅有 139 项，表面上体现的是南北半球的地理位置差异，但其深层次的原因是北半球的人类文明更加繁荣悠久，长期的文化发展积淀出了一大批文化类遗产，加之南北半球的经济发展水平差异，北半球国家有更多的经济科技力量保护管理世界遗产。而部分南半球国家经济发展较为落后，缺乏对世界遗产进行管理和保护的资本，经济基础的落后也会在一定程度上引起思想意识的欠缺，对世界遗产的保护意识不足也使一些价值较高的潜在世界自然遗产和文化遗产因保护管理不当和不合理的开发利用而遭到破坏。

第二节　指标体系构建

一　三级指标设置

第一，遗产生产力。通过世界遗产的物质和非物质层面的具体项目，并结合世界遗产预备名单以及各国自然和文化旅游资源现状，本章将具体衡量世界遗产生产力的三级指标依次设置为世界遗产数量、非物质文化遗产名录数量、世界遗产预备名单数量以及各国自然和文化旅游资源数量。

第二，遗产消费力。综合考虑世界遗产旅游消费者与生产者两个方面，将世界遗产消费力的三级指标依次设置为国际游客入境人数规模、国际游客入境消费规模、每位国际游客平均支出以及旅游休闲业占国内生产总值份额。

第三，遗产支撑力。综合考虑旅游业价格、设施、安全以及从业人员等因素，将世界遗产支撑力的三级指标依次设置为遗产旅游价格竞争力指数、基础设施指数、安全保障指数以及旅游休闲业就业人数占比。

第四，遗产传播力。作为世界遗产价值阐释、展示、交流、传播的重要方式，主要通过媒介、品牌推广等手段，实现他者对各国世界遗产的认知。因此，将世界遗产传播力的三级指标依次设置为举办国际性遗产会议次数、世界遗产搜索指数、遗产旅游国际开放指数以及

第五章 国际视角下世界遗产文化竞争力分析与评价

世界遗产优先旅游指数。

第五，遗产管理力。通过结合活动参与、政策支持、经济发展以及信用评级等因素，将世界遗产管理力的三级指标依次设置为世界遗产重要组织领导人人数、遗产旅游政策支持指数、营商环境以及国家信用评级。

第六，遗产创新力。通过结合生产、技术、教育以及人才等发展助推剂，将世界遗产创新力的三级指标依次设置为开设遗产学科高校院所数量、专利申请数、遗产旅游创新能力指数、人类发展指数。

在此基础上，本章提炼出影响世界遗产文化竞争力的若干指标，共同构成国际视野比较下世界遗产文化竞争力指标体系，见表5-1。

表5-1　　　　　　　　世界遗产文化竞争力指标体系

一级指标	二级指标	三级指标
世界遗产文化竞争力	遗产生产力	世界遗产数量
		非物质文化遗产名录数量
		世界遗产预备名单数量
		各国自然和文化旅游资源数量
	遗产消费力	国际游客入境人数规模
		国际游客入境消费规模
		每位国际游客平均支出
		旅游休闲业占国内生产总值份额
	遗产支撑力	遗产旅游价格竞争力指数
		遗产旅游基础设施指数

续表

一级指标	二级指标	三级指标
世界遗产文化竞争力	遗产支撑力	安全保障指数
		旅游休闲业就业人数占比
	遗产传播力	举办国际性遗产会议次数
		世界遗产搜索指数
		遗产旅游国际开放指数
		世界遗产优先旅游指数
	遗产管理力	世界遗产重要组织领导人人数
		遗产旅游政策支持指数
		营商环境
		国家信用评级
	遗产创新力	开设遗产学科高校院所数量
		专利申请数
		遗产旅游创新能力指数
		人类发展指数

二 样本及数据来源

基于数据的可获得性，本章以 2019 年为基准，选取世界遗产数量前 20 的国家作为研究样本，依次为中国、意大利、西班牙、德国、法国、印度、墨西哥、英国、俄罗斯、伊朗、美国、日本、巴西、澳大利亚、加拿大、希腊、土耳其、葡萄牙、波兰、瑞典。数据主要来源联合国商品贸易统计数据库（UN Comtrade Database）、联合国教科文组织数据库（UNESCO Statistics）、世界银行公开数据（World Bank Open Data）、欧盟统计局（Eurostat）、CEIC 数据库以及世界经济论坛（World Economic Forum）发布的《全球竞争力报告》《全球旅游业竞争力报告》《全球信息技术报告》和《全球人力资源报告》等。

三 指标权重确定

在关于文化竞争力的研究中，多数文献通过运用层次分析法得到指标权重。由于该方法属于主观赋权法，主观性较强，往往会因为打分专家的不同而造成结果出现显著差异。为了弥补层次分析法的不足，本章将在其基础上，引入熵权法，不仅在一定程度上可以避免主观赋权法的随意性，还可以降低指标之间的信息重复问题，对世界遗产文化竞争力指标体系进行客观赋权，通过主观与客观赋权法的结合，有效降低主观随意性，提高本章构建的世界遗产文化竞争力指标体系的科学性和可靠性。综合权重结果见表 5-2，归一化后的数据如附录 1 所示。

表 5-2　世界遗产文化竞争力指标体系各指标权重

一级指标	二级指标	权重	三级指标	权重
世界遗产文化竞争力	遗产生产力	0.2212	世界遗产数量	0.1599
			非物质文化遗产名录数量	0.0754
			世界遗产预备名单数量	0.0533
			各国自然和文化旅游资源数量	0.0377
	遗产消费力	0.1369	国际游客入境人数规模	0.0222
			国际游客入境消费规模	0.0218
			每位国际游客平均支出	0.0241
			旅游休闲业占国内生产总值份额	0.0231

续表

一级指标	二级指标	权重	三级指标	权重
世界遗产文化竞争力	遗产支撑力	0.1503	遗产旅游价格竞争力指数	0.0469
			基础设施指数	0.0284
			安全保障指数	0.0261
			旅游休闲业就业人数占比	0.0264
	遗产传播力	0.1311	举办国际性遗产会议次数	0.0357
			世界遗产搜索指数	0.0176
			遗产旅游国际开放指数	0.0112
			世界遗产优先旅游指数	0.0133
	遗产管理力	0.1641	世界遗产重要组织领导人人数	0.0905
			遗产旅游政策支持指数	0.0424
			营商环境	0.0301
			国家信用评级	0.0249
	遗产创新力	0.1964	开设遗产学科高校院所数量	0.0747
			专利申请数	0.0437
			遗产旅游创新能力指数	0.0421
			人类发展指数	0.0285

第三节 分析与评价

一 综合得分及排名

从表5-3可以看出，世界遗产文化竞争力综合得分排名第一的是美国。前三位的另外两个国家有法国、意大利。排名靠后三位的是波兰、巴西、伊朗。具体而言，世界遗产文化竞争力综合得分均值为 0.3888，标准差为 0.1387。在本文分析的 20 个研究对象中，就有排名前十的国家综合得分位于均值以上，表明世界遗产文化竞争力水平差距较小，多数国家的综合得分位于均值上下。

表 5-3　　　　世界遗产文化竞争力综合得分及排名

序号	国家	竞争力总排名
1	美国	0.6221
2	法国	0.5786
3	意大利	0.5669
4	德国	0.5257
5	西班牙	0.4830
6	加拿大	0.4182
7	中国	0.4164
8	英国	0.4157
9	澳大利亚	0.4045
10	日本	0.3920
11	希腊	0.3821
12	葡萄牙	0.3820
13	墨西哥	0.3738
14	俄罗斯	0.2826
15	土耳其	0.2825
16	印度	0.2780
17	瑞典	0.2693
18	波兰	0.2483
19	巴西	0.2289
20	伊朗	0.2248

综合来看，世界遗产文化竞争力存在地理空间发展不均衡的状况。美国、法国、意大利在资源、人才、技术等多方面要素集聚，位列第一梯队，波兰、巴西和伊朗位列末位。世界遗产文化竞争力排名前十中，欧洲占据主导地位，北美、亚洲紧随其后，而南美较弱。也就是说，从空间维度来看，世界遗产文化竞争力整体上是北半球强于南半球。但同时也发现，世界遗产文化竞争力水平高低，既有世界遗产资源分布的客观因素，也与对世界遗产保护利用的管理能力相关。中国处在第7位，相较于全球旅游业竞争力①来讲，位置相对靠前，表明中国的世界遗产文化竞争力整体实力较强，是拉动中国入境旅游的重要引擎。

综合来看，根据排名可得出如下结论。一是世界遗产资源是国际文化竞争力的基础条件，世界遗产资源大国在一定程度上是文化竞争力强国，如排在前五位的国家，除去美国以外，其世界遗产拥有数量也基本处在前五位。虽然美国的世界遗产数量在世界排名中仅仅居于第11位，但是在美国本身的强大经济实力、创新能力和管理能力等影响因素下，有效地促进了其世界遗产资源的充分利用，达到了提升其世界遗产文化竞争力的效果。瑞典，所拥有的世界遗产资源较少，居于末尾，一定程度上影响了其世界遗产文化竞争力水平，在排名上明显靠后。二是国家的社会稳定度和国际环境在很大程度上影响该国的世界遗产文化竞争力提升。伊朗在世界遗产资源拥有量上并不少，但是在排名上却居于末尾，就是因为该国国际局势极为不稳定，虽然拥有着丰富的能源，经济上却一直被打压，经济被制裁，国家面临外部压力较大。如此情况，对世界遗产保护利用发展就显得力不从心。三是国家的经济实力对世界遗产保护和推动文化发展起到重要的

---

① 2019年，世界经济论坛发布《2019年度旅游业竞争力报告》，显示中国在全球旅游业竞争力评价中位居第13位。

作用。排名前三的国家除去本身的世界遗产资源丰富,其经济实力是一个重要的支撑力量。经济基础决定上层建筑,同时越是本身经济水平达到一定程度,国家发展到一定程度,对文化的重视也就越发凸显。

二 分项得分及排名

从表5-4和图5-3可以看出,一方面,美国位居遗产消费力、遗产管理力以及遗产创新力首位。意大利在遗产生产力方面有绝对优势,希腊在遗产支撑力方面颇具优势,法国在遗产传播力方面排名第一。另一方面,瑞典在遗产生产力方面劣势明显,巴西在遗产消费力方面不占优势,印度在遗产支撑力和遗产创新力方面位居末尾,伊朗在遗产传播力和遗产管理力方面有明显劣势。

表5-4　　　　世界遗产文化竞争力综合得分及排名

国家	遗产生产力	遗产消费力	遗产支撑力	遗产传播力	遗产管理力	遗产创新力
中国	0.5203	0.3083	0.4464	0.4850	0.2554	0.4405
意大利	0.7130	0.4766	0.5627	0.6079	0.6288	0.3892
西班牙	0.4006	0.6698	0.6848	0.4383	0.4405	0.3565
德国	0.4708	0.2995	0.6055	0.4025	0.7914	0.5444
法国	0.6306	0.4953	0.5257	0.8763	0.5915	0.4090
印度	0.4234	0.2363	0.3506	0.4110	0.2057	0.0592
墨西哥	0.4745	0.5157	0.4619	0.4140	0.3070	0.1233
英国	0.2844	0.4675	0.4535	0.5331	0.2505	0.5582
俄罗斯	0.3625	0.2392	0.4196	0.3386	0.1572	0.1855
伊朗	0.3309	0.1353	0.4380	0.2447	0.0941	0.1006

续表

国家	遗产生产力	遗产消费力	遗产支撑力	遗产传播力	遗产管理力	遗产创新力
美国	0.1974	0.7556	0.5890	0.6414	0.8797	0.8043
日本	0.1937	0.2537	0.5601	0.4586	0.5199	0.4315
巴西	0.3040	0.0906	0.3603	0.2742	0.2038	0.1310
澳大利亚	0.1150	0.1258	0.5846	0.6565	0.6765	0.3917
加拿大	0.1209	0.1283	0.6174	0.5987	0.7167	0.4329
希腊	0.3076	0.4266	0.6903	0.5425	0.2640	0.1904
土耳其	0.1945	0.4494	0.4026	0.3291	0.2768	0.1470
葡萄牙	0.2032	0.4519	0.7640	0.4829	0.3334	0.2159
波兰	0.0306	0.2441	0.4944	0.2941	0.3079	0.2279
瑞典	0.0094	0.2590	0.4379	0.3015	0.2907	0.4008

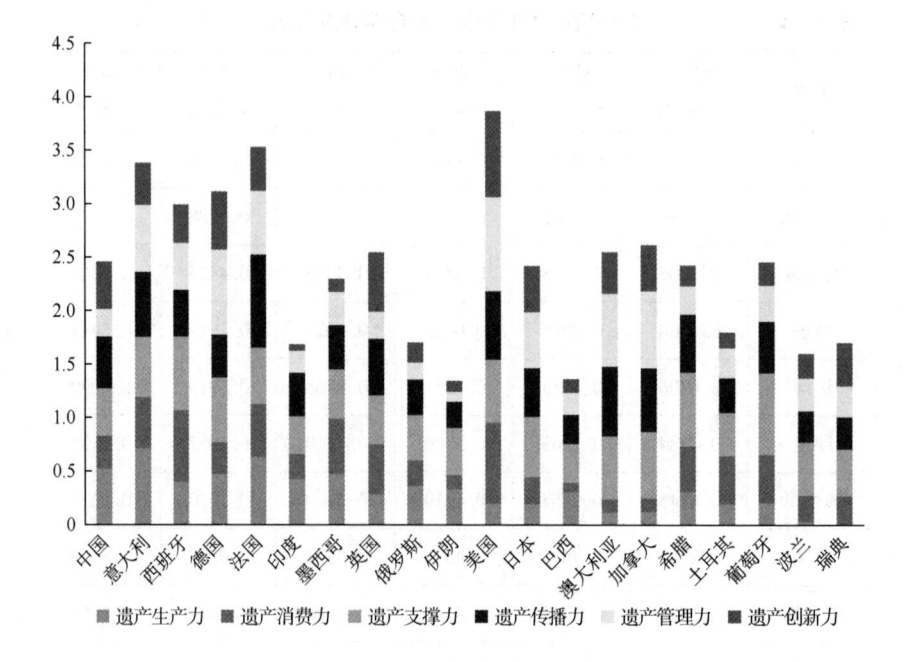

图5-3 世界遗产文化竞争力综合得分及排名对比

第五章 国际视角下世界遗产文化竞争力分析与评价

进一步分析，可得出以下结论。

第一，在世界遗产生产力方面，如图 5-4 所示，排在前五位的分别是意大利、法国、中国、德国和墨西哥，排在后五位的国家分别是日本、加拿大、澳大利亚、波兰和瑞典。从区域看，文化生产力强的国家主要分布在欧洲、亚洲和南美洲，主要因为所在国大多历史悠久，留存的遗址遗迹比较丰富，如中国、意大利。同时，在文化生产力前十名的国家中，亚洲国家占据三席，分别是中国、印度、伊朗，其他大多数为欧洲国家。究其原因，世界遗产保护发展运动最早起源于欧洲，主要是法国、英国、意大利等国家。当今世界遗产保护理念、保护标准、保护体系和入选规则基本上是建立在以欧洲为中心的准则基础之上的，所以在世界遗产评选方面，欧洲占据较大主导权和话语权。

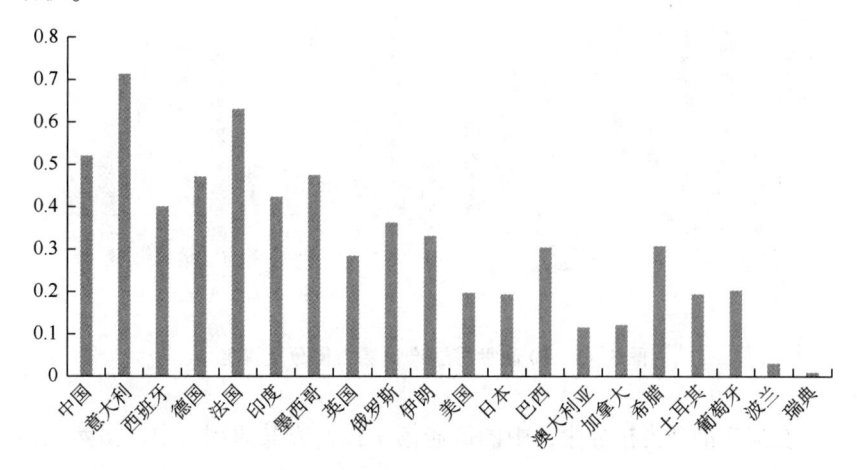

图 5-4 20 国世界遗产生产力得分及排名

就中国来讲，遗产生产力是唯一进入前三名的指标，表明作为有着五千年悠久历史的中华民族在世界遗产遗存比较丰厚，但由于世界遗产组织在遗产遴选方面的数量限制，我国未来在世界遗产绝对数量的快速增长的难度比较大，应该加大重大主题的联合申遗、跨国申遗，扩大遗产的类别，进一步巩固我国世界遗产大国地位。

第二，在世界遗产消费力方面，如图5-5所示，排在前五位的分别是美国、西班牙、墨西哥、法国和意大利，排在后五位的国家分别是印度、伊朗、加拿大、澳大利亚和巴西。由此可以看出，传统的老牌资本主义国家，由于经济社会发展水平较高，国民有充裕的闲暇时间和支配收入，在国民消费领域一直表现抢眼，整体的消费水平和消费意愿长期处在一个较高的水平。在排名靠后的国家中，虽然也有发达的资本主义国家，但由于人口基数较少，整体的消费规模受到限制，如澳大利亚、加拿大等，还有些国家由于受到制裁，入境市场影响较大。

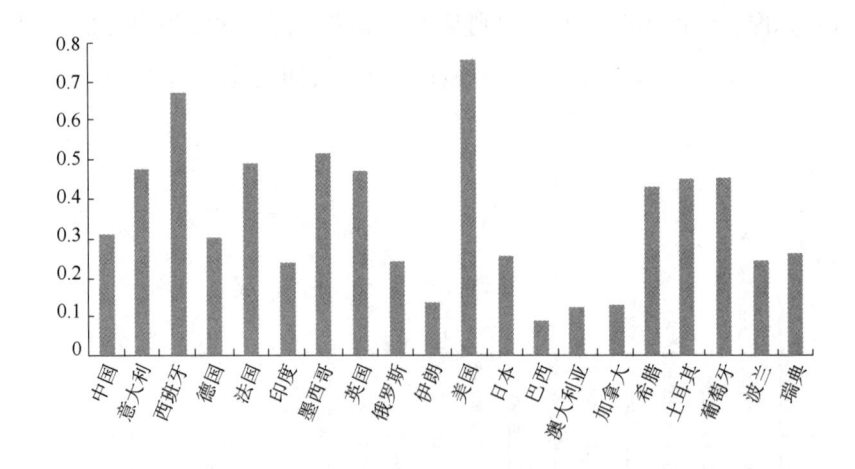

图5-5 20国世界遗产消费力得分及排名

在遗产消费力排名中，中国位居第十位。究其原因，中国虽然人口基数较大，国民生产总值处在世界第二位，但整体发展水平不均衡状况比较突出，平均国民的收入水平还处在一个较低的位次。因此，整体的消费能力和水平还不太突出，旅游休闲业占国内生产总值份额较低。同时由于文化背景、消费习惯、入境政策的影响，近年来入境旅游人次和旅游收入与传统旅游大国比较起来，增速放缓，与我国世界遗产资源大国地位不匹配。最后，也要进一步反思我国世界遗产资源与遗产产品转化的问题,要围绕世界遗产价值内涵,做好阐释展示工作,让我国的世界遗产产品成为世界游客喜闻乐见的文化旅游产品。

第三,从世界遗产支撑力来看,如图5-6所示,排在前五位的国家分别是葡萄牙、西班牙、希腊、加拿大和德国,排在后五位的国家分别是俄罗斯、瑞典、土耳其、印度和巴西。探究原因,排在前五位的国家,一直以来是世界重要的旅游目的地和入境旅游国,在国际上形成了良好的旅游形象。作为发达的资本主义国家,基础设施和服务设施相当完善,进入性和通达性都很好,给游客提供了非常舒适且快捷的条件,在价格竞争力和安全保障方面,也是可圈可点。在排名后五位的国家中,除瑞典外,大多国土空间辽阔,公共文化服务设施和旅游设施未能高质量覆盖全域,这对游客的出游选择和遗产体验提出了较高的挑战。同时,该类国家大多远离传统的主要客源市场,空间距离是一个极大的心理障碍,也在某种程度上影响了潜在游客的出游选择。另外,各个国家的主导产业选择不同,导致围绕世界遗产,从事的旅游休闲就业人数占比也受到限制,如瑞典,其主导产业是高新技术、林业经济、汽车制造等,文化旅游占比较少。

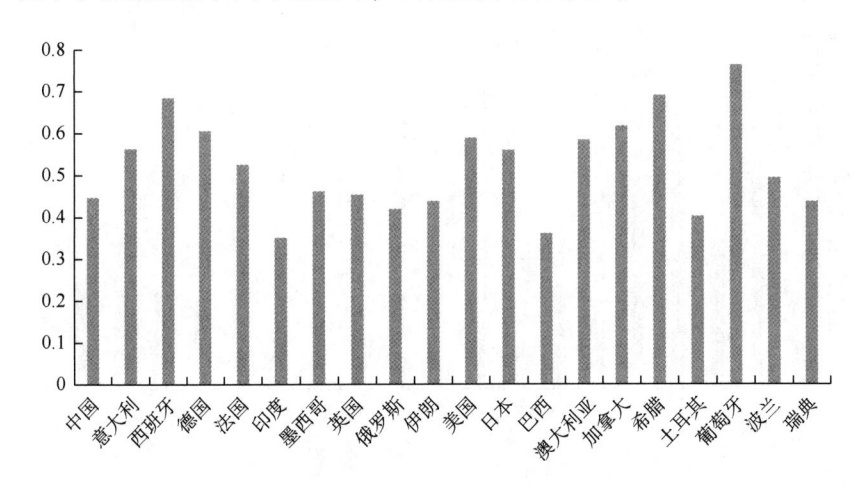

图5-6 20国世界遗产支撑力得分及排名

中国在遗产支撑力排名位居第十四位，位次较低。具体原因可能如下。一是遗产旅游基础设施指数，主要包括大的国际航班、港口、重大交通枢纽等，虽然我国一线城市在交通尤其是对外交通方面，近些年有较大增长，修建了诸如北京大兴机场等大型交通枢纽工程。但我国大多数遗产位于中西部地区，交通通达性和可进入性还有待改观，因此，极大地限制了遗产支撑力分值。二是由于汇率的影响，使得遗产旅游价格竞争力的优势也不太明显。三是我国人口基数较大，使得旅游休闲业就业人数占比较低。以上原因使得我国世界遗产支撑力低于平均水平。

第四，从世界遗产传播力来看，如图5-7所示，排在前五位的国家分别是美国、加拿大、澳大利亚、意大利、法国，排在后五位的国家分别是波兰、瑞典、土耳其、巴西和伊朗。前五位的国家中法国、意大利是传统的文化遗产强国，有着天然的文化遗产影响力，举办的国际性遗产会议较多，在国际社会形成了良好的遗产大国形象。其中澳大利亚，由于其世界自然遗产、文化与自然混合遗产在该国总的世界遗产占比较高，在20个比较对象中尤为突出，使得自然、生态类遗

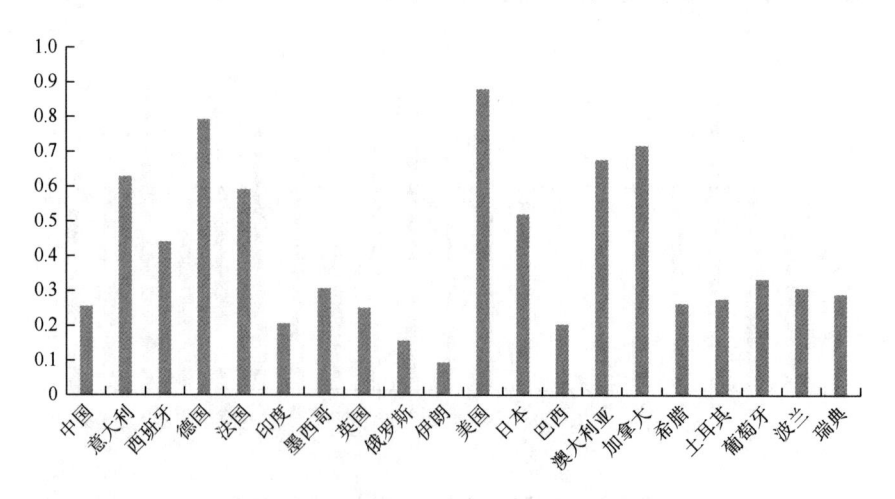

图5-7 20国世界遗产传播力得分及排名

产的国际遗产形象得以展现。当今旅游市场对自然类、生态类、度假类产品需求强劲,更加凸显了澳大利亚世界遗产的国际影响力和知名度,也进一步影响了其在国际上的文化传播力。在后五位国家中,既没有传统的遗产大国优势,其世界遗产产品的特色和差异性也不太鲜明,有个别国家更是深受国际制裁的影响,使得其国际传播异常困难。所以寻求产品的差异化和特色化,开放的国际形象,积极融入国际世界遗产大家庭,举办参与各类国际性大会,无疑是提升国家世界遗产文化传播力的重要途径。

在遗产传播力中,我国排名位居第八位,位次相对靠前。分析其原因,大概如下。一是自1985年中国加入《保护世界文化与自然遗产公约》后,积极参加世界遗产组织举办的各项重要活动,全力申报世界遗产,努力参与世界遗产组织主导的国际遗产保护计划,如柬埔寨吴哥遗址保护修复活动,并分别于2004年和2021年在苏州、福州成功举办了两次世界遗产委员会会议,极大地展现了我国在世界遗产领域的国际形象。二是改革开放以来,尤其是党的十八大以来,我国政府进一步加大了开放的步伐,国门进一步打开,提出了"一带一路"倡议和"人类命运共同体"的构想,横向拓展了我国对外交流格局,国际文化旅游交流更加频繁,也有力地促进了遗产对外传播。三是近些年来,以5G技术为代表的我国数字技术、高新技术发展迅猛,微信、微博、短视频等新媒体层出不穷,方便了世界游客尤其是年轻群体的信息获取,极大地扩展了我国世界遗产传播渠道和传播效率。

第五,从世界遗产管理力来看,如图5-8所示,排在前五位的国家分别是美国、德国、加拿大、澳大利亚和意大利,排在后五位的国家分别是英国、俄罗斯、巴西、伊朗和印度。从数据分析可知,传统的发达资本主义国家在世界遗产管理方面,表现突出,尤其在世界遗产重要组织领导人人数中占比很高，某些重要岗位，长期被这些国家的人士占据，不仅对国际社会也对该国国内的遗产管理发挥了重要影响，因此，我们需要加大该领域人才的培养和锻炼。从国际层面来看，一个国家在某一领域的管理能力往往取决于国家整体的管理能力和管理水平，因此，需要加强国家整体管理能力和水平的建设，提升国际形象。

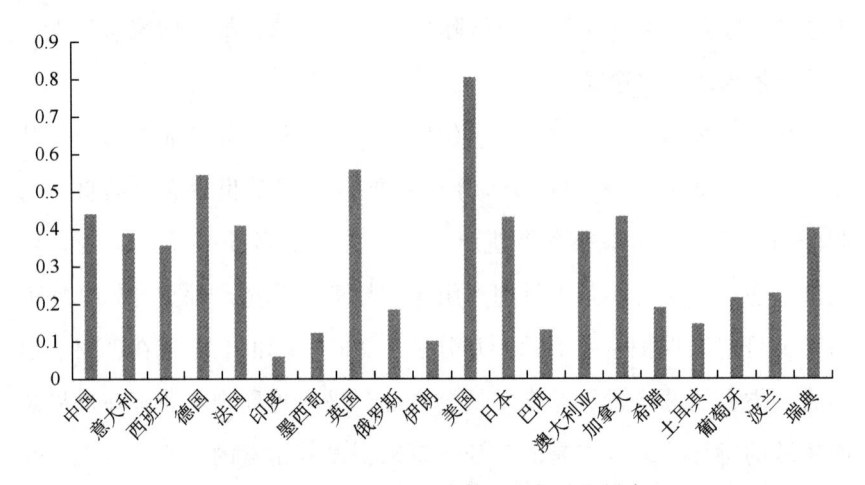

图 5-8　20 国世界遗产管理力得分及排名

在世界遗产管理力排名中，中国位居第十五位，位次相对靠后，这与我国的综合国力不相匹配。党的十八大以来，我国就文化领域进行了一系列富有成效的改革。2018 年中共中央办公厅和国务院办公厅更是印发了《关于加强文物保护利用改革的若干意见》，提出了"建立文物资源资产管理机制"，进一步释放了遗产活力。但客观来讲，我国文物领域，长期以来受制于体制机制的影响，相比于其他领域来讲，改革的步子还不够大，方法举措还不够多，成效也不够理想，根本问题是思想解放还不够，管理制度还不太健全，管理的水平和能力还需要提高，尤其是适应新时代所需要的遗产领域治理能力和治理水平的现代化还有较大差距，应进一步加大文化遗产领域"放、管、服"改

第五章　国际视角下世界遗产文化竞争力分析与评价

革。二是加强国家营商环境和国家信用建设。遗产领域的管理从属于政府大的管理范畴，一个国家遗产管理能力强不强，关键看整体政府管理水平，因此，需要从整体社会层面加以着力，树立良好的政府管理形象，塑造高效的营商环境。

第六，从世界遗产创新力来看，如图5-9所示，排名前五位的国家分别是美国、英国、德国、中国和加拿大，排名后五位的国家分别是土耳其、巴西、墨西哥、伊朗、印度。由分析可知，美国、英国、德国、加拿大在高等教育领域一直处在世界的前沿，高等院校开始遗产类专业和学科较早，为自身世界遗产文化创新力的发展打下了深厚的学科基础。近些年来，中国也加强了文化遗产及相关学科的设置，在高等教育领域发展较为强劲。同时，从政府层面讲，美国、中国、德国一直以来，特别强调科技的创新，从政策、资源、人才、制度等层面做了大量的基础工作，从而使得这些国家，包括遗产领域的创新、专利等层出不穷，极大地提高了本国的创新能力。可以肯定地说，在可预见的未来，决定世界遗产文化竞争力的成败在于创新，如何立足遗产的实际，进行创新性发展和创造性转化，把遗产与科技融合，是未来发展的重要趋势也是极大挑战。

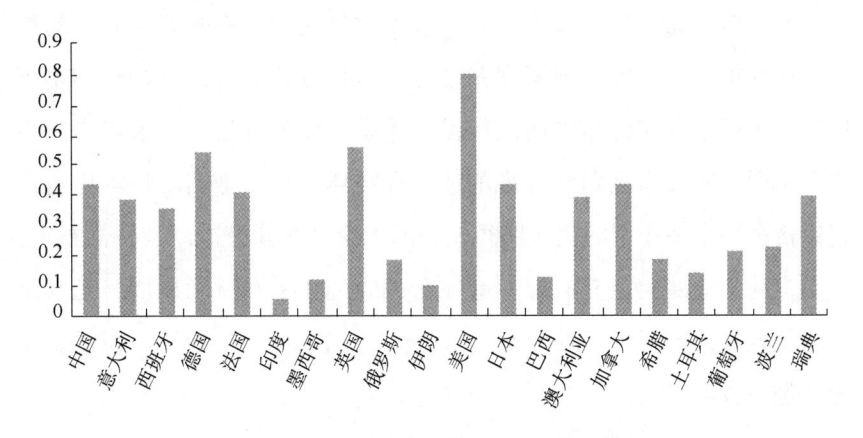

图5-9　20国世界遗产创新力得分及排名

在世界遗产创新力排名中，中国位居第四位，位次靠前。党的十八大以来，我国从国家战略上高度重视文化遗产保护发展，且国内一些高校纷纷设置文化遗产专业，遗产领域的人才创新进一步增强。二是文化的重要性越来越凸显，从整个社会层面为文化遗产领域的创新提供了良好的土壤，使得我国的创新能力、创新链条、创新土壤迎来了前所未有的大时代，因此，表现在我国遗产创新力上，比较抢眼。

综合来看，根据以上六个层面分析，可得出如下结论。

一是世界遗产资源在一定程度上决定了世界遗产文化竞争力。世界遗产资源丰富本身在文化生产力上具有优势。意大利、法国、西班牙、德国这些国家拥有丰富的世界遗产资源，同时在相关竞争力上更有优势。二是国家的整体实力，无论是经济还是政治的代表性等，这些外在环境都影响了世界遗产的发展，如美国的绝对竞争力。三是拥有深厚文化底蕴、浓郁文化氛围的国家，依托文化旅游发展的地区也会影响区域内居民的文化消费习惯与行为选择，进而提升世界遗产文化竞争力水平，如希腊。四是重视世界遗产的传播力度，提升世界遗产的吸引力。作为最早设立文化遗产日的法国在世界遗产的推广上一直以来举措不断、亮点突出。五是重视世界遗产，不断健全完善的世界遗产保护体系。各个国家都在结合本国自身的世界遗产特性和本国国情，不断丰富完善本国的遗产保护体系和保护方法，力求走出一条符合本国实际又满足国际标准的遗产保护体系。六是创新是世界遗产得以持久性发挥作用的重要路径，美国无论是在开设遗产学科高校上，还是申请文化专利上都有着一套完善的管理体系和激励制度，尤其是在依托世界遗产资源，进行独特的文化 IP 打造上，取得了广泛的影响力和经济收益。

第四节 本章小结

本章从遗产生产力、遗产消费力、遗产支撑力、遗产传播力、遗产管理力以及遗产创新力六个方面构建世界遗产文化竞争力指标体系，分别采用层次分析法进行主观赋权，熵权法进行客观赋权。在此基础上，结合主客观赋权法对世界遗产文化竞争力指标体系的权重进行综合确定，并对20个国家的世界遗产文化竞争力进行评价分析。结果表明，各国家之间的世界遗产文化竞争力水平有差距，但总体来说相关方面的差距不大，仅在有些地方的差距较大。主要是在资源本身拥有量、科技创新、管理制度、经济发展水平等方面。因此，应深入分析我国世界遗产文化竞争力的优劣势，借鉴和学习竞争力水平较高国家的发展路径及模式，充分挖掘和发挥自身优势，提升我国世界遗产文化竞争力。

因此，本章根据研究结论提出如下建议。

第一，遗产生产力。在一定时间内，一个国家本身的世界遗产数量的变动是很小的，要维持现状同时持续发展，不是一味追求数量上的增长而是质量和数量的双向增长。对已经是世界遗产的要继续保护好、管理好，对已经进入预备名录的遗产，要进一步加大对遗产价值的挖掘、遗产本体的保护和环境的治理，加大与同类性质和文化主题的遗产衔接，形成联合申报，加大申报成功概率。同时，加大对各类遗产的重视，尤其是非物质文化遗产、农业遗产、红色遗产、水利遗产、工业遗产等。

第二，遗产消费力。消费者层面，站在消费者角度，提供多方位、高品质的文化旅游服务，为公众和游客提供最大限度的支撑和便利。

消费者自身的需求要积极输出，自身有走进世界遗产的欲望和向外作为世界遗产传播载体的作用。生产者层面，在保护好世界遗产的原真性和完整性的基础上，加大遗产的阐释展示，提供便捷的旅游基础设施和服务设施，丰富遗产旅游项目。

第三，遗产支撑力。促进世界遗产与文化旅游融合，世界遗产不是简单的文化旅游资源，有其独特的属性，需要在保护好遗产资源的基础上，完善相关的基础设施和服务设施，提高展示、阐释水平，在不影响世界遗产原真性和完整性的基础上，传递遗产价值和内涵。这不仅是政府文物相关部门的问题，也是文化遗产市场管理问题，尤其是吃、住、行、游、购、娱等关键要素的供给，要从供给侧和需求侧两个方面来加以布局和规范。

第四，遗产传播力。世界遗产文化力竞争从本质上讲，是一种话语权的竞争。因此，世界遗产传播力是强化整体文化竞争力的关键因素。此类对外输出和传播是全球性交流和互鉴，要充分挖掘本国世界遗产的独特价值和基本内涵，尤其是要挖掘世界遗产背后的智慧对于当下世界治理和"人类命运共同体"的构建的重要价值，在包罗万象的世界文化交流中，推动世界文明的进步。

第五，遗产管理力。成功申报世界遗产仅仅只是一个开始，后续的管理和治理是衡量一个国家世界遗产文化竞争力的重要方面，也是世界遗产得以可持续发展的重要保障。在现有世界遗产法律、法规、宣章的基础上，结合本国世界遗产保护发展实际和本国国情，制定科学、合理、完善的世界遗产管理制度、法律法规尤为重要，这是提升一个国家在世界遗产管理能力和治理体系现代化的重要途径。同时，要重视世界遗产类非营利组织、社会组织、协会、团体、专家、志愿者等的作用，实现共同管理、协同治理、共建共享。

第六，遗产创新力。加大在科学、技术、教育方面的创新，尤其是要充分利用大数据、人工智能等新技术。加大对世界遗产领域高质量人才培养，加强文化遗产学科建设，推动文化遗产与材料学、化学、计算机等不同学科的融合发展。加大对文化遗产领域专利的维护和支持，提高对创新的支持和重视程度。

第六章　省域视角下中国文化遗产文化竞争力分析与评价

我国国民生产总值位居世界第二，这与各个省份的经济发展速度、质量和效率密不可分。我国世界遗产文化竞争力提升，归根结底还是要依靠各省域世界遗产文化竞争力能够得到整体发展。因此，研究我国省域世界遗产文化竞争力发展状况、存在原因，是提升我国世界遗产文化竞争力的重要举措。

本章在前述理论框架分析的基础上，将世界遗产文化竞争力理论解读中的六大要素——遗产生产力、遗产消费力、遗产支撑力、遗产传播力、遗产管理力、遗产创新力作为二级指标，从我国省际层面，针对我国各个省域世界文化遗产和其他国家级文化遗产，根据比较对象的不同，进一步调整、补充、深化和完善三级指标，构建中国文化遗产文化竞争力评价指标体系，以寻求对中国省域文化遗产文化竞争力进行综合评估。

第一节　指标体系构建

一　遗产生产力

通过文化遗产的物质和非物质层面的具体项目，结合世界、国家、省份的不同遴选标准，本研究将具体衡量遗产生产力的三级指标依次设置为世界文化遗产数量、国家级非物质文化遗产代表性项目数量、全国重点文物保护单位数量以及国家历史文化名城名镇名村数量。

二 遗产消费力

综合考虑文化遗产保护管理单位、文化遗产产品的消费者与生产者，将遗产消费力的三级指标依次设置为文物业参观人次、文物业门票销售总额、文化产业增加值占 GDP 比重以及居民人均文化消费支出金额。

三 遗产支撑力

结合吃、住、行、游、购、娱等要素，将遗产支撑力的三级指标依次设置为国家一级博物馆数量、文物商店数量、交通便利程度以及星级酒店数量。

四 遗产传播力

作为文化遗产价值阐释、展示、交流、传播的重要方式，主要通过媒介、品牌推广等手段，实现他者对本区域文化遗产的认知与认同。因此，将遗产传播力的三级指标依次设置为文物业举办展览次数、文博单位网站年访问量、与国外文博机构签署协议或备忘录个数以及文博单位参加国际组织活动次数。

五 遗产管理力

通过结合政策约束、财政投入以及人力支撑等因素，将遗产管理力的三级指标依次设置为本级出台地方性文物业法规规章数量、文物部门财政拨款数额、文物保护管理机构数量以及文物行政主管部门机构数量。

六 遗产创新力

通过结合生产、技术、教育以及人才等发展助推剂，将遗产创新力的三级指标依次设置为文物保护科研机构数量、文物保护科研机构专业人才占比、文博系统专利数量以及文博系统文化创意产品种类。

在此基础上，本章节提炼出影响遗产文化竞争力的若干指标，共同构成中国文化遗产文化竞争力指标体系，见表6-1。

表6-1　　　　　　中国文化遗产文化竞争力指标体系

一级指标	二级指标	三级指标
中国文化遗产文化竞争力	遗产生产力	世界文化遗产数量
		国家级非物质文化遗产代表性项目数量
		全国重点文物保护单位数量
		国家历史文化名城名镇名村数量
	遗产消费力	文物业参观人次
		文物业门票销售总额
		文化产业增加值占GDP比重
		居民人均文化消费支出金额
	遗产支撑力	国家一级博物馆数量
		文物商店数量
		交通便利程度
		星级酒店数量

续表

一级指标	二级指标	三级指标
中国文化遗产文化竞争力	遗产传播力	文物业举办展览次数
		文博单位网站年访问量
		与国外文博机构签署协议或备忘录个数
		文博单位参加国际组织活动次数
	遗产管理力	本级出台地方性文物业法规规章数量
		文物部门财政拨款数额
		文物保护管理机构数量
		文物行政主管部门机构数量
	遗产创新力	文物保护科研机构数量
		文物保护科研机构专业人才占比
		文博系统专利数量
		文博系统文化创意产品种类

第二节　指标权重的确定

在关于文化竞争力的研究中，多数文献通过运用层次分析法得到指标权重。由于该方法属于主观赋权法，主观性较强，往往会因为打分专家的不同而造成结果出现显著差异。为了弥补层次分析法的不足，本章将在其基础上，引入熵权法，不仅在一定程度上可以避免主观赋权法的随意性，还可以降低指标之间的信息重复问题，对中国文化遗产文化竞争力指标体系进行客观赋权，通过主观与客观赋权法的结合，有效降低主观随意性，提高本章构建的中国文化遗产文化竞争力指标体系的科学性和可靠性。综合权重的计算方法如公式（6-1）所示。

$$\omega_i = \frac{l_i \times w_i}{\sum_{i=1}^{m} l_i \times w_i} \quad i = 1, 2, \cdots, m \quad (6-1)$$

其中，l_i 代表熵权法下的指标权重，$0 \leq l_i \leq 1$，$\sum_{1}^{m} l_i = 1$，$i = 1, 2, \cdots, m$；w 代表 AHP 法下的指标权重，$0 \leq w_i \leq 1$，$\sum_{1}^{m} w_i = 1$，$i = 1, 2, \cdots, m$。据此得到中国文化遗产文化竞争力指标体系的综合权重，见表6-2。

表6-2 中国文化遗产文化竞争力指标体系的综合权重

一级指标	二级指标	权重	三级指标	权重
中国文化遗产文化竞争力	遗产生产力	0.2222	世界文化遗产数量	0.1340
			国家级非物质文化遗产代表性项目数量	0.0478
			全国重点文物保护单位数量	0.0259
			国家历史文化名城名镇名村数量	0.0146
	遗产消费力	0.1380	文物业参观人次	0.0239
			文物业门票销售总额	0.1085
			文化产业增加值占 GDP 比重	0.0028
			居民人均文化消费支出金额	0.0029

第六章　省域视角下中国文化遗产文化竞争力分析与评价

续表

一级指标	二级指标	权重	三级指标	权重
中国文化遗产文化竞争力	遗产支撑力	0.1488	国家一级博物馆数量	0.1006
			文物商店数量	0.0338
			交通便利程度	0.0084
			星级酒店数量	0.0059
	遗产传播力	0.1301	文物业举办展览次数	0.0054
			文博单位网站年访问量	0.0429
			与国外文博机构签署协议或备忘录个数	0.0480
			文博单位参加国际组织活动次数	0.0338
	遗产管理力	0.1645	本级出台地方性文物业法规规章数量	0.0796
			文物部门财政拨款数额	0.0275
			文物保护管理机构数量	0.0292
			文物行政主管部门机构数量	0.0282
	遗产创新力	0.1964	文物保护科研机构数量	0.0093
			文物保护科研机构专业人才占比	0.0031
			文博系统专利数量	0.1332
			文博系统文化创意产品种类	0.0507

第三节　分析与评价

一　数据来源与处理

本章以中国 31 个省、自治区、直辖市为基本单元（由于数据可得性，研究未包含港澳台地区），研究的样本数据主要通过以下途径获取。

第一，统计年鉴和统计公报。主要包括《中国统计年鉴》（2013—2018）、各省统计年鉴（2013—2018）、《中国文化遗产事业发展报告》《中国旅游统计年鉴》《中国城市统计年鉴》《中国旅游景区发展报告》《中国文化文物统计年鉴》《中国文化及相关产业统计年鉴》以及各省2013—2018年国民经济和社会发展统计公报等。

第二，网络资源。主要包括联合国教科文组织（UNESCO）、国家文化和旅游部、国家文物局、各省市区文化和旅游厅（局）官方网站以及中国经济网等。

第三，专家咨询。德尔菲法咨询和访谈相关专家。通过对36位文化遗产领域的资深专家学者及相关从业人员进行访谈，在此基础上形成指标评价结果与专家打分表，通过Yaahp 11.0软件处理后发现，共有32位专家的检验结果通过了一致性检验，证明本章层次分析法所得权重的可靠性。

由于本章所构建的中国文化遗产文化竞争力指标体系中[①]，各个指标原始数据的量纲不同，因此需要对各个指标的原始数据进行标准化处理，将数据转化为无量纲性的指标值，得到位于[0,1]之间的指标值，以消除量纲和量纲单位的不同，使各评价指标具有可比性。此外，本章主要利用插值法对部分缺失数据进行处理。

二　中国省域文化遗产文化竞争力的得分与排名分析

（一）综合得分及排名

基于综合权重的确定，将各项指标归一化之后的数值与综合权重

---

① 世界文化遗产还包括世界文化与自然双重遗产；鉴于中国入选联合国教科文组织非物质文化遗产名录（名册）项目在样本期内较少，且存在部分项目跨区域联合申报或无法明确特定主体等问题，如二十四节气，暂不列入本研究的指标体系；国家历史文化名城、名镇、名村数量由国家历史文化名城与国家历史文化名镇（村）两个指标合计得来。

相结合，计算得到2013年与2018年中国省域文化遗产文化竞争力综合得分及排名，见表6-3。

表6-3 2013年与2018年中国省域文化遗产文化竞争力综合得分及排名

2013年			2018年		
排名	省份	得分	排名	省份	得分
1	江苏	0.4705	1	山东	0.3873
2	陕西	0.4366	2	北京	0.3689
3	山东	0.4330	3	河南	0.3684
4	北京	0.4207	4	江苏	0.3497
5	河南	0.3627	5	陕西	0.3127
6	四川	0.3266	6	山西	0.3031
7	山西	0.3241	7	湖北	0.2958
8	浙江	0.3032	8	浙江	0.2742
9	广东	0.2713	9	四川	0.2624
10	湖北	0.2512	10	河北	0.2589
11	河北	0.2439	11	上海	0.2376
12	辽宁	0.2438	12	广东	0.2320
13	西藏	0.2069	13	贵州	0.2263
14	福建	0.1854	14	辽宁	0.2008
15	重庆	0.1808	15	福建	0.1942
16	甘肃	0.1738	16	甘肃	0.1641
17	湖南	0.1577	17	湖南	0.1632
18	上海	0.1570	18	新疆	0.1550

续表

| \multicolumn{3}{c|}{2013 年} | \multicolumn{3}{c}{2018 年} |

排名	省份	得分	排名	省份	得分
19	江西	0.1545	19	江西	0.1530
20	新疆	0.1486	20	安徽	0.1391
21	云南	0.1409	21	云南	0.1196
22	贵州	0.1373	22	西藏	0.1065
23	安徽	0.1303	23	吉林	0.0964
24	黑龙江	0.1054	24	内蒙古	0.0921
25	吉林	0.1037	25	广西	0.0892
26	内蒙古	0.1035	26	重庆	0.0890
27	青海	0.0928	27	青海	0.0876
28	广西	0.0828	28	黑龙江	0.0812
29	宁夏	0.0664	29	天津	0.0744
30	天津	0.0622	30	宁夏	0.0588
31	海南	0.0249	31	海南	0.0194

从表6-3中可以看出，2013年中国省域文化遗产文化竞争力指数排名前五位的省区市依次为江苏、陕西、山东、北京和河南，后五位的省区市依次为青海、广西、宁夏、天津和海南；2018年中国省域文化遗产文化竞争力指数排名前五位的省区市依次为山东、北京、河南、江苏和陕西，后五位的省区市依次为青海、黑龙江、天津、宁夏和海南。具体而言，2013年我国省域文化遗产文化竞争力综合得分均值为0.2098，标准差为0.1227，在本章分析的31个研究对象中，仅有排名前12位的省份综合得分位于均值以上，表明2013年我

国省域文化遗产文化竞争力水平差距较大，多数省份综合得分位于均值以下。2018年我国省域文化遗产文化竞争力综合得分均值为0.1923，标准差为0.1047。在本章分析的31个研究对象中，排名前15位的省份综合得分位于均值以上，表明2018年我国省域文化遗产文化竞争力水平差距逐渐缩小，大部分地区文化遗产文化竞争力水平稳中有升。

不论是从2013年还是2018年的省域文化遗产文化竞争力综合得分，综合来看，我国省域间文化遗产文化竞争力发展水平两极分化现象较为严重。山东、北京、河南、江苏和陕西在资源、人才、技术等多方面要素集聚，位列第一梯队，海南、宁夏和天津位列末位。中国省域文化遗产文化竞争力排名前十中，东部地区占据主导，中部地区排名第二，而西部地区较弱。也就是说，从空间维度来看，我国省域文化遗产文化竞争力整体上自西向东逐步增强。但同时也发现，各省域文化遗产文化竞争力水平高低，既有文化遗产资源分布的客观因素，也与对文化遗产保护利用的管理能力相关。因此，不同省份可以根据不同分类指标得分，以明确其文化遗产保护传承与创新发展的具体思路与目标。

（二）分项得分及排名

图6-1显示了2013年我国省域文化遗产文化竞争力各分项得分及排名。一方面，北京在遗产生产力和遗产支撑力方面颇具优势，山东在遗产消费力方面具有绝对优势，陕西在遗产传播力和遗产管理力方面排名第一，江苏则在遗产创新力方面位居第一。另一方面，海南在遗产生产力和遗产创新力方面劣势明显，青海在遗产消费力和遗产支撑力方面不占优势，西藏、天津分别位列遗产传播力与遗产管理力末位。

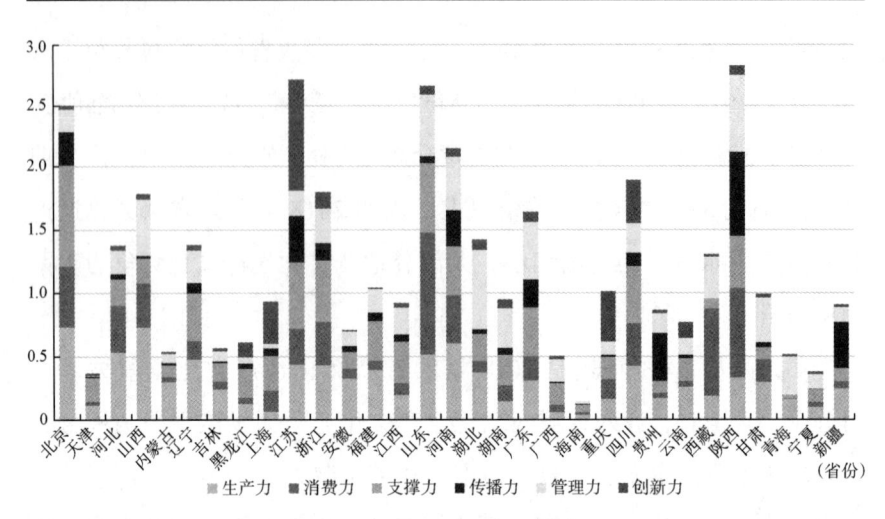

图 6-1　中国省域文化遗产文化竞争力分项得分及排名（2013 年）

图 6-2 描绘了 2018 年我国省域文化遗产文化竞争力各分项得分及排名。一方面，河南、上海、北京、山东、湖北以及贵州分别位居遗产生产力、遗产消费力、遗产支撑力、遗产传播力、遗产管理力以及遗产创新力第一。另一方面，海南在遗产生产力、遗产支撑力和遗产创新力方面具有明显劣势，青海、西藏、天津依次位列遗产消费力、遗产传播力和遗产管理力末位。

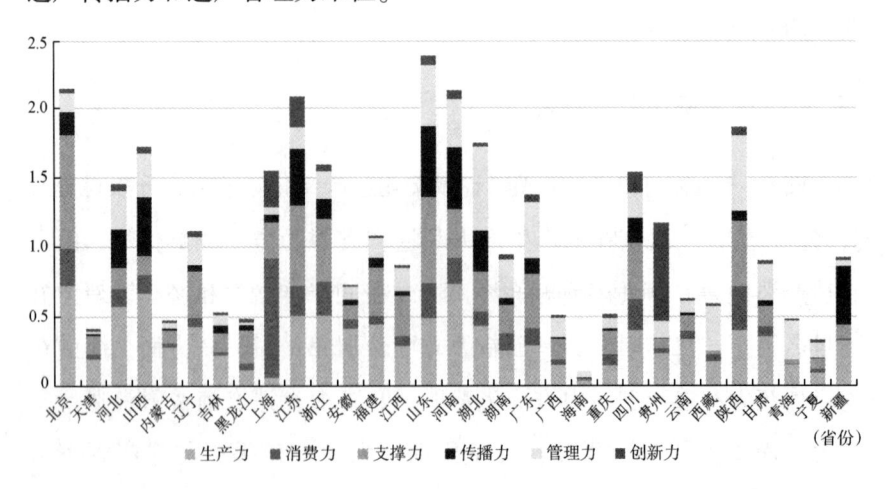

图 6-2　中国省域文化遗产文化竞争力分项得分及排名（2018 年）

第六章 省域视角下中国文化遗产文化竞争力分析与评价

相比于2013年，前五名的各地区单项得分与名次均发生了较大变化，后五名的各地区单项得分与名次均变化较小。具体考察各省市区文化遗产文化竞争力水平可得出以下结论。

在遗产生产力方面，相比于2013年，2018年河南、浙江、江苏和福建等14个省份排名上升，北京、山西、山东和辽宁等15个省份排名下降，河北、海南2个省份排名未发生变化；在遗产消费力方面，相比于2013年，2018年上海、北京、浙江和四川等15个省份排名上升，山东、河南、山西和河北等10个省份排名下降，陕西、广东、重庆和江西等6个省份排名未发生变化；在遗产支撑力方面，相比于2013年，2018年陕西、广东、福建和湖北等11个省份排名上升，浙江、四川、河南和辽宁等16个省份排名下降，北京、山东、江苏和黑龙江等4个省份排名未发生变化；在遗产传播力方面，相比于2013年，2018年山东、河南、山西和湖北等11个省份排名上升，江苏、北京、浙江和广东等15个省份排名下降，新疆、甘肃、广西和青海等5个省份排名未发生变化；在遗产管理力方面，相比于2013年，2018年湖北、河南、西藏和青海等12个省份排名上升，陕西、山西、湖南和甘肃等12个省份排名下降，山东、广东、辽宁和江苏等7个省份排名未发生变化；在遗产创新力方面，相比于2013年，2018年贵州、上海、山东、河南和陕西等15个省份排名上升，江苏、四川、浙江和湖南等12个省份排名下降，安徽、青海、天津和海南等4个省份排名未发生变化。

综合来看，根据分项指标得分与排名可得出以下结论。一是文化遗产资源是文化遗产文化竞争力的基础条件，文化遗产资源大省（市）并不一定是文化强省（市），如辽宁、福建等地，同时要具备促进二者转化的思想认识、技术手段、财力支撑、管理能力等，才能全面提升文化遗产文化竞争力水平。二是历史文脉深远、文化底蕴深

· 129 ·

厚、文化氛围浓郁的地区，也会影响区域内居民的文化消费习惯与行为选择，进而提升文化遗产文化竞争力水平，如山东、北京和陕西等地。三是文化遗产不是普通的文化产品，需要对其进行解读、阐释、展示，才能更生动、更鲜活地呈现在普通大众面前，北京、山东等地在此方面具有相对优势。四是文化遗产传播已形成官方与民间互动、线上与线下共存、专业与普通相融的大传播局面，新疆、江苏等地推出的相关举措很好地诠释了以上传播理念，也获得了较好的回报。五是近年来陕西、湖北、山东和广东等地地方政府高度重视文化遗产保护工作，健全文物管理机构，壮大文物保护队伍，完善文物保护体系，走出了一条法制化、制度化、特色化、专业化的保护管理之路，优化文物系统管理水平，强化文物系统治理能力。六是文化遗产"活起来"离不开创新，近年来上海、江苏和四川等地高度重视文化遗产创新工作，并提供了制度保证和政策支持，同时区域经济的发展，对于文化资源带来反哺作用，进而促进区域文化的创造性转化和创新性发展。

三　中国省域文化遗产文化竞争力的空间演化特征

本章将2013—2018年各省市区的文化遗产文化竞争力水平等级变化状态依次划分为上升、下降与不变，见表6-4。同时，为了进一步识别和比较我国省域文化遗产文化竞争力水平的空间分布及演化特征，本章使用ArcGIS 10.3软件对前述实证结果进行基于空间的可视化分析，可以看出，相比于2013年，2018年山东、北京、河南以及山西等14个省份排名上升，其中贵州、上海跃升最为明显；江苏、陕西、四川以及广东等10个省份排名下降，其中西藏、重庆降幅最为显著；浙江、甘肃、湖南、江西、云南、青海以及海南7个省份排名未发生变化。

表 6-4　中国省域文化遗产文化竞争力排名位次变化表 (2013—2018 年)

地区	排名变化	位次变化	地区	排名变化	位次变化	地区	排名变化	位次变化
江苏	下降	-3	辽宁	下降	-2	安徽	上升	3
陕西	下降	-3	西藏	下降	-9	黑龙江	下降	-4
山东	上升	2	福建	下降	-1	吉林	上升	2
北京	上升	2	重庆	下降	-11	内蒙古	上升	2
河南	上升	2	甘肃	不变	0	青海	不变	0
四川	下降	-3	湖南	不变	0	广西	上升	3
山西	上升	1	上海	上升	7	宁夏	下降	-1
浙江	不变	0	江西	不变	0	天津	上升	1
广东	下降	-3	新疆	上升	2	海南	不变	0
湖北	上升	3	云南	不变	0			
河北	上升	1	贵州	上升	9			

综合来看，就五年期间的变化而言，中部地区均表现为不变或上升，说明中部省域文化遗产文化竞争力整体呈现增强趋势；西部和东部多个地区排名下降，省域文化遗产文化竞争力整体呈现减弱趋势。可能原因在于，国家的高度重视为新时代文物事业创新发展提供了科学指引。中部地区在自身资源禀赋的基础上，利用良好的政治舆论环境和政策东风，乘势而为，极大提升了各自区域文化遗产文化竞争力；东部地区虽经济相对发达，文化遗产文化竞争力整体水平较高，但近几年也出现个别省份排名下降的现象，如江苏主要在于遗产管理力有待提升，而广东主要表现于遗产传播力有所下降；西部地区除资源禀赋较弱外，经济"慢增长"对文化遗产事业的反哺作用也较弱，在新一轮西部大开发战略中，不仅要重视西部地区的经济增长，同时也要兼顾提升西部地区的文化软实力，进一步缩小中、西、东部的地区差异。

第四节　本章小结

本章从遗产生产力、遗产消费力、遗产支撑力、遗产传播力、遗产管理力以及遗产创新力六个方面来构建中国文化遗产文化竞争力指标体系，分别采用层次分析法进行主观赋权，熵权法进行客观赋权，在此基础上，结合主客观赋权法对文化遗产文化竞争力指标体系的权重进行综合确定，并对我国 31 个省域文化遗产文化竞争力进行评价分析。结果表明，2013—2018 年，各省市区之间的文化遗产文化竞争力水平差距有所缩小，不平衡问题有所改善；相比之下，贵州、上海跃升最为明显，而西藏、重庆下降幅度最为显著。因此，各省区市应深入分析文化遗产文化竞争力的优劣势，借鉴和学习竞争力水平较高省区市的发展路径及模式，充分挖掘和发挥各自优势，提升省域文化遗产文化竞争力。

（一）构建多元化的文化遗产生产体系

国际层面，借鉴中哈吉三国联合申报丝绸之路"长安—天山廊道路网"项目经验，持续推动国际合作、跨国联合申遗。国内层面，借鉴长城、京杭大运河等成功申遗经验，通过设定主题、区域联合方式来实现申遗目标，如明清古城墙、长征文化遗产、黄河文化遗产、乡村古建筑、"三线"建设工业遗产等的省际联合申遗。省域层面，一方面，开展文化遗产资源普查、认定和登记，重视非物质文化遗产、工业遗产、农业遗产、红色遗产、水利遗产等，按照"连片成区、形成主题"的原则，把低级别或未定级的遗产统一纳入保护范畴，丰富遗产产品谱系；另一方面，充分挖掘文化遗产的多元价值内涵，突显其中国性、东方性与世界性。

（二）构建多样化的文化遗产消费体系

消费对象层面，深化文化遗产的内涵与外延，强化文化遗产的活化利用，结合遗产地历史文化、民俗文化等资源，通过场景还原、故事再现、参与体验等方式，给消费者提供"可亲、可感、可体验"的文化遗产产品；消费方式层面，结合5G、大数据等新一代信息技术和科技平台，创新遗产消费方式，让科技赋能遗产、点亮生活；消费渠道层面，政府可开展遗产惠民活动，通过发放遗产消费券，开展主题遗产节日活动，扩大消费渠道，让遗产惠及百姓，实现全民共同享有文化遗产保护成果。

（三）构建一体化的文化遗产支撑体系

提升遗产地承载力和支撑力，完善遗产地交通、酒店住宿、休闲娱乐等基础设施和公共服务设施，提升文化遗产地便利度和舒适性；整合文化遗产资源，形成文化遗产产业集群，打造区域文化遗产综合体；成立文化遗产保护科研机构，确保对文化遗产的科学合理利用；加强对文化遗产从业人员的培训，提高服务人员综合素质与服务水平，优化整体服务效果。

（四）构建多渠道的文化遗产传播体系

传播手段方面，突破以往单纯依靠博物馆文物陈列展览、图书海报科普宣传册等单一传播形式，借助大数据及网络平台所提供的精准信息流，开发VR和AR等体验产品，借助影视作品、短视频平台、各类展演活动等，让文化遗产"活"起来；传播理念方面，应在国际视野下注重文化遗产的全球文化交流与展现，尤其是要发挥文化遗产在"一带一路"人文交流中的作用，拓展文化遗产保护理念与保护技术的国际合作交流渠道，构建以文化遗产为重要载体的中华文明对外交流传播体系。

(五) 构建全方位的文化遗产管理体系

管理体制方面，完善顶层设计，实施国家宏观指导下的地方政府属地管理体制，实现以保护有效性为核心、管理权威性为战略的新体制；管理模式方面，围绕制度化、法治化、市场化、科技化四位一体的管理理念，健全相应的管理机构，探索、构建符合中国文化遗产特性和国情的中国遗产特色管理模式；政策扶持方面，将文化遗产保护经费纳入同级财政预算，建立稳固的资金保障机制，积极制定经济支持、基础设施、产业发展等方面的政策，吸引各类社会资本积极集聚文化遗产保护利用领域。

(六) 构建协同化的文化遗产创新体系

立足文化遗产的价值内涵，结合未来时代所需，融合科技、人才、资本等要素，充分发挥政府、市场、高校、协会等各方力量，实现文化遗产保护利用理念、人才培养、技术手段等方面的创新；同时，需要融入并满足新时代社会发展需求，尤其是要与当下防止返贫、乡村振兴、经济发展、文化繁荣、生态治理等社会重大热点、难点问题结合，唯有如此，才能让文化遗产创新扎根深厚的时代土壤，形成良好的创新生态环境，产生持续发展的创新动力和创新机制，构建符合新时代、新思想的文化遗产新体系。

第七章　城市视角下世界遗产文化竞争力分析与评价

　　世界遗产是中国最重要的文化旅游吸引物之一，我国政府及相关组织一直致力于世界遗产的申报工作。本章将从申报世界遗产的角度切入，探讨申遗成功是否会促进区域旅游经济的快速发展，进而提升城市世界遗产文化竞争力？具体来讲，通过借助申遗成功的"准自然试验"，利用2002—2018年全国287个地级及以上城市的面板数据和PSM – DID方法，基于世界遗产对旅游经济促进作用的人数效应和收入效应双重视角，研究申遗成功对区域旅游经济发展的影响。研究结果表明，申遗成功显著地促进了区域旅游经济发展，并通过一系列稳健性检验得到佐证。异质性检验证实，申遗成功对入境旅游的人数效应和收入效应不显著；国内东中西部地区的旅游经济促进效应具有差异性。进一步的机制分析发现，地方政府的旅游公共服务供给会显著地放大世界遗产的人数效应和收入效应，提升遗产地承载力和支撑力，完善遗产地交通、酒店住宿、休闲娱乐等基础设施和公共服务设施，提升遗产地便利度和舒适性，无疑是提升世界遗产文化竞争力的关键所在。

第一节　现状背景分析

　　世界遗产既是人类社会的共有财富，也是文化旅游发展中的重要吸引物。党的十八大以来，我国政府及相关组织一直致力于世界遗产的申报工作，申遗成功无疑会提高旅游景点的国内外知名度，带来丰富的旅游客源，增加地区的旅游经济收入。① 区域旅游经济发展不仅依赖于世界遗产资源，还需要道路交通、安全保障、基础设施等一系列配套公共服务的跟进，真正提升世界遗产的认可度和竞争力。

我国各省之间世界遗产数量的空间分布存在明显差异，主要呈现"东南多、西北少"的空间特征，且多分布于胡焕庸线的东南侧，多数省份的世界遗产数量低于5处，其中北京、河南以及江苏等地世界遗产数量较多。中国拥有众多具有突出普遍价值的世界遗产，遗产地如何合理开展旅游活动是实现世界遗产可持续发展的重要突破点。② 因此，研究申遗成功对区域旅游经济发展的促进作用，对世界遗产的可持续发展以及区域高质量发展具有十分重要的意义。

关于世界遗产的研究呈现出快速增长趋势。国外相关研究起源于20世纪80年代，研究区域主要集中在大洋洲；到20世纪90年代，美洲、欧洲等国家和地区开始出现世界遗产相关研究，内容主要集中于世界遗产地旅游规划、世界遗产管理与旅游可持续发展以及世界遗产地游客等方面。③④ 中国自从加入《保护世界文化和自然遗产公约》以来，相关领域的学者们也开始关注对世界遗产的研究，内容主要聚焦于世界遗产的价值与功能、世界遗产原真性与完整性以及

---

① 林玉虾、林壁属：《世界遗产的旅游效应及其对遗产保护的影响——来自中国旅游人数和旅游收入的经验证据》，《经济管理》2017年第9期。

② 钟士恩、张捷、章锦河等：《世界遗产"突出的普遍价值"及其游客感知研究》，《中国人口·资源与环境》2016年第10期。

③ WAGER Jonathan, "Developing a Strategy for the Angkor World Heritage Site", *Tourism Management*, Vol. 16, No. 7, November 1995, pp. 515 – 523.

④ Sally M. Farid, "Tourism Management in World Heritage Sites and Its Impact on Economic Development in Mali and Ethiopia", *Procedia – Social and Behavioral Sciences*, Vol. 211, No. 25, November 2015, pp. 595 – 604.

世界遗产旅游开发与保护等方面[1]。一直以来,世界遗产在促进旅游经济发展方面引起了较多关注,研究结论也是备受争议。部分研究持积极态度,认为世界遗产存在显著的旅游经济促进效应,如 Poria 等指出,申遗成功有助于提高遗产地的旅游吸引力,促进地区旅游经济发展;世界遗产的人数效应强于世界遗产的收入效应,且文化遗产的收入效应较强,自然遗产的人数效应较高[2]。世界遗产明显促进名胜古迹景区的经济收入。相反,还有部分研究持怀疑态度,一方面,世界遗产使旅游人数增加的同时,对遗产地带来不可避免的破坏,另一方面,世界遗产使旅游收入增加的同时,利益相关者为了追求利润最大化而过度开发,忽略了对世界遗产的保护[3]。综合而言,现有相关研究多基于个案分析或省域层面的数据进行实证检验,很少对世界遗产旅游经济促进作用中的收入效应和人数效应进行对比分析。目前,关于国家级风景名胜区[4]、国家全域旅游示范区[5]以及 5A 级景区[6]的旅游经济发展作用机制已有相关探讨。对于世界遗产而言,地级市作为二级地方行政管理机构,其影响作用更为凸显,地级市角度的世界遗产数量差异高于省域层面数据,相应研究结果更有说服力,能更好地检验申遗成功对区域旅游经济发展的影响情况。现有研究并未在统一

---

[1] 徐嵩龄:《遗产原真性·旅游者价值观偏好·遗产旅游原真性》,《旅游学刊》2008 年第 4 期;薛岚等:《中国世界遗产的价值转变和传播理念的引出》,《经济地理》2010 年第 5 期;张朝枝:《影响旅游发展与世界遗产保护研究的三个新变量》,《旅游学刊》2012 年第 5 期。

[2] 林玉虾、林璧属:《世界遗产的旅游效应及其对遗产保护的影响——来自中国旅游人数和旅游收入的经验证据》,《经济管理》2017 年第 9 期。

[3] 黄杰龙等:《基于 PSM 的中国世界遗产旅游促进效应评估——210 个风景名胜区的数据实证》,《干旱区资源与环境》2018 年第 11 期。

[4] 刘瑞明等:《景点评选、政府公共服务供给与地区旅游经济发展》,《中国工业经济》2018 年第 2 期。

[5] 石培华等:《全域旅游示范区创建的经济发展效应评估研究——基于中国重点旅游城市的实证检验》,《贵州社会科学》2020 年第 5 期。

[6] 胡珺等:《5A 旅游景区、环境考核与企业环境治理》,《南方经济》2020 年第 4 期。

理论框架下进行，在系统地分析和检验申遗成果、旅游公共服务与区域旅游经济发展之间的关系方面比较缺乏。

因此，本章在同一框架中综合分析了申遗成功和旅游公共服务供给对区域旅游经济发展的作用效果。需要说明的是，世界遗产分布于全国各地，这使得本章有足够的"实验组"样本，样本分布的广泛性能够很好地避免"选择性问题"。同时，联合国教科文组织关于世界遗产逐次批复的特征使其具有"准自然实验"的良好性质，研究可以利用时间和地区两个差异，采用"双重差分方法"实现更为精确的识别。基于此，本章试图采用 PSM-DID 模型（倾向得分匹配—双重差分模型），基于 2002—2018 年的面板数据对申遗成功的旅游经济促进效应进行研究。本章的贡献体现在以下几点。一是采用地级市面板数据和 PSM-DID 进行分析；二是识别申遗成功的旅游经济促进效应，制定更为有效的世界遗产保护和旅游发展策略，助推世界遗产地的可持续发展，提升我国世界遗产文化竞争力；三是明晰旅游公共服务的调节效应，为地方政府进行遗产管理决策、旅游企业进行经营决策提供借鉴参考。

第二节 理论分析与研究假说

遗产旅游在文化旅游业中日益占据重要地位，是文化旅游业高质量发展的重要引擎。入选联合国教科文组织的《世界遗产名录》历来被认为是对该地区遗产资源价值的最高评价，同时也是对该地区文化旅游价值的高度认可。各个国家和地区政府积极申请世界遗产，希望通过成功申遗，提高区域旅游知名度，打造区域旅游目的地品牌，提升区域旅游目的地竞争力。具体而言，世界遗产的区域旅游经济促进作用可以从收入效应和人数效应两个方面进行阐释。第一，收入效应

第七章 城市视角下世界遗产文化竞争力分析与评价

方面,一是世界遗产具有国际化的品牌宣传效果,对旅游者有很强的吸引力,通过其独特的品质标签刺激游客消费,增加区域旅游收入;二是申遗成功促使大规模项目投资落地,通过世界遗产地相关产业链的形成,推动地区遗产旅游产业转型升级,提高居民收入,提升世界遗产的经济价值。以平遥古城为例,自 1997 年列入《世界遗产名录》,其 1998 年的旅游收入为 500 多万元,相比申遗成功前增长 20 多倍。[①] 第二,人数效应方面,世界遗产标签可以充分提供新的信息来源,提升遗产地知名度,扩大潜在旅游市场辐射圈,横向辐射表现为地理层面的扩展,纵向辐射表现为旅游群体的扩大,不仅可以招揽本国游客,同时也会吸引大批国外游客到访,最终提升世界遗产的品牌效应。1994 年,承德避暑山庄及周围寺庙申遗成功,次年游客人数增长 15%。因此,本章提出如下假说:

假说1:申遗成功通过人数效应和收入效应对区域旅游经济发展产生正向作用。

就旅游业而言,不同的资源禀赋和要素条件也会导致同一政策产生不同的影响效果。我国世界遗产在东中西部等地理区域上呈现出不同的空间分布特征,东部和中部地区以世界文化遗产为主,西部地区则以世界自然遗产为主[②],这会使世界遗产地客源市场有所差异,在某些程度上对区域旅游经济发展的促进作用也会不同。此外,我国各地的地区经济和社会发展水平差异较大,地方政府对旅游公共服务资源的整合力度不尽相同[③],进而对旅游公共服务供给水平也有所不同。当

[①] 周玉翠等:《中国世界遗产旅游目的地客源市场潜力研究》,《经济地理》2019 年第 4 期。
[②] 余正军等:《我国世界遗产特征分析及空间分布原因分析》,《自然资源学报》2015 年第 10 期。
[③] 马慧强等:《中国旅游经济系统失配度空间格局分异与形成机理分析》,《地理科学》2018 年第 8 期。

经济发展处于成熟期时，地方政府开始增加教育、文化、娱乐等非经济性公共产品的供给；当经济发展处于低水平时，地方政府则更加关注促进经济增长的经济性公共产品。[①] 东部地区经济发达，基础设施建设、公共服务水平等更为优越，能更好地反哺旅游业；中西部地区经济发展水平较弱，对世界遗产地旅游经济的拉动作用不明显。同时，各地区交通状况、区位因素、人口密度以及遗产地面积等不同都会导致世界遗产地客源市场潜力不同[②]，从而各地区到访游客在规模、来源、偏好等方面产生差异。因此，本章提出如下假说：

假说2：申遗成功对我国东中西部地区旅游经济发展的影响存在异质性。

世界遗产申报是地方旅游经济发展中的重大事件。对于地方政府而言，申遗成功有很多好处。一是凡申请世界遗产的地区，可以优先获得财政、宣传等方面的重点支持，这些资金可用于世界遗产保护、基础设施建设与公共服务供给等；二是申遗成功可以扩大对外开放，通过项目交流、品牌活动推广等方面，促进遗产地旅游竞争力提升，优化旅游产业结构调整。在申遗过程中，地方政府需要投入大量的资金进行准备工作，如对遗产本体和核心区进行修复完善、遗产环境的优化治理等；在申遗成功后，地方政府需要提供相应规模的公共服务与之匹配，以促进世界遗产的可持续发展。我国旅游公共服务发展时间较短。相比之下，欧美等国经济社会发展水平较高，其旅游公共服务早已纳入城市公共服务体系。[③] 如果一个地区有关旅游的基础设施、

---

① 安彦林、李齐云：《财政分权与地方政府公共文化服务供给》，《广东财经大学学报》2017年第3期。

② 周玉翠等：《长三角世界遗产旅游目的地城市的旅游可达性评价》，《经济地理》2020年第2期。

③ 夏杰长：《促进旅游公共服务体系建设的政策着力点》，《社会科学家》2019年第5期。

安全、秩序、保险等条件配备比较完善,游客的体验度和满意度也更高,旅游产品附加值更高,其更愿意消费,也能够更好地带动旅游收入增长[①]。地方政府适时增加公共服务供给,实现申遗成功和公共服务在区域旅游经济发展中的协同作用,共同致力于世界遗产的可持续发展,对于推进区域旅游经济高质量发展尤为重要。因此,本章提出如下假说:

假说3:地方政府加大旅游公共服务供给会增强世界遗产的旅游经济促进效应。

第三节 模型设定与数据说明

一 模型设定

本章利用2002—2018年中国287个地级以上城市的面板数据来评估申遗成功对区域旅游经济发展的影响。截至2018年,在本章的287个地级市中,有77个地级市至少拥有一处世界遗产,构成本章的实验组,而其他未拥有世界遗产的地级市为对照组。具体地,通过双向固定效应模型来实现双重差分,基准模型如模型(7-1)和模型(7-2)所示。

$$Y_{it} = \alpha_0 + \beta_1 WH_{it} + \alpha \sum_n Controls_{it} + \gamma_t + \mu_i + \varepsilon_{it} \quad (7-1)$$

$$Y_{it} = \alpha_0 + \beta_1 WH_{it} + \beta_2 Index_{it} + \alpha \sum_n Controls_{it} + \gamma_t + \mu_i + \varepsilon_{it}$$

$$(7-2)$$

其中,i代表城市,t代表时间,Y_{it}为区域旅游经济发展水平,本章分别从收入效应和人数效应两个方面来考察。如果申遗成功的时间

[①] 刘瑞明等:《制度松绑、市场活力激发与旅游经济发展——来自中国文化体制改革的证据》,《经济研究》2020年第1期。

为 t，则在 t 年及以后 WH_{it} 均为 1，反之为 0。$Index_{it}$ 为旅游公共服务供给变量，本研究通过构建旅游公共服务指标体系来进行说明，$Controls_{it}$ 为影响区域旅游经济发展且随时间和城市变动的控制变量，后文依次做具体介绍。γ_t 和 μ_i 分别为时间效应和个体效应，ε_{it} 为随机误差项。在上述模型中，本章着重关心 β_1 和 β_2 的系数，分别代表申遗成功和旅游公共服务对区域旅游经济发展的影响程度，并以此为基础，构建二者的交互项，检验旅游公共服务在世界遗产旅游经济促进效应中的作用机制。进一步，为了检验世界遗产数量对区域旅游经济发展的影响，本章还将 WH_{it} 替换为 WHN_{it}，代表城市 i 在第 t 年拥有的世界遗产数量，拓展模型如（7-3）所示。

$$Y_{it} = \alpha_0 + \beta_3 WHN_{it} + \alpha \sum_n Controls_{it} + \gamma_t + \mu_i + \varepsilon_{it} \qquad (7-3)$$

二 数据说明

（一）被解释变量

本章将从人数效应和收入效应双重视角考察区域旅游经济发展水平，依次选择国内旅游收入（DINC）、国内旅游人次（DPOP）、国外旅游收入（FINC）、国外旅游人次（FPOP）、总旅游收入（TINC）以及总旅游人次（TPOP）作为被解释变量。

（二）核心解释变量

本章根据联合国教科文组织的《世界遗产名录》来衡量申遗成功（WH）。在 2002—2018 年样本期内，共有 77 个城市拥有世界遗产，由于本章使用地级及以上层面的数据进行分析，且由于除地级市之外的地区、自治州、盟等地级行政区的数据可获得性和完整性较差，故将上述地级行政区从样本中去除。

（三）调节变量

在借鉴相关研究的基础上[1][2][3]，结合旅游"吃住行游娱购"的六大要素，选取了旅游公共信息服务系统（Service）、旅游公共交通服务系统（Trans）、旅游安全保障服务系统（Safe）、旅游公共环境系统（Environ）、旅游基础设施服务系统（Basic）和旅游娱乐服务系统（Entertain）6个子系统，构建旅游公共服务综合评价指标体系（Index），进一步探讨旅游公共服务对申遗成功的旅游经济促进效应的影响，见表7-1。

表 7-1　　　　　　旅游公共服务综合评价指标体系[4]

一级指标	二级指标	三级指标
旅游公共服务综合评价体系	旅游公共信息服务系统	邮政业务、电信业务、移动电话数量、互联网接入数量
	旅游公共交通服务系统	出租车、公共交通车辆拥有量、道路铺装面积、公路客运量、航空客运量
	旅游安全保障服务系统	医院数量、床位数量、医生数量
	旅游公共环境系统	建成区绿化覆盖率、SO_2 排放量
	旅游基础设施服务系统	星级饭店数量
	旅游娱乐服务系统	剧场、影剧院数、社会消费品零售总额、第三产业从业人员占比

---

① 何池康：《旅游公共服务体系建设研究》，博士学位论文，中央民族大学，2011年。
② 李健仪等：《旅游公共服务质量量表的设计与检验》，《旅游学刊》2016年第11期。
③ 马慧强等：《旅游目的地网络演化的空间过程及其影响因素研究——以野三坡旅游地为例》，《资源科学》2018年第9期。
④ 需要说明的是，其中 SO_2 排放量为负向指标。

（四）控制变量

为控制其他因素对区域旅游经济发展的影响，参考刘瑞明等[①]和 Gao 等[②]相关研究，地区经济发展水平、对外开放程度、基础设施建设以及教育水平等都会对区域旅游经济发展产生影响。因此，本章依次选取人口密度（*DENS*）、人均生产总值（*GDPP*）、外商直接投资（*FDIP*）、基础设施建设投入（*ASSP*）、高等教育普及率（*EDUP*）以及科教支出占比（*EXPP*）等作为控制变量。

（五）匹配变量

本章使用人口密度（*DENS*）、人均生产总值（*GDPP*）、外商直接投资（*FDIP*）、基础设施建设投入（*ASSP*）以及高等教育普及率（*EDUP*）等匹配变量，通过采用倾向得分匹配方法（PSM）为实验组寻找对照组。

以上数据均来自 2002—2018 年《中国城市统计年鉴》《中国区域经济统计年鉴》《中国旅游年鉴》，以及各省统计年鉴、各地级市统计年鉴、各地级市国民经济和社会发展统计公报。所有变量均做了 1% 和 99% 的缩尾处理，本章所有变量的描述性统计见表 7-2。[③]

表 7-2　　　　　　　　　变量统计性描述

变量名称	变量定义	样本量	均值	标准差	最小值	最大值
WH	申遗成功	4879	0.18	0.39	0.00	1.00
WHN	拥有的世界遗产数量	4879	0.23	0.59	0.00	7.00

---

① 刘瑞明、毛宇、亢延锟：《制度松绑、市场活力激发与旅游经济发展——来自中国文化体制改革的证据》，《经济研究》2020 年第 55 期。

② Gao, Yanyan and Wei Su, "Is the World Heritage Just a Title for Tourism?", *Annals of Tourism Research*, Vol. 78, No. 2, 2019, p. 102748.

③ 被解释变量和控制变量均做人均处理。

第七章　城市视角下世界遗产文化竞争力分析与评价

续表

变量名称	变量定义	样本量	均值	标准差	最小值	最大值
FPOP	国外旅游人次	4329	89.60	312.30	0.01	4195
DPOP	国内旅游人次	4329	4561	5151	0.00	44957
FINC	国外旅游收入	4350	291.80	905.80	0.00	10612
DINC	国内旅游收入	4160	4454	6553	0.53	77961
TINC	总旅游收入	3966	4542	6980	0.93	84385
TPOP	总旅游人次	4078	4532	5090	3.65	45087
DENS	人口密度	4850	424.50	328.70	4.70	2707
GDPP	人均生产总值	4820	33824	28427	1660	215488
FDIP	外商直接投资	4605	0.10	0.18	0.00	1.99
ASSP	基础设施建设投入	4626	2.29	2.35	0.04	19.42
EDUP	高等教育普及率	4684	157.70	284.90	0.59	12960
EXPP	科教支出占比	4836	0.18	0.06	0.01	1.69

第四节　实证研究与结果分析

一　匹配结果分析

为了克服"自选择"问题，本章采用Logit回归，使用上一节提出的匹配变量，通过1:2近邻匹配原则，根据放回匹配原理选取对照组城市。本章参照先前学者的做法[1]，进行平衡性检验，尽可能保证

---

[1] 吴先明、张玉梅：《国有企业的海外并购是否创造了价值：基于PSM和DID方法的实证检验》，《世界经济研究》2019年第5期。

实验组和对照组无显著差异，且和匹配变量之间保持独立性，结果见表 7-3。可以看出，申遗成功后匹配前的实验组和对照组存在显著差异，但匹配后却不显著，或显著性下降。如若不进行匹配直接进行回归可能导致回归结果的失真，匹配后实验组和对照组在区域旅游经济发展上不再具有显著差异，更能反映申遗成功的旅游经济促进效果。

表 7-3　　　　　　　匹配的平衡性检验（放回匹配）

匹配年份	匹配前			匹配后		
	实验组	对照组	T 值	实验组	对照组	T 值
2002	13.5597	8.9329	1.33	13.5597	8.8693	1.72
2003	11.6745	7.8612	1.49	11.6745	11.1703	0.14
2004	16.7706	10.1643	1.86	16.7706	17.1654	-0.08
2005	18.7039	12.4637	1.81	18.7039	13.6306	1.46
2006	22.3190	15.2237	1.88	22.3190	13.6399	2.30
2007	29.9855	17.9919	2.78	27.8072	20.4581	1.46
2008	31.5661	21.2905	2.37	31.1718	23.5232	1.38
2009	39.7709	25.9136	2.87	39.7709	25.6065	2.42
2010	49.4618	32.4617	2.81	49.4618	31.7520	2.33
2011	59.7977	39.1670	3.07	59.7977	43.2846	1.90
2012	72.2063	49.5450	2.82	72.2063	44.5243	2.65
2013	84.4165	58.2419	2.90	84.4165	62.0576	1.86
2014	122.9036	70.8995	3.98	120.2064	71.3855	2.60
2015	146.3813	83.6834	4.05	146.3813	113.2997	1.41
2016	166.9876	99.8416	3.86	166.9876	106.6337	2.69

第七章　城市视角下世界遗产文化竞争力分析与评价

续表

匹配年份	匹配前			匹配后		
	实验组	对照组	T 值	实验组	对照组	T 值
2017	210.2550	122.1541	3.95	200.9256	129.6229	2.38
2018	297.4492	142.4730	3.00	283.5478	188.6452	0.87

二　基准回归结果分析

在此基础上，依据基准模型（7-1），本章使用 PSM-DID 方法验证申遗成功对区域旅游经济发展的影响，具体分析结果见表7-4。在控制了时间固定效应、城市固定效应后，不加任何控制变量的情况下，各模型中申遗成功变量的系数在1%的水平上分别显著为14.174 和12.023，说明无论是人数效应还是收入效应，申遗成功在区域旅游经济发展中均发挥了显著促进作用。同时，在控制人口密度、地区经济发展水平、对外开放程度以及基础设施建设等变量后，申遗成功变量的系数在1%的水平上同样显著为正，仍然对总旅游收入、总旅游人次产生显著的正向效应。关于系列控制变量的估计结果，其中人均生产总值、外商直接投资以及基础设施建设投入等对区域旅游经济发展存在显著正向影响，人口密度变量的估计结果显著为负，结论均与现有研究相一致①。

表7-4　　　　　　　　基础模型回归结果

变量	(1) TINC	(2) TINC	(3) TPOP	(4) TPOP
WH	14.174 *** (4.88)	10.801 *** (4.40)	12.023 *** (5.94)	10.043 *** (5.44)

---

① 刘瑞明等：《制度松绑、市场活力激发与旅游经济发展——来自中国文化体制改革的证据》，《经济研究》2020年第1期。

续表

变量	(1) TINC	(2) TINC	(3) TPOP	(4) TPOP
DENS	—	-0.037*** (-2.65)	—	-0.096*** (-8.02)
GDPP	—	1.004*** (13.06)	—	0.291*** (5.06)
FDIP	—	23.836*** (3.40)	—	39.288*** (6.98)
ASSP	—	4.052*** (5.04)	—	3.837*** (6.38)
EDUP	—	0.086*** (12.06)	—	0.050*** (9.01)
EXPP	—	5.883 (0.46)	—	-32.938*** (-3.26)
_cons	190.896*** (22.25)	90.236*** (8.80)	126.130*** (19.70)	122.691*** (14.63)
N	3458	3458	3534	3534
R^2	0.636	0.744	0.686	0.743

注：括号内数值为 t 值；***、**、* 分别表示在1%、5%、10%水平下显著。表7-5至表7-13同。

整体而言，申遗成功有效地促进了区域旅游经济发展，且人数效应和收入效应均显著存在，这一结论很好地验证了假说1。结合实际情况来看，一旦某遗产被列入《世界遗产名录》，地方政府立即成立领导小组，增强宣传推广力度，加大财政资金投入等，这一系列措施都会对区域旅游经济发展产生促进作用。需要指出的是，与普通旅游产品不同，世界遗产具有突出普遍价值，在关注世界遗产存在旅游经济促进效应的同时，也应该关注世界遗产的可持续发展问题，即世界遗产应以保护为主，不能一味地只追求人数效应和收入效应。大量的游客对遗产地环境和文物保护会形成较大压力，不仅在局部时间和局部空间上对区域环境、交通产生影响，还可能对文物安全造成隐患，对世界遗产的可持续发展形成严重挑战。

三　模型拓展分析

（一）基于国内国外的异质性检验

基准模型回归结果显示，申遗成功显著地提升了各地区总旅游收入与总旅游人次。为了分析申遗成功的旅游经济促进效应是否对国内外游客有异质性影响，我们将总收入效应和总人数效应依次划分为国内收入效应、国内人数效应以及国外收入效应、国外人数效应，并对变量依次进行检验。检验结果见表7-5。

表7-5　　　　　　　　　国内外游客的实证检验

变量	(1) FPOP	(2) FPOP	(3) DPOP	(4) DPOP	(5) FINC	(6) FINC	(7) DINC	(8) DINC
WH	0.022 (0.37)	0.033 (0.59)	12.003*** (5.62)	10.453*** (5.36)	-0.064 (-0.30)	-0.059 (-0.29)	13.815*** (4.92)	10.225*** (4.33)
DENS	—	-0.002*** (-5.32)	—	-0.068*** (-6.16)	—	-0.004*** (-3.35)	—	-0.021 (-1.57)
GDPP	—	0 (-0.12)	—	0.256*** (4.13)	—	0.016** (2.55)	—	0.987*** (13.33)
FDIP	—	1.252*** (7.71)	—	26.882*** (4.80)	—	3.076*** (5.21)	—	21.235*** (3.14)

续表

变量	(1) FPOP	(2) FPOP	(3) DPOP	(4) DPOP	(5) FINC	(6) FINC	(7) DINC	(8) DINC
ASSP	—	0.005 (0.25)	—	4.965*** (7.67)	—	-0.033 (-0.49)	—	4.185*** (5.40)
EDUP	—	0.001*** (7.53)	—	0.045*** (7.88)	—	0.005*** (8.81)	—	0.079*** (11.56)
EXPP	—	0.064 (0.21)	—	-34.903*** (-3.41)	—	0.916 (0.85)	—	3.704 (0.30)
_cons	0.826*** (4.85)	1.054*** (4.44)	123.060*** (19.49)	109.031*** (13.31)	3.156*** (5.06)	1.604* (1.86)	185.438*** (22.36)	80.974*** (8.19)
N	3399	3399	3439	3439	3458	3458	3458	3458
R^2	0.165	0.214	0.666	0.726	0.154	0.203	0.642	0.751

从表7-5可以看出，当被解释变量为国内旅游人次、国内旅游收入、总旅游人次以及总旅游收入时，申遗成功变量的系数均在1%的水平上显著为正；当被解释变量为国外旅游人次、国外旅游收入时，申遗成功变量的系数均不显著，说明申遗成功促进了国内旅游收入、国内旅游人次增加，而国外旅游收入和国外旅游人次并没有受到显著影响。世界遗产对旅游经济的拉动作用更多地依赖于国内旅客，在入境旅游方面的促进作用还不明显，即世界遗产作为国际公认的旅游品牌，虽然可以有效地促进区域旅游经济发展，但不同客源市场的促进作用是不同的。就目前而言，申遗成功对国外游客的吸引力相对不强。结合实践层面分析，申遗成功后，世界遗产品牌效应会带来更多流量，地方政府也高度重视世界遗产地的旅游活动。对于发展中国

家而言，入境旅游是促进经济增长、增加外汇及塑造国家形象的重要渠道①。然而，我国世界遗产对国外游客的消费刺激较小，并没有起到理想中的推动作用。可能的原因如下。一是国内游客和国外游客的消费偏好不同，一般来讲，遗产旅游往往包含了当地的历史文化信息，更容易被国内游客接受，而国外游客可能由于文化差异，接受程度和吸引程度较弱②。二是国内游客和国外游客的消费层次不同，相比之下，国外游客的入境旅游往往需要消耗更高的成本，其更加注重品质较高的旅游目的地，如景色极致的自然景观和具有悠久历史的人文景观，对文化旅游产品的消费需求也更加高端，而国内多数遗产旅游目的地还面临创新不足、配套较弱以及可进入性较差等问题，对国外游客的吸引力也较弱。

（二）基于地区异质性检验

由前述分析可知，我国世界遗产空间分布差异较大，且不同地区经济发展水平差异明显，比如东部地区经济发展迅速，外商直接投资、基础设施以及公共服务等强于中西部地区，快速的经济发展反哺旅游业的能力也较强，进一步推动旅游业良性发展。那么，申遗成功对区域旅游经济发展的促进效应是否存在区域异质性？因此，为了检验假说2，本章将样本分为东部、中部和西部地区，探究不同地区申遗成功对旅游经济发展的异质性影响③，结果见表7-6。

---

① 林玉虾等：《世界遗产对入境旅游的影响差异——基于中国境外游客的群组分析》，《经济管理》2016年第12期。

② 刘瑞明等：《制度松绑、市场活力激发与旅游经济发展——来自中国文化体制改革的证据》，《经济研究》2020年第1期。

③ 地区分类来自中国国家统计局，东部地区包括北京、天津、河北、辽宁、上海、江苏、浙江、福建、山东、广东、海南，中部地区包括山西、安徽、江西、河南、湖北、湖南、吉林、黑龙江，西部地区包括内蒙古、广西、重庆、四川、贵州、云南、西藏、陕西、甘肃、青海、宁夏、新疆。

表7-6　　　　　　　　　　　分地区的实证结果

样本1			东部地区			
变量	(1) FPOP	(2) DPOP	(3) FINC	(4) DINC	(5) TINC	(6) TPOP
WH	0.022 (0.25)	15.463*** (5.62)	-0.516 (-1.41)	15.105*** (4.78)	15.813*** (4.81)	15.559*** (5.54)
DENS	-0.002*** (-4.51)	-0.080*** (-5.64)	-0.004** (-2.27)	0.003 (0.18)	-0.02 (-1.20)	-0.082*** (-5.68)
GDPP	-0.001 (-0.27)	0.678*** (7.76)	0.007 (0.58)	1.389*** (14.05)	1.394*** (13.54)	0.684*** (7.66)
FDIP	1.669*** (7.56)	27.279*** (3.93)	4.452*** (4.82)	31.267*** (3.92)	33.613*** (4.05)	28.674*** (4.05)
ASSP	0.014 (0.50)	3.191*** (3.54)	0.12 (1.02)	4.183*** (4.11)	4.120*** (3.89)	3.178*** (3.46)
EDUP	0.002*** (7.70)	0.020** (2.03)	0.010*** (8.34)	0.086*** (8.01)	0.099*** (8.78)	0.022** (2.25)
EXPP	0.487 (0.76)	-146.234*** (-7.32)	0.426 (0.16)	-66.494*** (-2.90)	-63.633*** (-2.66)	-151.242*** (-7.38)
_cons	1.557*** (3.80)	109.054*** (8.46)	3.597** (2.10)	36.411** (2.47)	55.237*** (3.59)	113.330*** (8.60)
N	1305	1304	1313	1313	1313	1297
R^2	0.327	0.746	0.301	0.82	0.815	0.745
样本2			中部地区			
变量	(7) FPOP	(8) DPOP	(9) FINC	(10) DINC	(11) TINC	(12) TPOP
WH	-0.13 (-1.33)	2.263 (0.66)	-0.374 (-1.26)	3.923 (0.90)	3.556 (0.78)	2.334 (0.65)
DENS	-0.001** (-2.42)	-0.022 (-1.15)	-0.006*** (-3.41)	-0.060** (-2.44)	-0.066** (-2.57)	-0.03 (-1.47)

续表

样本2	中部地区					
变量	(7) FPOP	(8) DPOP	(9) FINC	(10) DINC	(11) TINC	(12) TPOP
GDPP	0.003 (0.63)	0.462*** (3.18)	0.017 (1.38)	0.917*** (5.02)	0.938*** (4.95)	0.507*** (3.37)
FDIP	0.266 (0.69)	−38.817*** (−2.85)	2.050* (1.75)	13.744 (0.80)	17.206 (0.96)	−33.525** (−2.37)
ASSP	0.008 (0.20)	8.356*** (5.60)	−0.15 (−1.17)	2.951 (1.57)	2.712 (1.39)	7.905*** (5.11)
EDUP	0.001** (2.02)	0.043*** (3.98)	0.003*** (3.13)	0.071*** (5.18)	0.074*** (5.19)	0.045*** (3.96)
EXPP	−1.062** (−2.40)	−23.19 (−1.51)	−2.232* (−1.68)	−22.368 (−1.15)	−24.868 (−1.23)	−28.959* (−1.79)
_cons	1.081** (2.58)	130.107*** (8.77)	3.918*** (3.06)	167.844*** (8.95)	174.438*** (8.94)	137.255*** (8.93)
N	1228	1255	1262	1262	1262	1222
R^2	0.171	0.769	0.163	0.705	0.697	0.767
样本3	西部地区					
变量	(13) FPOP	(14) DPOP	(15) FINC	(16) DINC	(17) TINC	(18) TPOP
WH	0.167 (1.28)	11.866** (2.54)	1.106*** (2.94)	2.504 (0.41)	3.535 (0.57)	11.614** (2.42)
DENS	−0.001 (−0.53)	0.026 (0.64)	0 (−0.15)	0.001 (0.02)	0.004 (0.06)	0.001 (0.02)
GDPP	−0.014*** (−4.00)	−0.521*** (−4.16)	−0.016 (−1.55)	0.105 (0.65)	0.092 (0.55)	−0.576*** (−4.37)
FDIP	0.978** (2.21)	25.617* (1.68)	1.607 (1.31)	16.849 (0.85)	18.462 (0.91)	28.572* (1.76)

续表

样本3	西部地区					
变量	(13) FPOP	(14) DPOP	(15) FINC	(16) DINC	(17) TINC	(18) TPOP
ASSP	0.058* (1.76)	5.686*** (4.93)	0.031 (0.34)	6.615*** (4.43)	6.689*** (4.35)	6.323*** (5.22)
EDUP	0.001*** (3.65)	0.061*** (6.33)	0.003*** (4.09)	0.086*** (6.97)	0.091*** (7.09)	0.062*** (6.26)
EXPP	0.413 (0.87)	46.883*** (2.78)	1.34 (0.99)	100.161*** (4.60)	102.104*** (4.55)	48.120*** (2.77)
_cons	0.5 (0.97)	64.557*** (3.62)	-0.386 (-0.27)	54.404** (2.36)	52.021** (2.19)	71.567*** (3.80)
N	866	880	883	883	883	864
R^2	0.17	0.75	0.2	0.754	0.749	0.748

对比表7-6可以发现，申遗成功的旅游经济促进效应存在显著的区域异质性，假说2得到很好的验证。具体来看，以东部地区为例，其估计结果与全样本PSM-DID一致，即当被解释变量为国内旅游人次、国内旅游收入、总旅游人次以及总旅游收入时，申遗成功变量的系数均在1%的水平上显著为正，说明东部地区申遗成功显著促进了国内旅游收入与国内旅游人数增加。以中部地区为例，表7-6中列（7）至列（12）中申遗成功变量的估计系数均不显著，无论是国外旅游收入效应、国外旅游人数效应，抑或是国内旅游收入效应、国内旅游人数效应，均不存在促进作用，中部地区申遗成功并没有显著地推动区域旅游经济发展，意味着中部地区旅游发展同质化现象较为严重，且基础设施相对落后，旅游公共服务供给不足，难以实现人数效应和收入效应的正向影响。以西部地区为例，表7-6中列（14）、列（15）和列（18）中申遗成功变量的系数显著为正，申遗成功的国内旅游人

第七章 城市视角下世界遗产文化竞争力分析与评价

数效应、国外旅游收入效应产生了显著影响，可能的原因在于西部地区以世界自然遗产居多，资源特色相对鲜明，对国内外游客的吸引力较强；同时，国外到访游客也更愿意购买具有独特品质的旅游产品，享受差异化的旅游服务，西部地区的旅游产品特色对其吸引力更强，提高了西部地区遗产地的国外旅游收入。

（三）影响机制检验

由前述分析可知，申遗成功和公共服务供给相辅相成、互促互利，不能将二者割裂开来，孤立地看待它们。因此，为了检验假说3，本章将所构建的旅游公共服务总指标以及各分项指标依次加入回归模型，同时加入旅游公共服务指标与申遗成功变量对应的交互项进行回归，结果见表7-7。

表7-7　基于人数效应的旅游公共服务影响机制结果

Panel A	被解释变量为总旅游人次						
变量	(1) TPOP	(2) TPOP	(3) TPOP	(4) TPOP	(5) TPOP	(6) TPOP	(7) TPOP
WH	4.953** (2.43)	10.206*** (5.12)	9.196*** (4.63)	8.717*** (4.23)	10.519*** (5.32)	6.600*** (3.27)	6.985*** (3.50)
Inter*Service	17.083*** (10.30)	—	—	—	—	—	—
Service	-1.817* (-1.65)	—	—	—	—	—	—
Inter*Trans	—	12.041*** (6.03)	—	—	—	—	—
Trans	—	-0.017 (-0.01)	—	—	—	—	—

续表

Panel A	被解释变量为总旅游人次						
变量	(1) TPOP	(2) TPOP	(3) TPOP	(4) TPOP	(5) TPOP	(6) TPOP	(7) TPOP
Inter*Safe	—	—	15.354*** (7.79)	—	—	—	—
Safe	—	—	−0.284 (−0.21)	—	—	—	—
Inter*Environ	—	—	—	6.158*** (3.37)	—	—	—
Environ	—	—	—	1.684** (2.09)	—	—	—
Inter*Basic	—	—	—	—	223.208*** (8.27)	—	—
Basic	—	—	—	—	−86.473*** (−4.07)	—	—
Inter*Entertain	—	—	—	—	—	13.933*** (8.24)	—
Entertain	—	—	—	—	—	−5.944*** (−5.95)	—
Inter*Index	—	—	—	—	—	—	19.171*** (10.25)
Index	—	—	—	—	—	—	−4.316** (−2.49)
_cons	114.400*** (13.73)	120.014*** (13.81)	119.762*** (14.29)	112.147*** (13.33)	119.054*** (13.95)	109.558*** (12.91)	116.472*** (13.79)
N	3383	3383	3383	3383	3383	3383	3383
R^2	0.735	0.729	0.731	0.728	0.732	0.733	0.735

续表

Panel B	被解释变量为总旅游收入						
变量	(1) TINC	(2) TINC	(3) TINC	(4) TINC	(5) TINC	(6) TINC	(7) TINC
WH	1.278 (0.53)	11.352*** (4.72)	8.923*** (3.72)	8.168*** (3.24)	11.157*** (4.63)	4.575* (1.87)	5.999** (2.52)
Inter*Service	28.932*** (14.61)	—	—	—	—	—	—
Service	8.256*** (6.31)	—	—	—	—	—	—
Inter*Trans	—	20.697*** (8.57)	—	—	—	—	—
Trans	—	10.302*** (6.50)	—	—	—	—	—
Inter*Safe	—	—	23.923*** (10.03)	—	—	—	—
Safe	—	—	8.263*** (5.14)	—	—	—	—
Inter*Environ	—	—	—	9.992*** (4.48)	—	—	—
Environ	—	—	—	2.958*** (3.03)	—	—	—
Inter*Basic	—	—	—	—	348.506*** (10.86)	—	—
Basic	—	—	—	—	−155.147*** (−6.36)	—	—
Inter*Entertain	—	—	—	—	—	24.987*** (12.18)	—

续表

Panel B	被解释变量为总旅游收入						
变量	(1) TINC	(2) TINC	(3) TINC	(4) TINC	(5) TINC	(6) TINC	(7) TINC
Entertain	—	—	—	—	—	0.939 (0.78)	—
Inter*Index	—	—	—	—	—	—	29.889*** (13.40)
Index	—	—	—	—	—	—	16.290*** (7.90)
_cons	101.221*** (10.25)	118.075*** (11.33)	101.887*** (10.12)	88.396*** (8.66)	101.027*** (9.82)	102.555*** (10.03)	116.320*** (11.62)
N	3458	3458	3458	3458	3458	3458	3458
R^2	0.766	0.754	0.756	0.748	0.754	0.757	0.766

观察表7-7可以看出，各交互项的参数估计均在1%的水平上显著为正，充分说明世界遗产旅游经济促进效应的发挥依赖于地区旅游公共服务水平，即旅游公共服务越好，世界遗产促进旅游业发展的效果也越好。从申遗成功的实践来看，世界遗产获批后，地方政府围绕遗产保护与旅游发展需要，采取多项措施推动区域旅游经济发展，通过实现涉旅基础设施升级、配套系统更新等，改进区域旅游公共服务的标准。因此，旅游公共服务供给是世界遗产旅游经济促进效应的重要影响因素，提升旅游公共服务水平不仅是新时代旅游业高质量发展的必然选择，同时也是国家治理体系和治理能力现代化的重要体现。

一直以来，我国旅游业的开发多聚焦于旅游产品与旅游业态上。由于公共享有、全民服务的特点，旅游基础设施与公共服务设施很少

第七章 城市视角下世界遗产文化竞争力分析与评价

能直接产生经济收益,这就致使很多旅游区域基础设施不健全,各地旅游业面向高速、高质量、高服务发展的趋势被严重阻碍。同时,传统粗放型旅游经济发展模式中,基础设施建设和公共服务水平较弱,总量小、质量低的现象严重制约着世界遗产的可持续发展。多数遗产旅游资源相对丰富的地区,因旅游公共服务严重滞后,导致旅游经济发展被严重制约。再加上旅游业对外开放程度较弱、产业结构单一等问题凸显,没有相应的旅游公共服务配套作为支撑,建设世界旅游强国的目标难以实现。

(四)进一步分析

前述分析印证了申遗成功的旅游经济促进效应。但对于拥有世界遗产的城市而言,在申遗成功后,每增加一项世界遗产,对其区域总旅游人次与总旅游收入的影响又如何?我们将对此进行更进一步的探讨,以充分判断世界遗产数量对旅游人数效应和旅游收入效应的异质性影响。估计结果见表7-8。

表7-8 世界遗产数量对总人数效应的影响

Panel A	被解释变量为总旅游人次						
变量	(1) TPOP	(2) TPOP	(3) TPOP	(4) TPOP	(5) TPOP	(6) TPOP	(7) TPOP
WHN	7.561*** (4.05)	9.726*** (5.42)	9.243*** (5.10)	12.033*** (6.67)	12.987*** (7.44)	8.324*** (4.54)	7.489*** (4.09)
Inter*Service	4.113*** (6.11)	—	—	—	—	—	—
Service	4.983*** (5.10)	—	—	—	—	—	—
Inter*Trans	—	6.715*** (6.55)	—	—	—	—	—

续表

Panel A	\multicolumn{7}{c}{被解释变量为总旅游人次}
变量	(1) TPOP	(2) TPOP	(3) TPOP	(4) TPOP	(5) TPOP	(6) TPOP	(7) TPOP
Trans	—	6.500*** (5.54)	—	—	—	—	—
Inter*Safe	—	—	2.966*** (4.15)	—	—	—	—
Safe	—	—	10.270*** (8.54)	—	—	—	—
Inter*Environ	—	—	—	2.022** (2.07)	—	—	—
Environ	—	—	—	−0.141 (−0.26)	—	—	—
Inter*Basic	—	—	—	—	70.082*** (5.81)	—	—
Basic	—	—	—	—	−14.714 (−0.85)	—	—
Inter*Entertain	—	—	—	—	5.962*** (7.92)	—	—
Entertain	—	—	—	—	−0.395 (−0.52)	—	—
Inter*Index	—	—	—	—	—	—	5.761*** (7.12)—
Index	—	—	—	—	—	—	9.240*** (6.68)
_cons	109.926*** (51.22)	111.927*** (54.96)	109.934*** (53.34)	114.076*** (55.61)	113.504*** (55.61)	114.219*** (55.02)	109.007*** (51.40)
N	4078	4078	4078	4078	4078	4078	4078
R^2	0.692	0.693	0.695	0.686	0.689	0.691	0.696

第七章 城市视角下世界遗产文化竞争力分析与评价

续表

Panel B	被解释变量为总旅游收入						
变量	(1) TINC	(2) TINC	(3) TINC	(4) TINC	(5) TINC	(6) TINC	(7) TINC
WHN	8.728*** (3.28)	14.597*** (5.57)	13.774*** (5.23)	17.543*** (6.39)	21.528*** (8.09)	12.539*** (4.66)	10.410*** (4.05)
Inter*Service	9.345*** (10.48)	—	—	—	—	—	—
Service	21.894*** (17.72)	—	—	—	—	—	—
Inter*Trans	—	14.996*** (10.94)	—	—	—	—	—
Trans	—	23.338*** (15.66)	—	—	—	—	—
Inter*Safe	—	—	7.794*** (8.04)	—	—	—	—
Safe	—	—	26.620*** (16.55)	—	—	—	—
Inter*Environ	—	—	—	8.918*** (6.64)	—	—	—
Environ	—	—	—	−0.545 (−0.76)	—	—	—
Inter*Basic	—	—	—	—	154.770*** (9.62)	—	—
Basic	—	—	—	—	−165.066*** (−7.31)	—	—
Inter*Entertain	—	—	—	—	—	11.959*** (11.61)	—
Entertain	—	—	—	—	—	10.398*** (10.35)	—

· 161 ·

续表

Panel B	被解释变量为总旅游收入						
变量	(1) TINC	(2) TINC	(3) TINC	(4) TINC	(5) TINC	(6) TINC	(7) TINC
Inter*Index	—	—	—	—	—	—	11.861*** (11.22)
Index	—	—	—	—	—	—	37.387*** (21.64)—
_cons	127.084*** (42.12)	138.394*** (47.69)	134.771*** (45.65)	147.049*** (48.53)	143.853*** (47.65)	139.424*** (46.76)	125.074*** (42.88)
N	3966	3966	3966	3966	3966	3966	3966
R^2	0.684	0.678	0.676	0.643	0.648	0.667	0.7

研究结果发现，WHN 的系数均在 1% 的显著性水平下为正，表明世界遗产数量对区域旅游经济发展的人数效应和收入效应很强。依次以表 7-8 列（7）为例进行说明，世界遗产每增加一个单位，将会拉动区域总旅游人次 7.5 个单位，提升区域总旅游收入 10.4 个单位。除此之外，各交互项的系数也与上述实证结果一致，再次印证了旅游公共服务对世界遗产旅游经济促进效应的正向放大作用。

第五节 稳健性检验

一 样本的改变

前述系列实证分析了申遗成功对区域旅游经济发展的影响效果，且研究结论充分说明了申遗成功的区域旅游经济促进效应。然而，这种影响是否稳健？本章将从改变样本、改变方法以及替换变量等不同

第七章　城市视角下世界遗产文化竞争力分析与评价

方式进行稳健性检验。表7-9显示了基于全样本的稳健性检验，可以看出，在没有进行PSM匹配的前提下，估计系数的显著性和符号仍与前文一致，即申遗成功显著地增加了总旅游收入、总旅游人次、国内旅游收入与国内旅游人次。以上分析说明本章的结论是科学有效的。

表7-9　基于全样本的检验

变量	(1) TINC	(2) TPOP	(3) FPOP	(4) DPOP	(5) FINC	(6) DINC
WH	12.108*** (4.80)	10.667*** (5.68)	-0.046 (-0.77)	11.104*** (5.69)	-0.364 (-1.59)	11.646*** (4.79)
DENS	-0.024* (-1.73)	-0.077*** (-7.21)	-0.000 (-0.17)	-0.085*** (-7.68)	0.003** (2.03)	-0.022* (-1.68)
GDPP	96.974*** (13.46)	33.858*** (6.12)	-0.463*** (-2.64)	34.338*** (6.16)	0.879 (1.27)	97.875*** (14.79)
FDIP	18.086*** (2.82)	25.539*** (5.09)	1.244*** (7.76)	24.549*** (4.74)	2.513*** (4.05)	19.407*** (3.17)
ASSP	3.979*** (5.22)	3.777*** (6.61)	0.062*** (3.56)	2.396*** (4.30)	0.166** (2.35)	2.931*** (4.42)
EDUP	0.104*** (14.80)	0.053*** (9.66)	0.002*** (9.46)	0.056*** (9.94)	0.010*** (14.01)	0.098*** (14.79)
EXPP	2.519 (0.21)	-33.292*** (-3.51)	-0.070 (-0.23)	-31.489*** (-3.27)	1.340 (1.13)	-6.422 (-0.56)
_cons	59.736*** (7.10)	92.326*** (13.97)	0.712*** (3.38)	117.718*** (18.62)	-0.243 (-0.30)	69.433*** (9.25)
N	3632	3743	3962	3925	3973	3789
R^2	0.740	0.732	0.204	0.724	0.231	0.750

二 方法的改变

本章通过使用上一节提出的匹配变量，采用 Logit 回归，通过 1∶1 近邻匹配原则，根据放回匹配原理选取对照组城市，重新进行匹配检验，其结果见表 7-10。可以看出，申遗成功对总旅游收入、总旅游人次、国内旅游收入与国内旅游人次的促进作用显著存在，对国外旅游收入、国外旅游人次的促进作用不显著，检验结果仍与前文结论相同。因此，本章使用的方法是合理有效的。

表 7-10　　　　　　　　改变方法的检验

变量	(1) TINC	(2) TPOP	(3) FPOP	(4) DPOP	(5) FINC	(6) DINC
WH	10.801*** (4.40)	10.336*** (5.17)	0.033 (0.59)	10.453*** (5.36)	-0.059 (-0.29)	10.225*** (4.33)
DENS	-0.037*** (-2.65)	-0.073*** (-6.45)	-0.002*** (-5.32)	-0.068*** (-6.16)	-0.004*** (-3.35)	-0.021 (-1.57)
GDPP	1.004*** (13.06)	0.278*** (4.36)	0 (-0.12)	0.256*** (4.13)	0.016** (2.55)	0.987*** (13.33)
FDIP	23.836*** (3.40)	30.277*** (5.26)	1.252*** (7.71)	26.882*** (4.80)	3.076*** (5.21)	21.235*** (3.14)
ASSP	4.052*** (5.04)	5.054*** (7.59)	0.005 (0.25)	4.965*** (7.67)	-0.033 (-0.49)	4.185*** (5.40)
EDUP	0.086*** (12.06)	0.045*** (7.65)	0.001*** (7.53)	0.045*** (7.88)	0.005*** (8.81)	0.079*** (11.56)
EXPP	5.883 (0.46)	-39.949*** (-3.77)	0.064 (0.21)	-34.903*** (-3.41)	0.916 (0.85)	3.704 (0.30)
_cons	90.236*** (8.80)	113.319*** (13.45)	1.054*** (4.44)	109.031*** (13.31)	1.604* (1.86)	80.974*** (8.19)
N	3458	3383	3399	3439	3458	3458
R^2	0.744	0.726	0.214	0.726	0.203	0.751

三 核心被解释变量的改变

本部分通过改变旅游公共服务指标的计算方法来进行稳健性检验。在前述分析中，本章基于主成分分析法构建旅游公共服务指标，现基于熵权法对旅游公共服务指标进行重新赋权，并在此基础上进行实证检验，其估计结果见表7-11。可以看出，在改变核心被解释变量后，系数的显著性与符号仍与前文一致。因此，本章的结论是稳健有效的。

表7-11　　　　　　　　改变变量的检验

变量	(1) TPOP	(2) TPOP	(3) TPOP	(4) TPOP	(5) TPOP	(6) TPOP	(7) TPOP
WH	4.914** (2.41)	9.948*** (4.99)	8.767*** (4.40)	9.743*** (4.88)	10.020*** (5.04)	8.061*** (3.96)	6.765*** (3.39)
Inter*Service	16.491*** (10.17)	—	—	—	—	—	—
Service	-1.599 (-1.47)	—	—	—	—	—	—
Inter*Trans	—	11.878*** (6.18)	—	—	—	—	—
Trans	—	0.059 (0.05)	—	—	—	—	—
Inter*Safe	—	—	14.351*** (7.55)	—	—	—	—
Safe	—	—	-1.688 (-1.39)	—	—	—	—
Inter*Environ	—	—	—	9.933*** (5.75)	—	—	—
Environ	—	—	—	-2.394*** (-3.08)	—	—	—

续表

变量	(1) TPOP	(2) TPOP	(3) TPOP	(4) TPOP	(5) TPOP	(6) TPOP	(7) TPOP
Inter*Basic	—	—	—	—	149.173*** (7.00)	—	—
Basic	—	—	—	—	−96.372*** (−5.58)	—	—
Inter*Entertain	—	—	—	—	—	10.529*** −6	—
Entertain	—	—	—	—	—	−8.179*** (−7.99)	—
Inter*Index	—	—	—	—	—	—	−19.607*** −10.49
Index	—	—	—	—	—	—	−9.689*** (−5.40)
N	3383	3383	3383	3383	3383	3383	3383
R^2	0.735	0.729	0.731	0.729	0.73	0.733	0.736

第六节 本章小结

申遗成功对区域旅游经济发展具有重要意义，也是提升世界遗产文化竞争力的关键所在。目前研究对于申遗成功的旅游经济促进效应还存在较大争议，需要重新审视二者之间的关系及作用机制，以期为政府及相关经营者提供决策参考和政策建议。本章借助申遗成功的"准自然试验"，利用2002—2018年全国287个地级及以上城市的面板数据和PSM-DID方法，基于世界遗产对旅游经济促进作用的人数效应和收入效应双重视角，研究了申遗成功对区域旅游经济发展的影响。研究结果表明以下几点。第一，从总旅游人数效应和总旅游收入效应来看，申遗成功显著地促进了区域旅游经济发展，并通过一系列稳健性检验得到佐证。第二，异质性检验证实，申遗成功对入境旅游的人数效应和收入效应不显著，故申遗成功对入境旅游影响不大。第三，国内东中西部地区的旅游经济促进效应具有差异性，东部地区和西部地区存在显著的旅游经济促进效应，中部地区不存在。第四，进一步的机制分析发现，地方政府的旅游公共服务供给会显著地放大世界遗产的人数效应和收入效应。因此，本章的研究发现不仅明晰了世界遗产的旅游经济促进效应，而且为提升中国世界遗产的治理体系和治理能力现代化、提高我国世界遗产文化竞争力、实现我国高质量发展提供了重要的政策启示。

基于上述研究结果，本章提出以下政策建议。

第一，提升世界遗产的国际竞争力。着眼"双循环"战略，持续推动国际国内合作，按照特定主题，开展跨国、跨区域联合申遗工作，增加申报成功概率，丰富遗产产品谱系，提升世界遗产的国际品牌影响力。加大招商引资力度，营造良好的投资环境，鼓励外商投资遗产旅游，以世界遗产引领地区产业结构转型升级。结合现代科学技术、现代管理技术，合理开发利用世界遗产，用科技点亮遗产。针对不同客源市场提供相应的遗产旅游产品，为国内外游客提供便捷高品质的旅游公共服务，提高文化旅游国际竞争力。

第二，促进世界遗产的区域平衡发展。对于东部旅游业发达地区，在现有基础上，需更加注重提高旅游服务品质，促进旅游行业与农业、体育、教育等相关行业的融合发展。对中西部欠发达地区，可借鉴东部地区成功经验，地方政府需加强宣传促销，加大对旅游基础设施建设、公共服务领域等硬件设施方面的投入，发展融入当地特色资源的遗产旅游产品，注重差异化竞争发展模式。同时，加快跨区域旅游协作，东部地区带动中西部地区发展，实现全国旅游市场信息共享、旅游产品共同创新，进而促进地区间的平衡发展。

  第三，明晰世界遗产的相关主体责任。就国家部门而言，世界遗产作为公共性旅游资源，需要国家部门从立法、财政、税收以及宣传等多方面提供大力支持。就地方政府而言，应将世界遗产的合理利用与保护开发相结合，推动将游客承载量纳入地方性立法和遗产地保护规划，兼顾旅游开发与遗产地发展，实现可持续发展，进一步完善旅游基础设施网络，提升旅游公共服务供给水平。就旅游景区而言，需要平衡人数效应和收入效应，针对不同类型世界遗产特点，制定具有可操作性的游客承载量测算标准，严格控制游客容量。在此基础上，国家部门、地方政府与旅游景区应形成合力，共同致力于世界遗产的可持续发展与旅游经济的高质量发展。

第八章 游客视角下世界遗产文化竞争力分析与评价

基于移动互联网技术的迅猛发展和国内广阔的应用市场，传统旅游企业协同互联网平台的合作不断深化，覆盖了越来越多的出行场景。游客在享受层出不穷的旅游产品所带来的便利的同时，自身产生的海量行为数据反哺平台与旅游企业，成为用户行为研究的重要资料。旅游在线评论文本，通常承载着游客对于旅游产品和旅游服务的直观感受、自然的情感流露与相关经验的分享，是影响其他用户判断与决策的重要信息来源[1]，对分析游客需求、优化产品体验、提升服务满意度等方面具有重要的商业价值与社会意义。作为用户生成内容（User Generated Content，UGC）的一种，在线评论文本现已成为游客情感分析与观点挖掘等旅游大数据研究中备受关注的研究对象。文化遗产景区本身作为重要的旅游资源和旅游目的地，其在线评论文本同样涵盖了游客对遗产地的文化认知、交通便利度、星级酒店、文物商店等方面的情感态度与感知评价，可在一定程度上表征文化遗产景区的文化

---

[1] W. Lu and S. Stepchenkova, "User – Generated Content as a Research Mode in Tourism and Hospitality Applications: Topics, Methods, and Software", *Journal of Hospitality Marketing & Management*, Vol. 24, No. 2, 2015.

竞争力。但由于在线评论文本具有噪声多、内容表达不规范等特征，如何有效地从中挖掘文本主题以及文本情感倾向，将其转化为对旅游经营者有价值且直观的信息是一个挑战，目前仍缺少成熟有效的解决方法。本研究尝试通过依存句法分析结合 LDA 话题建模方法，挖掘 15 个世界文化遗产景区在线评论样本的共同主题，建立景区网络口碑指标体系，提出"遗产心情指数"并进行遗产景区的横向对比，为提升我国世界遗产文化竞争力提出相应建议。

第一节 研究进展

一 游客在线评论文本内容分析

中国文旅产业数字化进程的加快使得构建线上内容资产成为文旅产业为消费者和产业链上下游提供优质服务的重要方式，网络评论一跃成为研究热点[①]。学者对于在线评论文本的获取主要来自在线旅游平台，国外以 Tripadvisor.com、Booking.com 为主，国内则主要围绕携程、马蜂窝、去哪儿等网站展开，研究的角度多聚焦于旅游目的地形象、旅游服务质量、顾客满意度等方面。皮瑞、郑鹏以网络游记和在线评论为数据源，采用内容分析法和扎根理论分析游客对于少林寺的旅游认知形象、情感形象和整体形象。[②] 马丽君和郭留留基于携程和马蜂窝的问答文本，分析到访张家界的游客对于旅游信息的需求，可以概括划分为交通、住宿、游览、餐饮，以及与之相关的娱乐、购物和其他七大方面，且对不同类目的信息需求差异较大，并据此为旅游信息服

---

① 张亚平、彭武良：《旅游行业在线评论研究文献综述》，《中国管理信息化》2021 年第 14 期。
② 皮瑞、郑鹏：《"网评少林"：少林寺旅游认知、情感、整体形象研究》，《干旱区资源与环境》2017 年第 4 期。

第八章 游客视角下世界遗产文化竞争力分析与评价

务内容的完善及服务优先级提出建议。[①] 缪秀梅等以南京汤山温泉度假区为例，基于 ISM 模型和在线评论构建温泉旅游消费者满意度影响因素模型。[②] 另有学者聚焦于评论文本内容特征与属性，研究评论有用性及其对消费者决策的影响机制。吴佳炫和李胜利在对于去哪儿网酒店产品在线评论的研究中指出，文本内容特征和评论者特征是影响评论有效性的因素，酒店管理者可以基于这些因素筛选更有用的评论。[③] 第三方平台可以以此为标准进行文本挖掘，计算评论的有效性，有助于推动产品设计的完善和改良。

网络语言内容和表意通常伴有多样性和随意性的特征，目前在线评论的数量急速增长，评论质量良莠不齐，对前期数据处理提出了较高的要求。多数研究的研究路线都包括理论研究、在线评论文本内容获取、文本预处理、文本分析四个阶段。对于在线评论内容的获取，目前以网络八爪鱼在线爬虫软件或者 Python 脚本爬取的方式为主流，另有一部分研究结合线下访谈与线上评论文本分析，两者互相补充，得到更为全面的研究数据。对于评论文本预处理，主要操作为删除无意义或重复的评论，去除停用词、中文分词、词性标注等。刘逸等研究发现，景区的无效评论可以分为不真实型、矛盾型、不相关型和非评论四大类，对于删除无意义评论的具体操作起到指导作用。[④] 文本分析的方法依据研究所要探究的主题而定，主要包括文本基本特征及主题获取、文本情感倾向分析、实证分析等。

对于游客评论文本基本特征及主题内容的获取，多数研究基于文

---

① 马丽君、郭留留：《基于网络关注度的北京市居民对 5A 级景区旅游需求时空特征分析》，《干旱区资源与环境》2017 年第 10 期。
② 缪秀梅等：《基于 ISM 和在线评论的汤山温泉顾客满意度研究》，《中国管理科学》2019 年第 7 期。
③ 吴佳炫、李胜利：《在线评论有用性的影响因素实证研究——以"去哪儿网"评论数据为例》，《文献与数据学报》2021 年第 2 期。
④ 刘逸等：《旅游无效评论特征研究初探》，《旅游论坛》2021 年第 3 期。

· 171 ·

本分析统计软件，在高频词汇统计、社会语义网络构建和情感极性判断三个方面，对文本内容进行解构与分析，并逐渐从以获取单一目的地的感知形象为研究目标的基础上，增加多重维度进行对比研究。孙晓东和倪荣鑫利用 ROST CM 6.0 软件对比了中国游客对于不同邮轮产品在形象感知、情感表达、满意度评价等方面的差异性。[1] 杨彬彬和张建国以事件为节点，构建起跨文化视角，分析中外游客在 G20 前后对于西湖景区的旅游形象的感知变化。[2] 但受限于软件数据处理能力，整体呈现出数据样本量小、代表性不足、主题特征难以精准提取等问题。同时，基于词频统计的分析方法通常需要人为地二次判断并删除无实际意义的高频词，例如目的地城市名称等，这个过程实则造成了数据原本承载信息量的损失。

本章采用的 LDA 主题建模方法（Latent Dirichlet Allocation），是一种三层贝叶斯模型，包含词、主题、文档三层结构，能够发现大规模文本文档中隐藏的主题及特征。而利用 LDA 方法对于网络评论文本的主题研究，目前尚集中于提供标准化产品的接待业[3]、单一的旅游景区[4]或旅游要素同质性较高的目的地，如迪士尼主题乐园[5]。本章将尝试在遗产旅游的视角下，将国内外 15 个有代表性的世界遗产景区的在线评论纳入研究范畴，分析游客关注的共性话题内容。

---

[1] 孙晓东、倪荣鑫：《中国邮轮游客的产品认知、情感表达与品牌形象感知——基于在线点评的内容分析》，《地理研究》2018 年第 6 期。

[2] 杨彬彬、张建国：《G20 峰会前后杭州西湖景区旅游形象感知比较研究——以中外游客点评为例》，《科技通报》2019 年第 3 期。

[3] Yue Guo, Stuart J. Barnes and Qiong Jia, "Mining Meaning from Online Ratings and Reviews: Tourist Satisfaction Analysis Using Latent Dirichlet Allocation", *Tourism Management*, Vol. 59, 2017, pp. 467-483.

[4] 黎巎等：《基于 LDA 的游客网络评论主题分类：以故宫为例》，《情报工程》2017 年第 3 期。

[5] Jian Ming Luo, Huy Quan Vu, Gang Li, et al., "Topic Modelling for Theme Park Online Reviews: Analysis of Disneyland", *Journal of Travel & Tourism Marketing*, Vol. 37, No. 2, 2020, pp. 272-285.

第八章　游客视角下世界遗产文化竞争力分析与评价

二　游客在线评论文本情感分析

文本情感分析，是指基于自然语言处理技术对于文本内容中可以彰显主观情感色彩的部分进行深度挖掘和分析的过程。抽取情感信息是文本情感分析的基础一步，通常面向非结构化文本，旨在将其处理、转化为有价值的基础分析单元，供计算机进一步识别与处理，通常以评价对象和评价词语的二元评价搭配词对的形式出现[1]。为了精准高效地完成评价搭配词对的获取，大部分学者采用了基于词性和句法分析的获取方法。依存句法，于1959年由法国语言学家特思尼耶尔提出，可以对各短语语块之间的支配与被支配关系进行判别与标注，以支配词和从属词所组成的依存词对为呈现方式[2]。Somprasertsri等针对英文评价文本进行了依存句法分析，经过了词性标注、建立模板等步骤，获取到了多对评价搭配。[3] 然后基于筛选出的搭配集合，应用最大熵模型的方法再次筛选，最终得到可以用于后续分析的评价搭配。顾正甲、姚天昉基于哈尔滨工业大学的语言技术平台（LTP）对语料处理的结果，采用SBV极性传递法识别需抽取的评价对象和情感词，不同评价对象之间的边界由ATT链算法结合互信息法综合决定。[4] 这一尝试为评价对象和评价词之间语义关系的确认提供了新思路。

现有的情感信息分类方法中，以基于情感词典的方法和基于机器学习算法的方法为主流。前者依赖于情感词典中的词汇匹配，设计情

---

[1] 赵妍妍等：《文本情感分析》，《软件学报》2010年第8期。
[2] 郑伟发：《汉语句法分析研究综述》，《信息技术》2012年第7期。
[3] Somprasertsri Gamgarn and Lalitrojwong Pattarachai, "Mining Feature – Opinion in Online Customer Reviews for Opinion Summarization", *Journal of Universal Computer Science*, Vol. 16, No. 6, 2010, pp. 938 – 955.
[4] 顾正甲、姚天昉：《评价对象及其倾向性的抽取和判别》，《中文信息学报》2012年第4期。

感词计算规则，计算总体情感最终分值。涂海丽、唐晓波基于依存句法提取庐山旅游属性情感词对后，根据知网 HowNet 词典中褒贬词的强烈程度赋予情感词权重，分别得到词对的情感极性值与主题—属性的情感分类均值[1]。刘逸等学者将旅游活动最相关的六大方面作为分类标准，即吃、住、行、游、购、娱，进行人工筛查与解读，总结出了游客在各细分领域内常用来表述情绪的形容词，进一步优化旅游专属词库，并将其应用于中国赴澳大利亚游客的情感特征研究[2][3]。基于此方法的研究，情感词典是基础，针对不同的研究内容，需要构建适用的专属情感词典。然而目前的研究鲜有聚焦于世界遗产旅游，也尚未有构建此细分领域情感词典的尝试。此外，基于机器学习算法的情感分析，主要以支持向量机（Support Vector Machine）、朴素贝叶斯（Naive Bayes）和最大熵（Maximum Entropy）等为主要方法，适用于情感分类领域，是隶属于使用机器学习方法来帮助解决分类问题的范畴[4]，采用人工标注的训练集进行机器学习，将生成的分类模型应用于未标记的文本数据。然而此方法的情感判断结果多为二分类（积极、消极）或多分类（消极、中立和积极），依然无法有效地实现情感强度的划分与比较[5]，且严格依赖于训练集的数据量与标注质量。考虑到旅游评论文本没有规范的模式且采用人工标注难以避免主观误差，本章仍采用基于情感词典的情感分析方法。

---

[1] 涂海丽、唐晓波：《基于在线评论的游客情感分析模型构建》，《现代情报》2016年第4期。
[2] 刘逸等：《基于大数据的旅游目的地情感评价方法探究》，《地理研究》2017年第6期。
[3] 刘逸等：《中国赴澳大利亚游客的情感特征研究——基于大数据的文本分析》，《旅游学刊》2017年第5期。
[4] 任涛：《基于多元方法的游客情感分类挖掘技术研究——以文本大数据为例》，硕士学位论文，陕西师范大学，2019年。
[5] 洪巍、李敏：《文本情感分析方法研究综述》，《计算机工程与科学》2019年第4期。

三　文化遗产评价研究

作为国家或民族文化成就的集中表达、呈现形式，文化遗产也是其文化竞争力的重要载体①。当前学术界关于文化竞争力的研究存在两大问题。其一，研究大多以文化产业竞争力、城市文化竞争力作为切入点，进行综合评价分析。其二，对于文化遗产文化竞争力的研究，缺少跨学科交叉分析的成果，以案例分析的方式对单个文化遗产旅游目的地进行研究为主②③。"文化遗产竞争力"作为"文化竞争力"派生的概念，延续了其"物质属性和精神属性相结合"的特征，体现在文化遗产客体的与生俱来的价值力，以及其附加价值、创新、发展的能力上。程圩和张澄在此基础上，从文化遗产的角度入手，将文化遗产文化竞争力解读为文化遗产生产力、文化遗产消费力、文化遗产支撑力、文化遗产传播力、文化遗产管理力、文化遗产创新力的六个二级指标，采用主客观赋权法确定各项指标权重，构建文化遗产文化竞争力测评体系，并将其应用于评价各个省份的文化遗产竞争力。④

同时，也有研究尝试基于游客在线评论，挖掘游客关于文化遗产景区的关注主题与情感倾向，从游客感知视角反向构建出影响文化遗产竞争力的指标体系。黎巎等基于 LDA 主题建模方法发现故宫的游客网络评论主题包含四个方面——入口服务、历史文化、体验感受以及遗产文物，游客对于这四个主题的情感均为积极正向的

---

① 程圩、张澄：《中国文化遗产竞争力指标体系构建与测评》，《人文地理》2021 年第 3 期。

② Alberti, Fernando G. and Jessica D. Giusti, "Cultural Heritage, Tourism and Regional Competitiveness: The Motor Valley Cluster City", Culture and Society, Vol. 3, No. 4, 2012, pp. 261 – 273.

③ 詹一虹、陈露：《文化旅游视域下非物质文化遗产的传承发展研究——以湖南省汝城县高滩畲族为例》，《西北民族大学学报》（哲学社会科学版）2019 年第 4 期。

④ 程圩、张澄：《中国文化遗产竞争力指标体系构建与测评》，《人文地理》2021 年第 3 期。

情感。① 不同在线平台上的用户所表现出的情感极性值也有差异，其中大众点评与马蜂窝用户的情感极性值相对其他平台较高。李圆圆以客流量大的标志性世界文化遗产景区——秦始皇兵马俑博物馆为例，发现游客的线上评论主题主要包括门票服务、体验感受、历史文化及导游服务四个方面。② 梁晨晨和李仁杰将 LDA 模型与特征维度方法运用于微博旅游文本分析，建立起适用于丽江古城意象感知描述的特征维度分类框架，归纳出一级特征维度 4 个，包括"空间与景观、行为与心理、时间与行程、其他"；二级特征维度 10 个，包括"外部空间、内部空间、自然景观、人文景观、体验行为、旅行方式、感知心理、旅行时间、行程安排及其他"，呈现出游客对于丽江古城的意象感知特征。③ 这些研究归纳出的文本主题内容特征维度均有助于后续研究构建出更为精准、全面的游客感知视角下的文化遗产评价体系框架。本研究尝试将研究范围扩展至世界文化遗产景区，并在此理论框架下对比 15 个样本景区的综合文化遗产文化竞争力，以期为我国世界遗产文化竞争力的提升提供相应的建议和对策。

第二节 特征与情感词对提取

一 数据采集

世界遗产资源丰富，为横向对比不同国家世界文化遗产景区的评价，以国内最大的在线旅游平台携程旅游网的景区评论为数据来源，

---

① 黎巎等：《基于 LDA 的游客网络评论主题分类：以故宫为例》，《情报工程》2017 年第 3 期。
② 李圆圆：《基于 LDA 的游客在线评论主题分类——以秦始皇兵马俑博物馆为例》，《河北企业》2020 年第 4 期。
③ 梁晨晨、李仁杰：《综合 LDA 与特征维度的丽江古城意象感知分析》，《地理科学进展》2020 年第 4 期。

第八章 游客视角下世界遗产文化竞争力分析与评价

抓取中国北京故宫、意大利罗马斗兽场、西班牙托莱多古城、法国凡尔赛宫、德国科隆大教堂、印度泰姬陵、墨西哥奇琴伊查、英国伦敦塔、俄罗斯冬宫博物馆、美国自由女神像、伊朗波斯波利斯、日本姬路城、巴西里约热内卢：山海之间的卡里奥克景观、澳大利亚悉尼歌剧院、加拿大魁北克古城等具有代表性的15个国家世界遗产景区网络评论进行分析研究。

除北京故宫外，其他14个遗产景区爬取了全部评论数据，北京故宫因评论数量多，选取了网站许可的所有评论数据，通过去重、去除无意义评论等初步数据清洗后，最终得到19219条评论数据，见表8-1。

表8-1　　　　　各遗产景区评论数量统计　　　　　单位：条

编号	国家	世界遗产景区	评论数量	数据清洗后评论数量
1	中国	北京故宫	5529	2344
2	澳大利亚	悉尼歌剧院	2769	1950
3	巴西	里约热内卢：山海之间的卡里奥克景观	284	235
4	德国	科隆大教堂	791	636
5	俄罗斯	冬宫博物馆	1160	917
6	法国	凡尔赛宫	2070	1717
7	加拿大	魁北克古城	145	122
8	美国	自由女神像	2033	1525
9	墨西哥	奇琴伊查	114	95
10	日本	姬路城	314	251
11	西班牙	托莱多古城	46	41
12	伊朗	波斯波利斯	123	110

续表

编号	国家	世界遗产景区	评论数量	数据清洗后评论数量
13	印度	泰姬陵	626	490
14	英国	伦敦塔	552	457
15	意大利	罗马斗兽场	2663	2083

二 数据处理

(一) 分词处理

抓取的世界遗产景区的网络评论为语句段落，是计算机无法直接进行分析的非结构化数据，在对评论文本进行挖掘分析之前，需要先将网络评论中的中文句子进行分词处理。对于任何文本挖掘任务而言，分词是基础且决定分析效果的一步。当前中文分词基于字符串匹配法、理解法、统计分词法等三种基础理论，发展出一系列分词算法，例如基于动态规划的分词模型、隐式马尔科夫模型、最大概率模型、决策树分词模型以及混合模型等。[1] 在此基础上，各大机构开发出了众多便于运用的中文分词工具如 jiebaR、SnowNLP、THULAC、NLPIR 等。jiebaR 中包括最大概率法、隐式马尔科夫模型、混合模型、索引模型四大分词引擎，可满足不同使用场景下的使用需求。其中，混合模型是基于最大概率法结合隐式马尔科夫模型的混合方法，前者的核心是通过 Trie 树来构建有向无环图并进行动态规划算法，而后者则基于包括《人民日报》在内的众多中文语料库，搭建 HMM 模型。基于前期实验效果，混合模型在中文分词中表现较好、效率更佳。本研究在分词阶

---

[1] 张若愚：《基于文本情感分析的江西省 5A 级景区网络口碑综合评价》，博士学位论文，华东交通大学，2017 年。

段拟采用 jiebaR 包中的混合模型处理收集到的遗产景区网络评论文本。

(二) 依存句法分析

以往对网络评论文本的情感分析大都关注总体情感态度,忽视对具体评论中所包含的特征属性的情感态度。本研究旨在剖析遗产游客对世界遗产景区在不同方面的情感态度,因此需要关注网络评论中涉及的不同景区特征属性。基于此,本研究依托依存句法分析对世界遗产景区网络评论进行情感分析。

依存句法分析(Dependency Parsing)是根据句子语言成分之间的依存关系分析其句法结构,结合词语词性标注可实现对世界遗产景区的特征词与情感词对识别,从而得出对世界遗产景区特征的情感态度。目前,中文依存句法分析领域,哈工大开发的语言平台 LTP 是较为成熟、适应范围较广的分析工具。它包含了文本的分词、词性的标注、依存句法的分析等功能。但为保证世界遗产景区评论文本的分词效果,本研究采用 jiebaR 加载混合模型分词后对结果进行依存句法分析。经过 jiebaR 包处理后的数据中包含词性标注结果,需要进一步对照 ICTCLAS 汉语词性标注集进行配对与识别。

表 8-2　　　　　ICTCLAS 汉语词性标注集

词语	词性
a	形容词
b	区别词
c	连词
d	副词
e	叹词
g	语素字

续表

词语	词性
h	前接成分
i	习用语
j	简称
k	后接成分
m	数词
n	普通名词
nd	方位名词
nh	人名
ni	机构名
nl	处所名词
ns	地名
nt	时间词
nz	其他专名
o	拟声词
p	介词
q	量词
r	代词
u	助词
v	动词
wp	标点符号
ws	字符串
x	非语素字

资料来源：根据网络资料整理。原文链接：https：//blog.csdn.net/ebzxw/article/details/80306463。

第八章 游客视角下世界遗产文化竞争力分析与评价

LTP平台官方网站的在线演示模块提供了依存句法分析结果的图示化示例,如图8-1所示。例如输入评论"故宫导游知识面很广",可以得到5组依存关系,每组依存关系都包含一个依存关系词对,词对由一个核心词和一个受支配词组成,在图中表示为由核心词指向受支配词的一段弧线箭头。其中"故宫"和"导游""导游"和"知识面"形成了定中关系(ATT),"知识面"和"广"形成了主谓关系(SBV),"很"和"广"形成了状中关系(ADV)。在主谓关系中,核心词为形容词谓语"广",受支配词为名词主语"知识面"。核心关系(HED)表示"广"为整个句子的核心词。

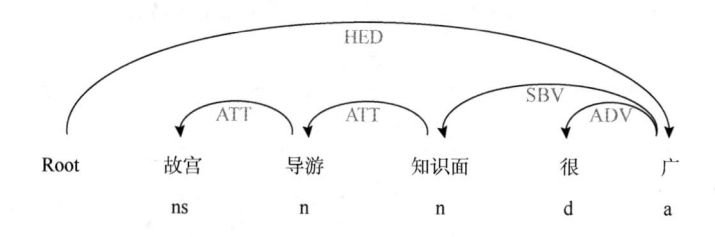

图8-1 依存语法分析语句结构

LTP能够识别14种句法结构,见表8-3,但并非所有句法结构都能提取世界遗产景区特征与情感态度的关系词对。经过多次对比与文献验证,其中只有"主谓关系"(SBV)"动宾关系"(VOB)和"定中关系"(ATT)适用于分析世界遗产景区特征与游客情感态度的依存关系,见表8-4。

表8-3 依存句法分析标注关系

关系类型	字母标签	关系类型	字母标签
主谓关系	SBV	动补结构	CMP
动宾关系	VOB	并列关系	COO

续表

关系类型	字母标签	关系类型	字母标签
简宾关系	IOB	介宾关系	POB
前置宾语	FOB	左附加关系	LAD
兼语	DBL	右附加关系	RAD
定中关系	ATT	独立结构	IS
状中关系	ADV	核心关系	HED

表8-4 基于依存句法关系的世界遗产景区特征与游客情感态度分析示例

关系类型	图示	特征词位置
动宾关系	Root 感觉(v) 太(d) 神奇(a) 了(u) HED→VOB→ADV→RAD	核心词
主谓关系	Root 藏品(n) 都(d) 很(d) 珍贵(a) HED/SBV/ADV/ADV	受支配词
定中关系	Root 很(d) 有名(a) 的(u) 地方(n) HED/ADV/RAD/ATT	中心词

确定了选择动宾、主谓、定中三种关系适用于分析世界遗产景区特征与游客情感态度，按照算法流程仅保留这三种关系的依存语句分

第八章　游客视角下世界遗产文化竞争力分析与评价

析结果,从19219条评论数据提取了52823个世界遗产景区特征与情感态度组合,其中包含4165个特征词,见表8-5。但并非所有提取到的特征词都是与景区特征相关且包含实意的特征词,因此对特征词进一步筛选。剔除频率过低(仅出现一次)以及单字无法表明真实含义的特征词。情感词的词性,即是否为形容词或动词,也可作为判断词对搭配有用性的依据[①],经过筛选,保留3种依存关系组合进入下一步研究。最终得到2652个特征词,以及47080个特征词与情感词对。

表8-5　景区特征词和游客情感词配对及依存关系示例

特征词	情感词	依存关系类型
风景	漂亮	SBV
地方	不错	ATT
地方	有名	ATT
风景	独特	SBV
门票	值得	SBV
门票	便宜	SBV
感觉	神奇	VOB
藏品	珍贵	SBV
设计	精妙	SBV
讲解	幽默	VOB

---

① 张若愚:《基于文本情感分析的江西省5A级景区网络口碑综合评价》,博士学位论文,华东交通大学,2017年。

第三节 分析与评价

一 指标体系建立

(一) 基于 LDA 话题建模的世界遗产景区网络评论主题提取

为实现对不同世界遗产景区的综合评价和比较，需要提出一个包含景区不同维度的统一的分析框架。但目前所获得的世界遗产景区特征词和游客情感词组合仍然较为分散，需进一步汇总、归纳、凝练为可以代表景区特征的几个方面。特征词的归类应以其所代表意象的共同点为基础。LDA 话题建模方法是常见的用来挖掘文本主题的方法，可以灵活、准确地识别语料库中蕴含的共同主题。本研究拟采用 LDA 方法对世界遗产景区特征词进行归类。

LDA 模型，是一种非监督的机器学习技术，是用来识别语料库中蕴藏的主题信息的方法，是众多主题模型中最为经典的模型。采用 LDA 挖掘的世界遗产景区网络评论数据中，最受游客关注的景区属性有哪些，这些属性中包含了哪些景区特征词，以此将景区特征词进行归纳，使其隶属于能够代表景区特征的几个关键属性中。本研究计划采用 R 语言作为主要编程语言，合理调动其中丰富的资源进行功能实现。具体来说，拟利用 jiebaR 分词并建立 LDA 模型需要的文档——词频矩阵，使用 LDA 包实现 LDA 建模过程，基于 LDAvis 包进行结果的可视化呈现。

LDA 模型需要提前设定要提取的主题个数，由于本研究选取的 15 个世界遗产景区的属性特点各不相同，通过事先阅读样本评论文本发现评论主题呈现多样化，不同评论之间内容差异较大。因此，在设定主题数时，可以通过适当增加主题个数来捕捉更多的评论主题，

第八章　游客视角下世界遗产文化竞争力分析与评价

避免信息过量遗漏，以求能够较完整地提取出评论中涉及的世界遗产景区属性。经过多次试验对比，当主题个数（K）设置为20个时，提取效果最佳，可以较为全面地覆盖景区属性。为方便展示，每个主题下的关联词库设置只显示前20个词语。对于模型超参数 α 和 β 的调节，将 α 设定为0.01，β 增大为0.05，更突出主题 P（word topic）分布的作用[①]。

基于 LDAvis 包，将建模结果进行可视化呈现后的结果如图8-2所示。

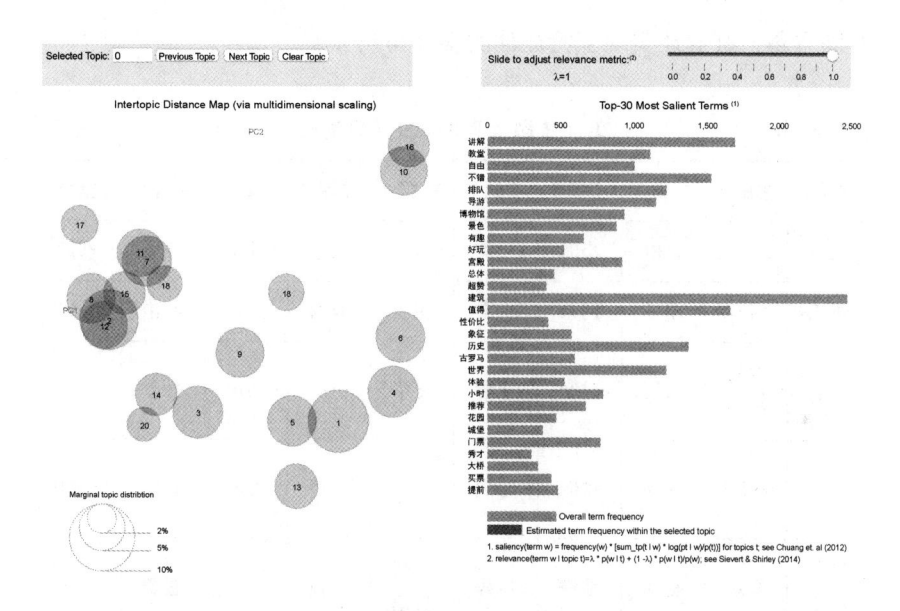

图 8-2　应用 LDA 技术提取的主题分布、组间关系及代表词

在左侧泡泡图中，每个泡泡表示一个独立主题，泡泡面积大小表示该主题所包含的词汇数量的多少，距离越近的主题共享的词汇越多。右侧条形图显示出了某个特定主题下相关度最高的30个词汇，横坐标

[①] 张若愚：《基于文本情感分析的江西省5A级景区网络口碑综合评价》，博士学位论文，华东交通大学，2017年。

为词汇在语料文本中出现的频次。右图上部的 λ 是一个可调节的参数，λ 与 1 的距离越小，表示这个主题下词频高的词汇相关度较高。λ 与 0 的距离越小，表示这个主题下独有的词汇与主题相关度较高。λ 的调节与语料文本有关，缺少可参考的调节值，本研究选定默认值。

由表 8-6 可以看出，每个主题的关联词相对独立，不同主题之间的关联词语都存在一定的差异，同一个主题内的词语则具有较高的统一性。如主题 9 中"导游""讲解""王秀才""有趣"等词语都清晰指向了导览服务。基于 LDA 的主题建模，提取出 20 个网络游客评论的共同主题，有效地实现了特征词的整理与归并。

表 8-6　　　　　　　　20 个主题及其 Top20 关联词语

主题1	主题2	主题3	主题4	主题5	主题6	主题7	主题8	主题9	主题10
大桥	古罗马	自由	小时	讲解	宫殿	城堡	排队	好玩	耶稣
建筑	竞技场	象征	门票	中文	花园	监狱	买票	不错	城市
海港	罗马帝国	火炬	时间	导游	奢华	历史	不用	景色	山顶
贝壳	角斗士	女神	排队	参观	路易十四	塔桥	提前	有趣	基督山
澳大利亚	奴隶	礼物	地铁	携程	金碧辉煌	宫殿	门票	超赞	雕像
地标	圆形	像是	建议	小时	凡尔赛	珠宝	小时	总体	震撼
澳洲	帝国	岛上	免费	时间	皇宫	皇室	网上	性价比	基督
剧院	公元	独立	分钟	提前	镜厅	王冠	现场	导游	电影
设计	建筑	高举	下午	门票	后花园	皇冠	时间	讲解	山上
歌剧	遗迹	送给	酒店	导览	国王	泰晤士河	安检	体验	世界

第八章 游客视角下世界遗产文化竞争力分析与评价

续表

主题1	主题2	主题3	主题4	主题5	主题6	主题7	主题8	主题9	主题10
植物园	贵族	右手	到达	介绍	喷泉	白塔	电子	值得	见到
环形	辉煌	雕像	开放	语音	房间	堡垒	携程	推荐	眼前
演出	血腥	精神	步行	不错	油画	王室	预约	秀才	来到
标志性	当年	河口	欧元	演出	华丽	要塞	队伍	详细	双臂
白色	角斗	哈德逊	拍照	服务	皇家	珍宝馆	订票	幽默	激动
码头	遗址	纪念碑	选择	分钟	园林	女王	入场	王秀才	感受
晚上	斗兽	国家	攻略	内容	富丽堂皇	关押	预定	风趣	奇迹
独特	文明	赠送给	通票	预定	欧洲	塔是	建议	很棒	面前
著名	历史	左手	交通	拍照	豪华	国王	讲解	小谢	终于
欣赏	凯旋门	一百	参观	工作人员	装饰	一世	语音	耐心	美丽
主题11	主题12	主题13	主题14	主题15	主题16	主题17	主题18	主题19	主题20
古城	紫禁城	教堂	晚上	博物馆	姬路	自由	宫殿	讲解	值得
城市	午门	哥特式	照片	四大	陵墓	码头	花园	导游	建筑
金字塔	银杏	建筑	真的	藏品	白色	坐船	艺术	秀才	景点
文化	展览	欧洲	拍照	世界	大理石	曼哈顿	世界	幽默	历史
玛雅	红墙	火车站	感觉	艺术	城堡	游船	凡尔赛	详细	地方
遗址	永固	世界	不错	沙皇	沙贾汗	岛上	五大	知识	壮观
街道	珍宝馆	莱茵河	景色	塔什	奇迹	登岛	豪华	风趣	真的
古老	预约	第三	天气	艾尔米	阿格拉	船上	路易十四	专业	标志性

续表

主题11	主题12	主题13	主题14	主题15	主题16	主题17	主题18	主题19	主题20
历史	钟表	宏伟	角度	卢浮宫	世界	轮渡	金碧辉煌	细致	不错
奇琴	故宫博物院	完美	阳光	达·芬奇	天守阁	渡轮	风格	耐心	外面
文明	大展	圣经	漂亮	宫殿	大阪	上岛	内部	张导	震撼
欧洲	门票	二战	夜景	皇宫	白鹭	女神	法兰西	历史	参观
世界	周年	典范	时间	大都会	建筑	提前	装潢	下次	必去
酒店	展厅	玻璃	风景	广场	爱情	公园	行宫	不错	漂亮
伊查	六百年	彩色玻璃	开放	二世	名城	免费	陈设	孙导	宏伟
著名	疫情	尖塔	餐厅	大英博物馆	宝石	登上	装饰	到位	感受
广场	特展	双塔	灯光	油画	镶嵌	皇冠	古典主义	服务	感觉
老城	角楼	中世纪	下午	叶卡捷琳娜	称为	游轮	奢华	小谢	特别
老城区	太和殿	完工	太阳	作品	建造	不错	郊外	解说	喜欢
城堡	中轴线	艺术	白天	孔雀	文化遗产	预约	宏伟	体验	文化

(二) 世界遗产景区网络口碑指标体系的建立

基于提取出的共同话题及其对应的特征词词库，总结每个主题的意义并进行主题命名。初期进行主题提取时，设置20个主题（K=20）是为了尽可能全面地、穷尽地呈现出评论中所包含的有用信息，但实

第八章 游客视角下世界遗产文化竞争力分析与评价

际结果显示,存在多个主题交叉描述同一景区特征不同方面的问题。因此,在对主题进行正式命名之前,还需要根据特征词内容对主题进行归并。从主题关联词可以看出,词汇包括对遗产的认知、对旅游服务水平的评价以及整体的游览印象等三大方面。

遗产认知是指游客对世界遗产本体的认识与评价,包括建筑外在认知、人文内涵认知以及环境氛围认知三个方面,其中建筑外在认知是指游客对文化遗产实体建筑的直观感受,涉及的评论如"各个角度看都很美的建筑物""白色贝壳状的一个很新奇的建筑""气势恢宏、富丽堂皇、美轮美奂的宫殿""墙上装饰用的大理石花纹令人惊叹""全部都是白色大理石的建筑,非常宏伟";人文内涵认知是指游客对世界遗产历史文化价值的感知与理解,涉及的评论如"人类艺术宝库中的一颗璀璨的明珠""这座中世纪古城仍是世界上最美的文化中心之一""这里发生的很多故事都跟英国历史大事息息相关,可以说是一部浓缩的英国史""里面精美的装饰和收藏的世界级艺术品,无一不为之惊叹";环境氛围认知是指游客对世界遗产景区周边区域环境的感知,涉及的评论如"街道随处可见千年前留下的石块""看一下周围的山丘也是不错的选择""罗马对历史保护做得很好,古建筑旁的街道还是以前的砖石""周围环境很美"。

旅游服务水平是指游客对世界遗产景区在旅游要素方面的感知与评价,包括交通服务、导览服务、门票与在线预订服务三个方面,其中交通服务是指游客前往世界遗产景区的大交通与景区内部的小交通的便利性,涉及的评论如"地铁过去很方便,出站步行一分钟就到""坐地铁五号线就能到,很方便的""可以选择乘坐巡游船、帆船或直升机等多角度方位观看""就在火车站边上";门票与在线预订服务是指游客对世界遗产景区门票价格及购买方式的评价,涉及的评论如"网上订票是正确的选择,又快又方便""门票不是特别贵""网上订票真的太方便了""必须提前3个月实名制在线预约";导览服务是指游客对世界遗产景区的人工讲解及各类电子导览服务的评价,涉及的评论如"导游讲解得很仔细""到歌剧院一定要买一小时的中文讲解,很值得""讲解员风趣幽默声音也好听""导览很好很专业的,推荐使用""语音导览免费领取,很方便"。

总体印象是指游客对世界遗产景区的整体感知评价,也就是游览体验,涉及的评论如"凡尔赛宫真的很值得一看""值得推荐""总体一般,比较失望的一次参观""总体体验不错,来印度必来的地方""人太多了,体验一般"。

通过主题关联词归类,1、6、7、12、13等5个主题均可归为建筑外在认知,2、3、11、15、18可归类为人文内涵认知,3、6、10、14可归类为环境氛围认知,4、17等2个主题可归为交通服务,5、8等2个主题可归为门票与在线预订服务,9、19等2个主题可归为导览服务,主题20可归类为游览体验,见表8-7。

表8-7　　　　主题归并及综合评价指标体系构建

一级指标	二级指标	三级指标	对应主题
世界遗产景区网络评价	遗产认知	建筑外在认知	1、6、7、12、13
		人文内涵认知	2、3、11、15、18
		环境氛围认知	3、6、10、14
	旅游服务水平	交通服务	4、17
		门票与在线预订服务	5、8
		导览服务	9、19
	总体印象	游览体验	20

第八章 游客视角下世界遗产文化竞争力分析与评价

基于本研究提出的遗产网络评价指标框架，将特征词与三级指标的关联词语进行匹配，依据隶属关系对特征词进行分类。如果出现特征词不存在于现有景区口碑三级指标的关联词词库中的情况，则需要人为地基于词义和情感关系进行二次判断和深入解读。由表8-8可以看出，15个世界遗产景区提取出的特征情感词对的分布与景区总评论数量分布较为一致。

由LDA模型主题分析构建的世界遗产景区网络评价三级指标体系，从遗产本体到景区服务再到总体印象，基本涵盖了游客对世界遗产景区的认知的各个方面，较为完整地反映了游客对一个世界遗产景区的综合评价，见表8-9。

表8-8 基于各遗产景区网络评价建立的三级指标特征情感词对数量统计 单位：个

世界遗产景区	建筑外在认知	人文内涵认知	环境氛围认知	交通服务	门票与在线预订服务	导览服务	游览体验
中国北京故宫	1911	247	452	339	941	3080	69
意大利罗马斗兽场	624	1209	1013	176	1892	1573	122
西班牙托莱多古城	39	89	39	27	12	15	10
法国凡尔赛宫	514	695	914	914	668	1067	74
德国科隆大教堂	318	175	391	46	31	342	23
印度泰姬陵	338	597	534	170	261	400	52
墨西哥奇琴伊查	51	116	121	30	57	31	19
英国伦敦塔	382	166	256	167	197	237	36
俄罗斯冬宫博物馆	197	476	442	311	508	550	47

续表

世界遗产景区	三级评价指标						
	建筑外在认知	人文内涵认知	环境氛围认知	交通服务	门票与在线预订服务	导览服务	游览体验
美国自由女神像	269	508	1012	860	501	933	58
伊朗波斯波利斯	67	214	127	32	50	50	17
日本姬路城	420	140	208	152	76	148	29
巴西里约热内卢:山海之间的卡里奥克景观	136	86	171	91	41	68	23
澳大利亚悉尼歌剧院	1224	376	982	613	531	865	88
加拿大魁北克古城	75	106	106	42	18	25	19

表8-9　各遗产景区网络评价指标特征情感词对数量汇总　　单位：个

二级指标	特征情感词对数量/个	三级指标	特征情感词对数量/个
旅游服务水平	19138	导览服务	9384
		交通服务	4061
		门票与在线预订服务	5693
遗产认知	18533	环境氛围认知	6768
		建筑外在认知	6824
		人文内涵认知	4941
总体印象	686	游览体验	686

二　情感倾向判断

根据上文结果，借助情感词典对世界遗产景区三级指标包含的情感词倾向进行判断。为最大程度匹配情感词，本研究采用知网 HowNet

第八章 游客视角下世界遗产文化竞争力分析与评价

情感词典、清华大学李军中文褒贬义词典以及中国台湾大学 NTUSD 词典三个词典合并去重形成的整合词典，包括 15303 个负面情感词与 11933 个正面情感词。将各遗产景区三级指标对应的特征情感词对与整合词典进行匹配，将匹配到的正向情感词数与该项指标对应的情感词数之比作为该项指标的评价情感指数（也可称为"遗产心情指数"）。评价情感指数范围在 0 到 1 之间，数值越大表示该项指标评价越高，情感越积极，见表 8-10。

表 8-10　　世界遗产景区各指标评价情感指数统计

世界遗产景区	旅游服务水平 导览服务	交通服务	门票与在线预订服务	遗产认知 建筑外在认知	环境氛围认知	人文内涵认知	总体印象 游览体验
美国自由女神像	0.58	0.15	0.12	0.29	0.25	0.04	0.02
英国伦敦塔	0.35	0.08	0.13	0.20	0.30	0.05	0.03
西班牙托莱多古城	0.27	0.11	0.00	0.31	0.41	0.09	0.00
俄罗斯冬宫博物馆	0.38	0.18	0.13	0.27	0.27	0.08	0.11
墨西哥奇琴伊查	0.35	0.33	0.14	0.20	0.33	0.09	0.11
日本姬路城	0.32	0.11	0.09	0.21	0.30	0.06	0.10
中国北京故宫	0.32	0.24	0.42	0.28	0.32	0.09	0.07
意大利罗马斗兽场	0.26	0.23	0.11	0.25	0.28	0.10	0.02
伊朗波斯波利斯	0.36	0.22	0.08	0.40	0.28	0.12	0.12
印度泰姬陵	0.41	0.14	0.16	0.22	0.30	0.07	0.12
德国科隆大教堂	0.50	0.28	0.42	0.42	0.46	0.27	0.39
法国凡尔赛宫	0.43	0.32	0.15	0.26	0.32	0.07	0.08

续表

世界遗产景区	服务水平			遗产认知			总体印象
	导览服务	交通服务	门票与在线预订服务	建筑外在认知	环境氛围认知	人文内涵认知	游览体验
加拿大魁北克古城	0.48	0.17	0.22	0.23	0.49	0.05	0.11
巴西里约热内卢：山海之间的卡里奥克景观	0.53	0.10	0.20	0.17	0.37	0.07	0.09
澳大利亚悉尼歌剧院	0.38	0.12	0.11	0.22	0.34	0.06	0.02

如图8-3所示，导览服务、环境氛围认知、建筑外在认知是评价情感指数最高的三项指标，整体情感指数在0.2以上，游览体验、人文内涵认知两项指标评价情感指数较低，整体在0.2以下，表明世界遗产旅游者对遗产的直观要素更为敏感且评价情感更积极。

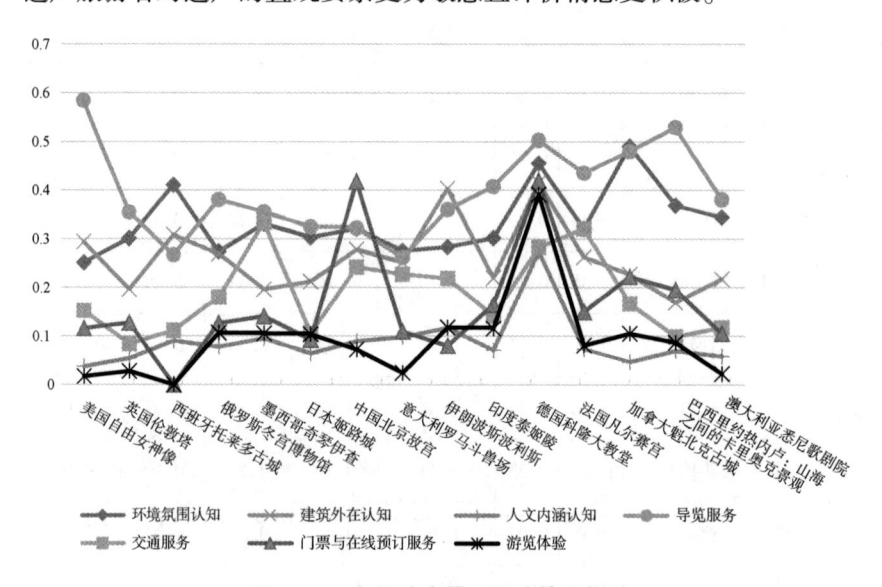

图8-3 世界遗产景区评价情感指数

从单个世界遗产景区来看，德国科隆大教堂在各项指标中表现最优，其各指标项评价情感指数均高于平均值。部分世界遗产景区在不同指标项上情感指数差距较大，呈现两极分化的态势。如中国北京故宫的门票与在线预订服务情感指数最高，而游览体验情感指数较低；美国自由女神像的导览服务情感指数最高，而游览体验情感指数较低；加拿大魁北克古城的环境氛围认知情感指数最高，人文内涵认知情感指数较低。

在环境氛围认知方面，加拿大魁北克古城、德国科隆大教堂、西班牙托莱多古城的评价情感指数最高，均达到 0.4 以上，美国自由女神像的评价情感指数最低，为 0.25，表明游客对古城类文化遗产的整体环境氛围感受较强，对单体类文化遗产的环境氛围感受较弱。

在建筑外在认知方面，德国科隆大教堂、伊朗波斯波利斯遗址的评价情感指数最高，达到 0.4 以上，其余世界遗产景区均保持在 0.2—0.3。

在人文内涵认知方面，世界遗产景区评价情感指数整体较低，仅有德国科隆大教堂为 0.27，其他世界遗产景区大部分在 0.1 以下。表明游客对世界遗产景区的人文内涵认知度不高，游客的积极情感仍有待提升。

在导览服务方面，美国自由女神像、巴西里约热内卢：山海之间的卡里奥克景观、德国科隆大教堂的评价情感指数最高，均达到 0.5 以上；其他世界遗产景区主要分布在 0.3—0.5 之间；西班牙托莱多古城和意大利罗马斗兽场的评价情感指数最低，均不足 0.3。

在交通服务方面，墨西哥奇琴伊查、法国凡尔赛宫的评价情感指数最高，均达到 0.3 以上；英国伦敦塔、巴西里约热内卢：山海之间的卡里奥克景观等的评价情感指数最低，在 0.1 以下。

在门票与在线预订服务方面，中国北京故宫、德国科隆大教堂的评价情感指数最高，均达到 0.4 以上；西班牙托莱多古城在该项指标中未匹配到积极情感评价，其情感指数最低为 0；其余大部分世界遗产景区评价情感指数较低。

在游览体验方面，德国科隆大教堂的评价情感指数最高，为 0.39；西班牙托莱多古城在该项指标中未匹配到积极情感评价，其情感指数最低为 0；其余大部分世界遗产景区评价情感指数较低，在 0.1 以下。

第四节 结论与建议

一 研究结论

本研究通过 LDA 主题分析从环境氛围认知、建筑外在认知、人文内涵认知、导览服务、交通服务、门票与在线预订服务、游览体验等七个方面构建了世界遗产景区网络评价指标体系，借助情感词典对评论中的情感词进行词性匹配，对 15 个国家的代表性世界遗产景区网络评论数据进行分析和挖掘。研究结果如下。

从世界遗产景区的网络评论数量来看（除中国北京故宫外），最受中国在线旅游用户青睐的世界遗产景区是意大利罗马斗兽场、澳大利亚悉尼歌剧院、法国凡尔赛宫与美国自由女神像，而西班牙托莱多古城成为线上认知度最低的世界遗产景区。

从七项三级指标包含的特征情感词对数量来看，导览服务是游客提及次数最多、最受关注的一项，其次是建筑外在认知与环境氛围认知，这三项指标包含的特征情感词对数量占总体近 60%，对世界遗产景区的网络评价影响较大，值得相关景区管理者重点关注。

从七项三级指标的评价情感指数来看，除北京故宫与德国科隆大教堂外，其他世界遗产景区在游览体验、门票与在线预订服务、人文内涵认知等方面的情感指数均表现较差，导览服务、环境氛围认知、建筑外在认知等方面的情感指数均表现良好。在一定程度上表明，游客对能直接看到、触摸到、感受到的要素评价情感更为积极。

二 研究建议

世界遗产景区是世界遗产的一种良性发展模式，同时也是遗产价值的传播载体，景区的发展对世界遗产本身具有重要影响。作为市场产品的世界遗产景区在适应旅游市场发展的过程中，景区市场竞争力在一定程度上也表现为文化遗产的竞争力。世界遗产文化竞争力包括文化遗产生产力、文化遗产消费力、文化遗产支撑力、文化遗产传播力、文化遗产管理力以及文化遗产创新力六个方面[1]，本研究构建的指标体系从游客感知视角出发，在一定程度上反映了世界遗产文化竞争力。其中，导览服务、交通服务体现了世界遗产文化支撑力，门票与在线预订服务体现了世界遗产文化消费力，环境氛围认知体现了世界遗产文化管理力，建筑外在认知、人文内涵认知以及各世界遗产景区的评论数量体现了世界遗产文化传播力。从世界遗产景区网络评论的分析结果出发，结合世界遗产文化竞争力的内涵，可对世界遗产景区的发展提出可参考的路径模式，平衡好遗产保护与景区发展的关系。

第一，完善世界遗产景区设施建设，构建一体化遗产支撑体系。从网络评论中可以看出，游客对世界遗产景区的导览服务、交通服务提及较多，而对酒店住宿、休闲娱乐、文化体验等公共服务提及较少，表明世界遗产景区主要游览方式仍为观光式，缺少游客与世界遗产景区的深度互动。世界遗产景区应在保护遗产本体的基础上，进一步整合文化遗产资源，形成文化遗产产业集群，提升世界遗产景区的接待能力与游览舒适性。同时，导游人员以及各类导览设施设备是文化遗产旅游者较为关注的点，导览服务的质量直接影响了旅游参观的整体印象，世界遗产景区仍应加强对遗产导游人员的培训，提升服务人员

---

[1] 程圩、张澄：《中国文化遗产竞争力指标体系构建与测评》，《人文地理》2021年第3期。

素质，引进智能便捷的导览设备，从整体上提高服务质量。

第二，提升线上线下游客感知，拓宽世界遗产传播体系。在线下传播方面，应开发特色文化体验项目，提高世界遗产景区文化认知水平。同时作为景区，世界遗产应具有更生动、更具象的表现方式，让游客充分感受到文化价值。在网络评论文本中，游客较少提及世界遗产景区的文化体验项目，更多为参观、听讲解，对晦涩遗产文化的认知情感表现不够积极。因此世界遗产景区可在不破坏遗址本体的基础上，适当开发与遗产相关的文化体验项目，进一步丰富游客的游览方式，加深游客对遗产文化内涵的积极认知。在线上传播方面，可借助大数据及网络平台所提供的精准信息流，开发 VR 和 AR 等体验产品，借助影视作品、短视频平台、各类展演活动等，让文化遗产"活"起来。

第三，重视世界遗产景区在线服务与宣传，丰富世界遗产消费体系。当前，散客出游占比越来越大，在线消费逐渐成为主流，在线预约等服务与游客满意度紧密相关。研究结果显示，除中国北京故宫与德国科隆大教堂外，其他 13 个世界遗产景区的门票与在线预订服务情感指数偏低。对于在线旅游平台运营者来说，表明当前国外世界遗产景区的线上预订服务还需进一步提升，平台应积极与世界遗产景区进行合作，上线多种在线服务及产品；对于国内世界遗产景区，应以此为鉴，积极在国内、国际旅游平台上提供完善的在线服务及产品，对评论涉及的问题及时进行反馈与跟进，努力维护景区形象。

第四，强化遗产旅游显性要素，全面提升世界遗产管理体系。在七项评价指标中，建筑外在认知、环境氛围认知与导览服务是游客关注最多且情感指数最高的三个指标项，表明这三方面对世界遗产景区的游客满意度具有较大影响，景区运营者应着重关注，进一步强化游客对这三方面的积极情感；同时，15 个世界遗产景区在七项指标中表现出情感指数的两极化趋势，表明游客对世界遗产景区的情感认知尚不均衡，景区运营者应针对情感指数较低的指标进行专项提升，让游客对世界遗产景区形成均衡全面的积极情感认知。

第五，深化世界遗产的内涵与外延，激活世界遗产创新体系。强化世界遗产的活化利用，结合世界遗产景区所在地的历史文化、民俗文化等资源，通过场景还原、故事再现、参与体验等方式，给游客提供"可亲、可感、可体验"的文化遗产旅游产品；结合5G、大数据等新一代信息技术和科技平台，创新遗产消费方式，让科技赋能遗产、点亮生活；政府可开展遗产旅游惠民活动，通过发放遗产旅游消费券，开展主题遗产节日活动，扩大消费渠道，让遗产惠及百姓，实现文化遗产保护成果全民共享。

第六，打破孤立发展局面，拓展多元世界遗产生产体系。文化遗产的存在形式既有独立遗产点，也有连片遗产区。依托独立遗产点形成的景区，因产品单一，对游客的吸引力不足，因此同一地区的文化遗产景区可主动寻求合作，形成文化遗产主题旅游线路；同时也可根据不同的遗产类型，将非物质文化遗产、工业遗产、农业遗产、红色遗产、水利遗产等纳入主题旅游区，丰富遗产产品谱系。此外，世界遗产景区之间可通过共同开发旅游产品、举办遗产主题活动、增设旅游专线等方式，进一步形成合力，不断拓展文化遗产生产体系，增强世界遗产景区吸引力。

第五节　本章小结

本章节基于游客视角，就世界遗产地游客旅游体验评价，通过依存句法分析结合LDA话题建模方法，进行竞争力分析。书中以国内最大的在线旅游平台携程旅游网的景区评论为数据来源，抓取中国北京故宫、意大利罗马斗兽场、西班牙托莱多古城等具有代表性的 15 个国家世界遗产景区网络评论进行研究。通过 LDA 主题分析从环境氛围认知、建筑外在认知、游览体验等七个方面构建了世界遗产景区网络评价指标体系，借助情感词典对评论中的情感词进行词性匹配，对 15 个国家的代表性世界遗产景区网络评论数据进行分析和挖掘。结果发现，故事性较强的世界遗产地景区更受游客喜爱；导览服务、建筑外在认知和环境氛围对世界遗产景区的网络评价影响较大，在一定程度上游客对能直接看到、触摸到、感受到的要素评价情感更为积极。对此，书中从文化遗产生产力、文化遗产消费力、文化遗产支撑力、文化遗产传播力、文化遗产管理力以及文化遗产创新力六个方面提出建议。

第九章 中国世界遗产文化竞争力提升的战略框架

第一节 指导思想

立足马克思主义文化观和习近平新时代中国特色社会主义思想的根本遵循，全面贯彻落实习近平总书记关于文化遗产工作的指示精神，坚持"以人为本"的发展理念，坚定文化自信，聚焦经济、社会高质量发展，以世界遗产保护发展为抓手，着力推动中华优秀传统文化创造性转化、创新性发展，全面激活中华文化的生命力、创造力与影响力。紧紧围绕遗产价值深化战略、遗产保护发展战略、世界遗产命运共同体战略、遗产融合战略、数字遗产战略、"互联网＋世界遗产"战略、中国特色遗产管理体系构建战略、遗产外交战略、人才兴遗战略、遗产活化战略，重点实施遗产生产力、遗产消费力、遗产创新力、遗产支撑力、遗产传播力、遗产管理力提升工程，着力推动遗产保护、价值重构、产业融合、品质提升、要素集约、开放合作，将我国建设成为世界遗产研究保护、传承弘扬、创新利用的新中心，走出一条符合中国国情的遗产保护之路。

第二节　战略原则

一　坚持正确导向

以马克思主义文化观和习近平新时代中国特色社会主义思想为引领，在深入践行中国文物工作方针的基础上，推动世界遗产在保护中实现创造性转化、创新性发展，坚持把社会效益放在首位、社会效益和经济效益相统一，推动社会主义文化繁荣兴盛。把保护、利用世界遗产与弘扬优秀传统文化、传播先进文化相结合，深入挖掘世界遗产的精神价值和文化内涵，创新多元化的展示与阐释方式，切实推动世界遗产践行时代价值，为涵养社会主义核心价值发挥积极作用。同时，统筹协调世界遗产保护、传承、利用、发展四个维度的关系，坚持"保护与传承为主，发展与创新为要；保护与发展并重，传承与创新并举"的保护发展理念，促进世界遗产事业与相关产业可持续发展。

二　坚持以人民为中心思想

"以人民为中心"始终是中国世界遗产事业发展的主旋律。要始终坚持以人民为中心的发展思想，依托世界遗产，挖掘遗产价值，繁荣文艺创作，推动文艺创新，发展文旅融合产业，完善公共文化服务体系，为新时代丰富人民物质和精神生活提供多元支撑。特别是以人们喜闻乐见、具有广泛参与性的方式，综合运用大众传播、群体传播、人际传播等多种手段推广开来，展示中华文化的魅力，使中国世界遗产都"活起来"。同时，充分发动人民参与共建、共享。文化说到底是"人"的文化，不论是文化生产、创造、发展、认同，都离不开人民群众的深度参与。人民群众是文化遗产的创造者、使用者，也是保护传承、创新发展文化遗产的主体力量，只有积极推动人民共建、共享，才能进一步谋求世界遗产文化竞争力的切实提升。

三 坚持文化传承

中国世界遗产是中华优秀文化体系中最具代表性的组成部分，是中国传统智慧、文化价值的承载者、彰显者，也是延续中华文化生命力最直接、最有力的支撑。我国不同历史时期创造的种类繁多、形式多样的文化遗产，显示出中华民族高超的造物技艺、艺术水平与创新能力，同时承载着中华民族的思想精华和道德精髓，能为每一个社会成员提供基于文化认同之上的身份认同和情感归属，从而形成推动国家和民族发展的强大文化合力。因此，要坚持文化保护传承，通过在保护中传承、在传承中发展，让中华文明为人类发展贡献中国智慧、提供精神指引。

四 坚持改革创新

深入实施创新驱动发展战略，全面推动理念创新、产品创新、业态创新、管理创新、服务创新，加快形成以创新为主要引领和支撑的遗产保护发展新格局。全面贯彻落实中央关于加强文物保护利用改革的各项要求，深化世界遗产管理体制机制改革，建立世界遗产资源资产管理机制，健全世界遗产保护利用法律制度与规范标准。强化科技与遗产融合，大力实施世界遗产保护发展的科技驱动战略，推动以互联网、大数据为基础的新一代信息技术与世界遗产保护跨界创新，衍生新的智慧保护技术，进一步强化科技支撑作用，推进智慧遗产建设，提升世界遗产保护发展品质。

五 坚持融合发展

在贯彻落实"文旅融合"战略基础上，着力推动世界遗产和生态、人文、产业等旅游资源共享、优势互补、协同并进，充分利用历史遗产、红色遗产、工业遗产、农业遗产、乡村遗产等文化资源，积极发展遗产研学游、体验游、休闲游，全面活化历史文化名城名镇名村资源，加快博物馆内涵式发展，创新博物馆式产业、文化演艺产业、文化创意和主题文化娱乐产业等文旅融合产业模式。大力推进"遗产+""+遗产"，推动文化遗产与农业、工业、教育、科技、交通、体育、医养、健康等跨界融合，拓展优化文化遗产融合渠道，增强遗产发展新动能。

六　坚持统筹协调

加强顶层设计，坚持前瞻性与全局性兼顾，整体推进与重点突破并举。强化资源统筹整合，突出要素集约，优化空间布局，串珠成链、连片成面。坚持统筹遗产事业、遗产产业和旅游业发展，统筹世界遗产和相关产业融合发展，扩大世界遗产交流合作，形成共建共享新局面。强化区域协调、城乡一体，以世界遗产为核心吸引、聚合、串联周边文化遗产资源，发展文化旅游相关产业，带动周边区域公共文化服务设施与基础服务设施提升，推动区域整体发展。坚持统筹规划、部门协同、社会参与，齐抓共管、凝聚合力，共同推动遗产事业形成可持续发展局面。

第三节　战略目标

中国作为有着悠久历史传统的文明古国，世界遗产资源丰厚，世界遗产数量位居世界前列，但中国在遗产价值挖掘、阐释、转化、传播等方面与遗产大国的地位还不相匹配，尤其是遗产价值理念未能得以很好的彰显。理性地反思传统、审慎地关照当下现实并展望未来，

第九章　中国世界遗产文化竞争力提升的战略框架

我国世界遗产保护发展战略目标应着眼于以下四个方面。一是立足百年的文化遗产保护历程，尤其是新时代中国特色社会主义伟大实践，我们应以致力于保护传承人类文化遗产和创建人类文明新形态的气度，持续保持着对关涉中华民族发展命运和前进方向具有一贯性和一致性的中国文化遗产，以及与之深刻联系的社会深层价值的关注。二是挖掘、发现、提炼、阐释、书写、传播、塑造"中国遗产价值"，并形成"中国遗产价值实践方式"和"中国遗产价值思维和话语"，确立中国特色的遗产话语体系。三是中国遗产价值理念和价值实践不仅仅是中国遗产有限的经验性表征，还应是具有一般意义的普适性表达。四是提升我国世界遗产文化竞争力，彰显在国际文化大交流格局中的地位和作用，提升国家文化软实力。

世界遗产保护发展事业要深度融入我国发展的时代大局。也就是说，要从目前遗产领域发展不平衡、不充分的根本矛盾出发，坚持以人民为中心的思想，构建起符合中国国情和长远伟大战略目标的世界遗产保护发展目标。党的二十大报告做出开启新征程的工作部署，世界遗产保护利用应纳入社会主义现代化强国伟大征程的统一步调，结合中国世界遗产事业发展实际，提出两步走的战略目标。

到 2035 年，使世界遗产成为社会主义现代化文化强国的重要支撑。具体如下。摸清我国各类文化遗产的家底，尤其是民间收藏文物以及流失海外文物，形成全国统一的文化遗产数据库，为世界遗产申报奠定坚实基础；遗产阐释、展示工作取得新进展；遗产在涵养社会主义核心价值观方面作用更加突出；遗产产品体系和产业体系基本建立，遗产活化利用科技程度更加深入；遗产助推经济社会高质量发展效应更加明显；遗产的治理体系和治理能力进一步提升，遗产管理体系基本形成；遗产的对外交流传播更加活跃，中国遗产形象更加鲜明独特，大国文化形象更加彰显，国家文化软实力显著增强，中华文化影响更加广泛深入。

到 2050 年，我国遗产产品体系更加丰富多元、遗产价值深入人心，遗产产业更具活力，遗产助推经济社会高质量发展作用尤为重要。构建起以世界遗产为基础的中华文明综合多元对外传播体系，大国文化形象确立，国际遗产话语权和规则制定权大大增强，实现遗产国家治理体系和治理能力现代化，构建起具有中国特色、中国风格、中国气派的遗产管理体系；在国际上形成独特而鲜明的"中国遗产价值""中国遗产价值实践""中国遗产价值思维和话语"；国家文化软实力处在第一方阵，中华文明重回世界巅峰，中华民族将以更加昂扬的姿态屹立于世界民族之林。

第四节 总体定位

新时代赋予世界遗产事业新的定位和使命，世界遗产竞争力提升必须坚持以习近平新时代中国特色社会主义思想为指导，深入贯彻新的发展理念，树立高品位、精内涵、强特色的战略定位，努力加强世界遗产保护传承与创新发展，讲好中国遗产故事，彰显中国遗产精神，凝聚中国遗产力量，为实现中华民族伟大复兴提供强有力的文化支撑。

一 高品位

布局全国、放眼全球，明确中国世界遗产在国际格局中的重要地位与核心价值，在保护发展理念、顶层设计、项目落实诸层面谋求高端定位，立足高起点谋划、高水平规划和高质量实施，构建具有中国特色的世界遗产保护发展体系，打造一批具有基础性、前瞻性、引领性和战略性的重大工程，形成可复制、可推广、可持续，并且具有国际影响力的世界遗产保护发展典范。

高起点谋划。中华文明绵延数千年，遗产承载着中华民族的历史渊源、发展脉络和独特创造，可以凝聚和打造强大的中国精神和中国力量。与此同时，置于人类共有精神财富的坐标系中，中国文化遗产是解决人类共同难题的思想宝库，其体现的中国传统哲学智慧、人文追求、价值崇尚、道德境界等，蕴藏着应对挑战、化解矛盾的重要启示。高起点谋划，根本在于站在引领文明之先、构建人类命运共同体的历史高度，充分研究、深入挖掘遗产的核心价值，在人类文明交流互鉴的国际舞台中谋划具有中国精神、中国风格、中国气派的文化遗产保护发展格局。

高水平规划。谋定而后动，知止而有得。遗产保护发展是一项复杂的系统工程，高水平规划是保障世界遗产保护发展顺利进行的关键。当务之急，要从国家到地方编制适应新时代发展需求的世界遗产保护发展宏观规划，构建中国世界遗产保护发展的顶层规划体系。同时，在重点世界遗产项目的保护发展中，秉承高水平规划先行的原则，立足长远规划、分步实施目标，以高品位、高水准、高层次要求，编制具有前瞻性、指导性和可操作性的规划文件。

高质量实施。依托高效、科学的组织管理和先进、精湛的现代高科技，坚持政府主导、社会参与、注重实效，推动世界遗产保护发展水平不断提高。各级政府要在政策引导、统筹部署、沟通协调、监督规范等方面发挥主要作用。同时，要全面调动社会力量，注重联合科研院校、专家学者建立多领域、多层次、综合性的遗产智库，为重大世界遗产项目的实施提供必要的智力支持和技术支撑。并且要引导企业行业、社会公众不断提高保护传承、创新发展世界遗产的责任意识与行动能力，成为保障世界遗产各项工作高质量实施的重要力量。

二 精内涵

中华文化源远流长、博大精深，文化遗产包罗万象、内涵丰富。

要深入挖掘中国遗产的精神内核和文化特质，以突显遗产魅力、弘扬遗产精神、塑造遗产品牌为根本要求，着力于体现气派、涵养精神、汇聚力量，大力创新、拓展、提升中国遗产的丰富内涵。

突显遗产魅力。在五千多年文明发展进程中，世界遗产见证着原汁、原味、原生态的中华文化，是体现中国特色、蕴含中国智慧的重要载体和文化标志。世界遗产保护发展要着眼于突出其独特魅力，充分研究、深入挖掘世界遗产中的历史记忆、人文传承。突显遗产魅力，要以传播和弘扬中华文明为核心，针对体现中华文明独特魅力的典型性世界遗产，通过多视角、全方位的研究与阐释，挖掘世界遗产的丰富内涵，讲好世界遗产蕴藏的故事，着力凸显世界遗产的历史价值、艺术价值和科学价值。

弘扬遗产精神。世界遗产是中华优秀文化的典型代表，承载着华夏文化的历史记忆，展示了中华民族独特的思维方式、审美情趣和价值取向。弘扬遗产精神，要在世界遗产保护发展中注重遗产精神内涵的挖掘、传承和发展，彰显"厚德载物、居安思危、乐天知足、崇尚礼仪"的中华文化精神，延续中华民族一脉相承的精神追求、精神特质和精神脉络。

塑造遗产品牌。新时代中国世界遗产保护发展要注重品牌塑造，重点挖掘世界遗产的中国性、东方性和世界性。依托"一带一路"倡议以及上合组织、欧亚联盟、中国—东盟机制等区域合作机制，积极参与世界遗产保护发展交流对话，着力塑造中国世界遗产品牌，展现中国世界遗产保护发展成果，建立以中国世界遗产标志为导向的文化传播体系，构建以中国为主导的国际遗产保护发展共识，弘扬人类共同的文化遗产价值追求，打造具有国际影响力的人类文化遗产保护发展命运共同体。

第九章　中国世界遗产文化竞争力提升的战略框架

三　强特色

中华文化一脉相承，既有统一性、主体性又有多样性、时代性的文化形态，决定了中国世界遗产的特色性。注重遗产保护发展的特色化表达，加强对世界遗产的特色认知，梳理遗产文化脉络，找准遗产自身的核心价值，彰显世界遗产的地域特色、时代特色和产品特色，凸显个性化、差异化，做到"人无我有、人有我优"，避免单一保护、盲目发展和文化消失、文化趋同。

彰显地域特色。世界遗产是一个地域的特色符号，是延续具有鲜明特征的地域文化的表达方式，见证着一方水土的悠久历史和深厚底蕴，承载着其所在民族或地区的审美习惯、价值追求。特定的地域环境决定了世界遗产的地域特性，保护发展世界遗产，要紧扣传承地方风土人情、彰显地域文化底蕴这个主线，着力从形式、内容、价值、特质等方面挖掘弘扬遗产的地域特色。以陕西为例，要注重脉源文化、都城文化、秦岭文化、丝路文化、红色文化、宗教文化、关学文化、黄土文化等彰显地域特色的文化遗产的保护发展，以此形成具有强烈陕西文化特色的遗产标识。

彰显时代特色。弘扬中国世界遗产与中华传统文化，有助于为当今坚定道路自信、理论自信、制度自信和文化自信提供精神动力。站在培育社会主义核心价值观、实现中华民族伟大复兴中国梦的战略高度，世界遗产保护发展具有历久弥新的时代价值。彰显时代特色，世界遗产保护发展要立足新时代中国特色社会主义伟大实践，着力在创造性转化和创新性发展上下功夫。一方面，从当下文化发展需求出发，按照时代特点和要求，将传统带入现代，深刻领悟传统精髓与智慧，积极探索传统元素的现代表达，通过世界遗产内涵挖掘、产业激活、制度再造、价值重塑，激发突显其在新时代的核心价值、文化价值、社会价值、经济价值、科技价值、环境价值，实现传统文化创造性转化。另一方面，要大胆超越传统的思维局限，立足现实的文化需求，坚持跨界融合、探索创新，推动世界遗产保护发展模式变革、领域拓展，不断拓展世界遗产的时代内涵，增强世界遗产服务现代生活的文化生命力。

彰显产品特色。新时代世界遗产保护发展要注重特色产品开发，完善以大遗址、遗址城市、遗址村落、遗产廊道、历史街区等遗产为产品基因的遗产谱系，重点创新"中国数字遗产"产品。围绕世界遗产教育、世界遗产文创产品、世界遗产素材创新、世界遗产动漫游戏、世界遗产旅游，把互联网的创新成果与世界遗产保护、传承、创新、发展深度融合，打造"互联网＋世界遗产"的融合型文化产品，挖掘和拓展文化遗产蕴含的历史、艺术、科学内涵和时代精神。

第五节　战略举措

一　遗产价值深化战略

文化遗产之所以产生"价值"，是因为人的需要。不同时代的人们在主观上对文化遗产的价值进行不断的重构，在此基础上引导遗产保护与利用。因此，在某种程度上，可以说遗产保护始终都是围绕"价值"进行的。世界遗产保护发展，不仅要建立在对世界遗产价值的认知上，还要将价值作为保护发展实践的根本遵循，在遗产保护管理过程中不断深化遗产价值。就世界遗产而言，一般都具有双重价值。一是它的本体价值，也就是物质价值，这是遗产的基本价值；另一个就是它所蕴含的精神价值，或者称之为见证价值、信息承载传播价值。

遗产价值认知的发展，从根本上取决于作为主体的人对文化遗产的认知程度。而主体的认知具有时间性，伴随遗产观念的扩展与变化，遗产价值的阐释将更加多样。因此，遗产价值认知是一个不断变化而非静止的运动过程。例如，在讨论文化遗产价值时，通常更为强调遗产的基本文化内涵，主要内容是历史价值、艺术价值、科学价值等。而这一核心价值的形成，是随着对世界遗产价值深入研究，认知不断深化而逐渐概括、规范，最终由法律规定确立的。《保护世界文化和自然遗产公约》第一条中，在对文化遗产进行定义时就强调了"从历史、艺术或科学角度看具有突出的普遍价值"。这一价值认知的话语体系，在20世纪上半叶，随着世界遗产保护事业的不断扩展，通过国际遗产保护宪章、联合国教科文组织等国际遗产保护组织成为全球性的权威遗产话语。

在我国文物保护法律法规中，也一以贯之地强调了文化遗产的"历史、艺术、科学价值"。例如，自新中国成立以来颁行的数部文物保护相关法令，都将"革命的、历史的、文化的、艺术的"作为文物保护的认定标准。直到1982年，在正式实施的《中华人民共和国文物保护法》中，再一次重申了文物的历史、艺术、科学价值。此后，在文物保护法的历次修订中，也都将文化遗产具有历史、艺术、科学价值的理念贯穿全部法律。可以说，历史、艺术、科学价值是对文化遗产价值的高度概括和科学规范，是文化遗产最根本的价值所在。

随着文化遗产认知的不断拓展，遗产价值载体由"物"向"人"扩展，文化遗产价值的认知也从最初较多关注历史、艺术、科学价值，进而发展为兼顾经济、文化、社会价值等诸方面，逐步形成新的遗产价值体系。作为重要的精神文化载体的世界遗产，在今天中国特色社会主义伟大实践中，不仅要发挥它本体的历史、艺术、科技、社会、环境价值，还要着眼于与中国特色社会主义伟大实践相结合，积极融入当代社会生活，紧扣文化的时代性、大众化、世界性和未来性发展规律，坚持以人民为中心的工作导向，坚持文明交流互鉴的国际视野，立足新时期文化遗产的价值内涵，分析文化遗产保护利用面临的困境，从而充分发挥世界遗产在坚定文化自信、涵养社会主义核心价值观等方面的独特作用。

二 遗产保护发展战略

坚持以发展促保护，以创新促传承，多措并举着力彰显世界遗产多重价值。首先要坚持保护、传承、创新、发展四位一体。保护与传承是世界遗产事业永恒的主题，同时也是世界遗产工作者的主责和主业。任何时候、任何情况下都要始终坚持保护与传承为主的理念，要像爱惜自己的生命一样保护传承好中华民族的一切优秀文化遗产。发展与创新是践行保护与传承的关键，同时也是行之有效的方法。要始终坚持发展与创新的理念，以发展促保护，以创新促传承。统筹考虑"保护与发展、传承与创新"，是推进世界遗产事业应坚持的正确态度。要始终把保护与发展、传承与创新摆在同样重要、同样紧迫、缺一不可的位置，不可偏废。只有坚持保护与发展并重、传承与创新并举的态度，才能在世界遗产保护发展中化解矛盾，解决问题，变被动为主动，化消极为积极，真正实现世界遗产事业的大发展。

坚持以发展促保护。在推进世界遗产事业的过程中，不能将保护与发展相对立，只讲保护，不求发展，尤其是要坚决摒弃那种"发展就是破坏"的片面错误的观点。事实上，在世界遗产保护中，保护与发展不仅不矛盾，而且是相融相通、相互促进的。摒弃保护的发展，必然成为丧失根基与灵魂的盲目破坏；相应地，排斥发展的保护也必将成为迷失方向、缺乏活力的僵死的重复。无论是从文化发展的客观规律来说，还是就中国特色社会主义文化建设的实际需要来看，推进新时代中国文化遗产工作，都要冲破静态化、被动式保护的传统思维与模式，坚持在发展中保护、以发展促保护。保护遗产，珍视传统，决不能抱残守缺，言必古人，艺必古典，躺在祖先的功劳簿上坐享其成。新时代促进文化遗产自身发展，要立足经济社会发展的实际需要，按照文化发展规律，结合时代的新进步、新发展，在传承中华文化基因，弘扬遗产蕴含的思想智慧、精神力量的基础上，创造生产出更多更好的文化精品，不断丰富我国世界遗产的种类和内容。

坚持以创新促传承。文化发展是一个吸收精华并整合创新的过程，每一个时代的文化都依托于继承前一个时代的文化精髓，并使之与当代新的文化要素不断融合，进而实现文化的创新发展。没有对文化的历史继承，就没有文化的发展根基。同理，只是僵死地传承，而不加以时代的创新，就随时会在历史发展过程中消亡。世界遗产作为历史上文化发展最重要的物质载体，也必然有扬弃与创新的内在需求。今天，传承世界遗产，要坚持以创新促传承的理念，按照时代发展的实际需要，重点从遗产形式和内容两方面做好创造性转化和创新性发展工作，使之与现实文化相融相通，更具生生不息的活力和魅力。

三　世界遗产命运共同体战略

世界遗产保护事业的蓬勃发展证明，马克思关于"民族史将越来越成为世界史"[1]的论断无疑是正确的。美国学者罗兰·罗伯逊也曾提出"全球地域化"的概念，他认为全球文化总是由地域文化发展而来的，任何一种地域文化在特定的条件下都可能会发展成为全球文化[2]。联合国教科文组织也曾指出，不同时空下丰富多彩的文化表现形式，就体现了文化的多样性。一个国家的世界遗产就是一种地域文化的标志，是区别于其他地域的文化符号与集体记忆。站在人类共同遗产的视角上，世界遗产就是文化多样性的物质载体与具体体现。为了社会

---

[1]《马克思恩格斯全集》第1卷，人民出版社1995年版，第107页。
[2] 周利敏：《"全球地域化"思想及对区域发展的意义》，《人文地理》2011年第1期。

可持续发展和人类文化的多样性发展，保护好全球的珍贵世界遗产，推动民族文化代代相传、可持续发展，是全世界各个国家、民族共同的义务与责任。

党的十九大报告中习近平总书记做出了"构建人类命运共同体"的伟大倡议。这与马克思主义的世界历史观一脉相承，同时也为新时代全球治理课题提供了中国特色的解决方案。交流互鉴、和而不同是构建人类命运共同体的核心内容，体现在文化领域就是要推动不同文化的互动交流、兼收并蓄。近年来，世界遗产日益成为推动经济发展、增强社会凝聚力、实现和平共处的关键要素，发展世界遗产事业的目标已不再是单纯的遗产保护，而是要推动文化对话、保护文化多样性，为人类可持续发展贡献文化力量。

世界遗产命运共同体，将成为人类命运共同体的重要组成部分。新时代保护发展世界遗产，要立足传统、面向国际，着力将中华文明的古老智慧与精神财富转化为推动世界文明发展的重要力量，使更多中国优秀的文化遗产成为世界共享中华文明的载体。同时，要着力彰显世界遗产所蕴含的中华民族的精神追求、价值取向，全面展示真实、立体、生动、形象的中华文化形象，让世界遗产成为全世界与中国对话、交流的开放窗口。此外，要以世界遗产为载体，积极传递中国关于全球治理、文明进步、文化发展等国际问题的话语声音。

世界遗产具有的突出普遍价值，是推动遗产保护发展共建共享的基础。只有当世界遗产成为全人类共有的宝贵财富，才能建立各国家之间互利共赢的价值基础。建立世界遗产命运共同体，可以将各国基于世界遗产保护发展的成果利益相互关联，从而形成利益共同体，并通过在世界遗产保护发展事业中的不同分工，实现利益共建共享。这也就决定了构建世界遗产命运共同体，不仅要关注通过资源统筹与合理配置，将世界遗产资源转化为更多促进经济、社会、文化发展的动力,还要通过搭建不同层面的互动合作平台,通过更加频繁、密切的交流对话,扩大各国家参与世界遗产保护发展,并从中获取多元收益的机会。

当今世界正处于大的变动时期,为世界遗产保护发展事业带来困难与挑战。构建世界遗产命运共同体,就是要以世界遗产保护发展为平台,站在推动全人类文明进步的高度,更加主动地肩负起文明交流互鉴的时代使命。一方面,更加积极主动地参与世界遗产保护的国际行动,加强与国际遗产保护组织、国际遗产保护协会的交流互动,推动中国与各国在文化遗产保护理念、技术、人才等方面的深度对话。另一方面,不断提升中国特色文化遗产保护发展理论与实践水平,推出中国特色文化遗产保护工程典范,在国际上形成广泛的影响力,为推动世界遗产事业做出更大贡献。

四 遗产融合战略

随着世界遗产保护理念的不断深化,遗产概念外延和遗产保护对象不断扩展,从历史遗产到濒危遗产、文献遗产,从物质要素保护到非物质要素保护,从静态的文化遗产到活态的文化遗产,从文物到历史村镇、历史城市,甚至更宏阔的人类历史载体,诸如人类迁徙、商品贸易、文化交流的文化廊道、文化线路以及大运河、丝绸之路等线性文化遗产,文化遗产保护已经融入社会生活的方方面面。文化遗产保护不再是单纯为"保护"而保护的文物工作,而应该充分融入现代生活,成为一项可持续的社会活动,为当代文化、经济、社会发展提供深厚滋养与深层助力。

遗产保护充分融入文化建设,重在利用世界遗产资源推动中国特色社会主义文化繁荣发展。要积极创新世界遗产保护发展的方式方法,变"死"的遗产为"活"的素材,让文物藏品成为文物展品,让文化遗址成为文化公园，让革命纪念史迹成为爱国主义教育基地，切实增强世界遗产的可视性、可读性，变隐性遗产资源为显性文化产品，变书本里的遗产资源为可消费的文化产品，变口头上的遗产资源为可感知的文化产品，将世界遗产资源转化为内容丰富、形式多样的文化建设内容。同时，精心挖掘提炼世界遗产中体现传统审美崇尚、反映共同价值追求、富有浓郁时代气息、彰显不同民族特点的文化元素，并使之浸入文化建设的方方面面。通过对接当代话语体系，让优秀文化遗产立足人生、立足生活，面向大众、面向社会，以符合人民群众普遍接受的思维方式和审美取向，走进千家万户，走进百姓的日常生活，在生动显现中华文化基因密码和独特魅力的同时，有效提升文化发展的质量与水平。此外，要把加强对世界遗产的特色认知与文化建设相结合，通过遗产媒介的特色化表达，着力彰显新时代文化发展的地域特色和产品特色，凸显个性化、差异化，做到"人无我有、人有我优"，避免单一保护、盲目发展和文化消失、文化趋同。要紧扣传承地方风土人情、彰显地域文化底蕴这条主线，着力从形式、内容、价值、特质等方面挖掘弘扬遗产的地域特色，以增强文化发展的地域性。还要注重特色产品开发，挖掘和拓展世界遗产蕴含的历史、艺术、科学、文化、经济、社会价值和时代精神，打造出具有中国世界遗产气派的新时代高质量文化产品。

遗产保护充分融入经济建设，要深挖世界遗产助推文化产业、调整产业结构、提升产品质量的经济价值。依托世界遗产资源，发展现代文化产业，不仅是文化产业发展的内在要求，更是世界遗产资源创造性转化和创新性发展的时代选择。我国世界遗产丰富多样，是当代文化生产、文化创造取之不尽用之不竭的资源宝库。要充分依托各地独特的世界遗产资源，通过创意转化、科技提升和市场运作，提供具有鲜明地域特点和民族特色的文化产品和服务的产业形态，推动特色文化产业不断取得新发展。通过创意思维、创意手法重构文化遗产文化元素，从内在精神上转换、传递遗产价值，在设计理念、设计语言、设计风格上体现当代设计精神和国际流行趋势，将世界遗产以文化创意产品的形式呈现，使其蕴含深厚的文化内涵和鲜明的地域特色，同时满足新时代人们对文化产品多元化的需求，从而推动世界遗产价值在互动、传播中得到认知与提升，在国际文化竞争中传递更多的中国文化魅力与价值取向。同时，积极发挥"世界遗产+"融合优势，推动世界遗产与文旅、教育、创意、影视、动漫、体育、水利、林业、农业等行业的深度融合，以世界遗产之魂入不同行业之体，打造一批主题突出、内涵丰富、形式新颖的文化精品，为产业结构优化、城乡功能拓展提供极具可持续发展的空间。

遗产保护充分融入社会发展，要在激发人民群众文化创造活力的同时，让世界遗产更好地融入当代生活，成为改善社会民生、提高人民幸福感、丰富精神物质需求的重要文化载体。要以世界遗产为资源，围绕当前人民群众的文化需求，用现代眼光审视遗产资源，将传统与现代、文化与经济、保护与发展有机结合起来，围绕资源整合、价值提炼、内涵彰显、产品创新等方式，生产更多文化特色鲜明、外观时尚、品质独特，并为人民大众所喜爱的文化产品，将丰厚的世界遗产资源切实转化为满足人民日益增长的美好生活需要的积极成果。同时，充分利用高新技术和数字技术活化遗产内涵，增强遗产文化体验，在强化观众参观鉴赏文化遗产时的视觉、听觉、触觉等感官体验的过程中，满足其深入的情感体验与精神体验需求。此外，还要充分依托遗产资源的文化属性与独特优势，通过对世界遗产的保护展示，不断加大城乡基层公共文化资源供给，把世界遗产资源转化成群众喜闻乐见的公共文化活动，并且把遗产教育知识普及与人民群众艺术鉴赏能力提升相结合，从多个层面加强公共文化服务体系建设。

五 数字遗产战略

以互联网、物联网为特征的数字化时代，为世界遗产保护、发展提供了新的契机，创造了新的技术和手段，在一定程度上将改变世界遗产的保护发展方式，推动世界遗产真正成为全人类共享的人文财富与文明成果。我国是世界遗产资源大国，利用先进技术对世界遗产进行数字化保存、展示、利用，建立数字世界遗产大数据平台，是实现世界遗产有效保护与永续利用的必要手段。2020年，国家将做好文化大数据体系建设作为文化强国的重要内容，强调要以新基建为契机，全面构建以中国世界遗产标本库、中华民族文化基因库、中华文化素材库、中华文化体验园、中华文化体验馆、国家文化专网、国家文化大数据云平台和数字化文化生产线等组成的国家文化大数据体系。随着文化大数据体系建设的不断推进与完善，世界遗产将全面迎来数字化时代。

从国际上看，随着世界性的文化遗产和自然遗产受到各种因素的影响，面临日趋危重的损毁可能，保护文化遗产的紧迫性与重要性日益彰显。到20世纪末和21世纪初，在国际上出现了保护文化遗产的热潮。联合国教科文组织先后发起了"世界记忆工程"、《保存数字遗产宪章》和《温哥华宣言——数字时代的世界记忆工程：数字化与保存》等活动，文化遗产保护与传承在全球范围内得到重视与关注。数字遗产的使命在于世界遗产的保存与共享，并且要让世界遗产活在数字时代。数字遗产将以更开放、更整体的视角考察人类历史载体的延续，对不同国家、地区或文化社群的世界遗产联合保护具有指引作用。

实施数字遗产战略，首先要突破技术壁垒。利用数字化测绘、建模等技术手段对世界遗产进行保护，已经成为传统保护手段的一种有益补充。另外，数字采集、储存、传播等信息化技术，也带来非物质文化遗产保护领域的技术变革，使得保护传承手段更加丰富多元，保护传承效果更加明显。从技术变革的角度，要立足国家文化自信和文化安全的重大需求，聚焦可持续的数字世界遗产安全保护和高效利用的机制与方法，加强数字世界遗产安全保护、利用关键技术研究与应用推广，为系统化推动世界遗产数字化提供先进的技术解决方案支撑。数字遗产不仅在于通过数字化技术对世界遗产进行更好的保护、保存，还在于世界遗产的价值传播与开放共享。要充分利用数字信息技术的优势，深入挖掘世界遗产深藏的隐性价值，通过知识图谱的全球链接，实现世界遗产价值传播的层次与效能的跃升。同时，还要科学、合理利用数字信息技术，推动世界遗产资源信息在更大范围、更高层次的开放共享。依托遥感测绘、三维扫描/建模、高清影像采集等技术手段，进一步采集和整合遗产数字化信息，搭建面向应用的遗产资源数据库，不断完善数字遗产"素材库"建设。数字遗产最重要的意义，还在于借助"数字统一"的合作理念，有助于超越数字化保护的单一命题，优化文化遗产保护的生态系统，以专业化路径建立起休戚与共的世界遗产保护命运共同体[①]。当前，整合现有遗产保护、展示、利用的最新成果，加快建设跨区域、跨部门、跨行业"物理分散、逻辑互联、全国一体、交互共享"的中国遗产大数据云平台，实现遗产信息资源共享、利用、挖掘、创新的云服务，为遗产信息资源的全球性开放共享奠定基础。

六 "互联网+世界遗产"战略

2015 年，全面实施"互联网+"行动计划正式纳入国家发展议

[①] 赵庆香：《数字统一：国际文化遗产保护的新理念与新话语》，《图书馆建设》2021 年第 4 期。

题。2016年，国家文物局、国家发改委等五部门联合下发《"互联网+中华文明"三年行动计划》（以下简称《计划》），成为新时期推动"互联网+世界遗产"融合创新发展的行动指南。《计划》提出，要依托互联网技术，深入挖掘和探索文化遗产所蕴含的丰富价值，推动文化遗产开放共享和跨界创新，最大限度发挥文化遗产的独特作用。"互联网+"主要是依托云计算、大数据、人工智能、5G等信息技术，实现互联网环境与资源的共建共享。"互联网+世界遗产"强调的不仅是技术的集成融合，更是思维理念的跨界创新，要依托互联网技术，并导入互联网思维，突破世界遗产保护、保存、利用等方面的现实局限，通过更广范围的开放共享创造世界遗产保护发展的新生态，实现世界遗产保护发展从思维理念、技术手段到管理机制等全方位的重塑与革新。

新的时代背景下，要紧扣时代脉搏，融合互联网技术，重点推进互联网与遗产旅游、教育、文创、动漫影视等相关文化产业的融合发展。以世界遗产内容生产为途径，通过线上线下融合发展，结合AR/VR、虚拟现实等高新技术，打造文化遗产深度体验场景，形成以智慧化、体验化为核心的数字遗产旅游产品。同时，深度推进数字化与以世界遗产为载体的研学教育、科普教育的融合，充分利用互联网优势，加大数字化遗产教育资源的开发力度，形成线下体验、线上学习的遗产研学模式。在传统制造业、战略性新兴产业、现代服务业等重点领域，推进世界遗产素材再造和相关设计服务产业化、专业化、集约化、品牌化发展，不断推进数字化文创产业发展。在世界遗产领域创新文创产品、动漫游戏、影视剧等文化产品，着力表达中国世界遗产的文化底蕴与品牌形象。此外，还要充分利用互联网的传播优势，大力推动新媒体文化营销与产品展销一体化发展，实现线上线下全渠道覆盖。

七　中国特色遗产管理体系构建战略

我国世界遗产保护管理工作起步较晚，虽然取得了较大的进展，但依然存在遗产安全、监测预警、阐释展示等方面的问题，特别是用何种方式应对相伴而生的资源配置问题，进而从战略层面制定长远并动态实时的过程管理，是我国遗产管理目前面临的最大困境[①]。随着遗产认知、公众参与的不断发展，世界遗产保护管理要将社会力量置于重要位置，加强多元主体共同治理是世界遗产保护理念发展的重要趋势。构建中国特色遗产管理体系，要在国际遗产保护管理通行规则的框架体系下，结合我国世界遗产保护的实际情况，逐步探索、建立和实施一套具有实践性和可操作性的制度框架、机构组织，走出一条符合我国国情的世界遗产管理之路。

建立健全遗产管理法律法规。目前，我国针对文化遗产保护已经颁布了一系列法律法规，并随着遗产保护理论与实践的发展而不断修订完善。但目前依然缺乏针对世界遗产管理的专门法规。特别是随着线性文化遗产、国家文化公园的新类型出现以及文化遗产的合理利用与创新发展等，亟须制定与之相配套的法律法规。加快世界遗产保护的立法进程，要健全和完善世界遗产保护法律、法规体系，研究制定和完善基建、维修、文物流通等物质文化遗产保护和非物质文化遗产保护的规范性文件、管理制度，完善和落实遗产地的特许经营制度，等等，形成世界遗产保护发展的良好法治环境。此外，还要进一步把我国世界遗产保护纳入法治轨道，加快研究制定一部既对接国际公约又符合我国国情的法律，为从根本上提升工作水平和管理能力提供法治保障。

[①] 李丰庆、刘成：《中国文化遗产管理发展与管理模式构建研究》，《西北大学学报》（哲学社会科学版）2021年第4期。

积极推动管理主体社会化。适时构建由政府、社区居民、经营者、旅游者等相关利益主体组成的多元社会主体治理模式，积极倡导鼓励专业人士和社会大众以志愿者等身份参与世界遗产保护和传承。理顺各主体参与世界遗产管理工作的体制机制，明确责任边界与工作程序，使各个管理主体不缺位、不越位，有条不紊地推动工作。在不断实践和持续优化的过程中，通过规范的主体制约机制，实现多元主体的有效协商互动和协同共治，尽可能使得既得利益方将利益或权力"让渡"，管理体系因之达到一个利益平衡点态势，从而满足多元主体利益最大化。同时，也要着力探索世界遗产保护的资金保障机制，鼓励引导社会资本通过多元途径参与世界遗产保护利用事业，共享世界遗产保护发展的成果。

八 遗产外交战略

华夏文明源远流长，文化遗产资源丰富多彩，是中国文明和中国智慧的物化载体，为我国积极推动世界文明交流互鉴提供了底气与素材。其中，中国世界遗产是在全球范围内具有突出普遍价值的人类共同财富，以世界遗产保护发展为立足点，推动中国积极参与国际对话交流，将成为中华优秀传统文化走出去的最优路径和独特品牌。因此，要深挖世界遗产背后的哲学思想、人文精神和文化底蕴，在全世界传播中华优秀文化，讲好中国故事。

自新中国成立以来，文物外展始终是国家外交工作的重要内容，曾在国家外交事务中发挥着重要作用。新时代，要进一步让中国文物精品走出去，将文物外展纳入国家外交大局，在机制、经费、人才、学术研究等方面提供全方位保障，特别是依托数字化展陈技术，向全世界推介更多彰显中国文化特色、华夏民族精神的世界遗产文化精品。同时，要依托世界遗产数字化展示、世界遗产精品节目、文化创意产品等多种渠道积极构建世界遗产宣传营销的全媒体矩阵，不断提升中华文化的国际传播力和影响力，在世界遗产领域构建中国主导的对外话语体系。此外，还要着力向外推介中国特色的文物保护技术，通过世界遗产保护的国际合作工程、项目，将中国文化遗产保护、展示、利用的成功经验推广出去，为国际遗产保护事业发展贡献智慧与力量。随着中国世界遗产事业与国际并轨并持续发展，我国不仅受益于世界遗产保护国际合作，遗产保护的"中国经验"也越来越获得国际认可。推动世界遗产走出去，要主动把世界遗产保护经验送出去，着力推进中国文物走出去的标准化建设，提升中国标准在国际文化遗产保护领域的话语权与影响力，进一步实现文明的交流与互鉴。

世界遗产承载着传播中华文化、塑造国家形象、服务国家政治和经济目标等重要使命，推动世界遗产"走出去"的重要性日益突显。依托世界遗产，讲好中国故事、传播中国声音，不仅要做好世界遗产本身的交流互动，还要注重将世界遗产资源转换成具有现代性、普适性，深受海内外受众广泛理解、认可、赞赏的文化产品，增强创造性阐释中国优秀文化国家超级"IP"的能力。要依托丰富的世界遗产资源，着力于创作一批优秀的具有世界级制作水准的影视剧作、音乐曲艺、动漫游戏等相关文化精品，举办国际规格的世界遗产保护发展会议、论坛，搭建全球性的世界遗产开放交流平台，促进国际文化交流与合作。

九 人才兴遗战略

世界遗产保护发展涉及多学科的交叉与融合，需要高端、复合型的专家、学者与技术、管理人才。同时，随着中国申遗工作的不断深入和世界遗产保护发展理论的提升，对相关细分领域人才的需求更加迫切。目前，我国世界遗产领域人才的数量、专业结构、专业素质等都无法满足现实需求,有待于构建义务教育、高等教育、传承人、领军人才和社会培训等相结合的世界遗产人才多层次、多元培育体系,不断壮大世界遗产人才队伍体系。

高校是高水平人才培养的重要基地,在人才培养、科学研究、服务地方、信息传播和知识创新等多个层面具有独特的优势和潜力。要继续探索世界遗产保护传承高等教育专业人才培养体系,重点培养世界遗产保护、展示、传播、修复、传承的科技研究型人才,以及世界遗产发展创新相关的教育、传播、管理等领域的高端复合人才。同时,要立足世界遗产保护的实际工作需求,通过校院联动、订单培养等方式,推动地方职业院校加强文物保护技能型人才培养。注重世界遗产领域相关从业人员的职业培训,定期开展各类业务培训,不断提高从业人员的综合能力素养。博物馆、展览馆等文化机构,更要充分利用自身资源、平台优势,为遗产保护人才培养提供研训平台与实践基地,不断促进理论向实践转化。此外,还要注重通过认定非遗传承人、世界遗产保护传承领军人物等形式,依托行业重点科研基地和技术创新平台,以世界遗产保护发展工程项目实施为契机,加快培养梯队合理、分工协调的高水平专家团队。

十 遗产活化战略

要实现世界遗产"在保护中发展、在发展中保护",其核心是让世界遗产活起来,根本就在于让世界遗产融入生活、连接当下,焕发新的活力。一方面,要通过"对话"与"交流"的方式,读懂世界遗产,揭示世界遗产所蕴含的传统文化内涵和民族精神。另一方面,还要在读懂世界遗产的基础上,按照时代发展要求,融入时代元素,推陈出新,进一步利用世界遗产,推动世界遗产蕴含的传统文化创造性转化和创新性发展,并以人民群众喜闻乐见的方式进行传播,使世界遗产与时俱进、永葆活力。世界遗产活化战略，要关注内容活化、形式创新与价值激活三个维度，将世界遗产活化置于中国特色社会主义伟大实践体系中，紧扣文化的时代性、大众化、世界性和未来性发展规律，从物质层面的活化扩展到精神、行为层面的活化，切实发挥世界遗产的综合价值。

推动世界遗产内容活化。立足世界遗产的核心价值，在新的时代语境下，赋予世界遗产新的表达形式，通过话语重构、形式创新、营销整合等途径，将世界遗产转化为人们喜闻乐见的文化产品，增强影响力与感召力。另外，要重点推动世界遗产资源的数字化建设，在数字文化资源的基础上，让优秀的世界遗产"活起来"，实现世界遗产的创造性转化和创新性发展。依托互联网技术，在数字博物馆建设基础上，推动世界遗产资源大数据建设，形成中国世界遗产与其他类型遗产信息的互通互联，形成以世界遗产为核心吸引点，其他类型遗产作补充的中国文化遗产体系。此外，还要发挥新一代信息技术的优势，突破传统的、枯燥的、静态的展陈模式，使世界遗产在高科技手段下实现情景化、互动化、参与化，并借助互联网工具使世界遗产传播呈现出流通空间立体化、时间快速化和手段现代化特征，让观众在强烈的参与体验中感悟遗产文化、传承遗产精神。

推动世界遗产形式创新。重点通过科技性融合、创意性表达和故事化再现等方式，推动世界遗产表现形式创新，以高质量的文化供给增强人民群众的文化获得感和幸福感。一方面，推动世界遗产与文化科技深度融合，开发虚拟博物馆、云看展、云演艺、云课堂等线上体验产品，同时借助短视频直播、微信、微博等内容生产和交互媒体，不断创新基于世界遗产资源的文化生产、传播、消费路径。另一方面，以"文遗"+"文创"为动力转换，引领世界遗产的"创意性表达"，将世界遗产与创意设计融合，把世界遗产转化为文化产品，注重在文创产品设计中从内在精神上转换、传递遗产价值内涵，使世界遗产所承载的文化内涵、价值追求与时代发展需求相结合，真正推动世界遗产走进现实、走进生活，实现"见人、见物、见精神"的三位一体发展。此外，以时尚化、现代化的方式对世界遗产内涵进行艺术创作，利用现代声光效果和多媒体手段，通过多元化效果、创新的观演方式，将遗产内涵转化为看得见、可触摸的文化产品，推动遗产故事传播的通俗化、趣味化与文娱化。

推动世界遗产价值激活。要充分发挥世界遗产推动经济发展的作用，积极构建"遗产+"文化产业链，推动世界遗产与文旅、教育、创意、林业、农业、体育、城镇化等相关产业的融合发展，重点打造以世界遗产为主题的文化旅游、研学教育产品，树立一批特色鲜明、内涵丰富、形式新颖的遗产旅游精品品牌，推动世界遗产与文旅产业深度融合，实现与社会经济发展的良性互动。同时，在新的时代语境下，世界遗产活化要契合当代中国特色社会主义伟大实践的时代诉求，尤其是要与当下社会重大热点难点问题结合起来，与防止返贫、乡村振兴、经济发展、文化繁荣、生态治理等现实需求相结合，全面推动世界遗产保护事业从文化领域向经济、政治、社会、生态领域拓展，实现"五位一体"全面发展。此外，还要将世界遗产置于更广阔的文化与文明体系，注重世界遗产在文明交流互鉴中的价值作用，共塑兼容并蓄的世界文化大格局，使世界遗产日渐成为中国参与国际事务和全球治理、构建人类命运共同体的重要支撑力量。

第六节 路径选择

一 彰优势

提升世界遗产竞争力，首先要立足优势做文章、求发展、谋大局。其一，要彰显世界遗产的资源优势。中华文明源远流长、历史悠久，各种类型的世界遗产应有尽有，内容极其丰富，是世界其他各国、各民族不可比拟的。中华民族的内生优势在于源远流长的优秀传统文化，这是我们在国际文化竞争中占领一席之地的重要根基，要充分彰显其资源优势。一方面，既要做大做强重点遗产资源，同时也要做精做细面上遗产资源，充分发挥世界遗产资源在文化创意、全域旅游等方面的重要作用，变资源优势为经济社会发展强势。另一方面，要把我国丰富的世界遗产有效转化为新时代推动文化建设的核心资源要素，特别是让地上、地下和博物馆里的文物活起来，成为涵养社会主义核心价值观的重要源泉。其二，要彰显世界遗产的价值优势。世界遗产体现国家品格，凝聚民族精神，其蕴含的影响力转化成现实的文化生产力、竞争力，是社会发展的重要支点、无形资产和稀缺资源，对于传承中华文化精神、增强社会凝聚力和国家软实力具有不可替代的综合价值，在增强文化自信、带动产业发展、加强生态建设和促进文化发展繁荣等方面发挥着独特的优势。保护发展世界遗产，要充分挖掘和彰显世界遗产的价值优势，让遗产产生更大的社会经济效益。其三，要彰显世界遗产的学科优势。近年来，随着我国世界遗产事业的发展，各有关高校、科研院所已初步形成自身在世界遗产保护发展方面的学科优势。尤其是一些理工科类院校从20世纪90年代初开始介入文物考古研究，在文物材料工艺研究、古代材料标准化研究、文物修复与文物数字化模拟等方面积累了一定的经验和成果。新时代世界遗产保护发展要充分利用材料学、材料加工、材料物理化学等方面的独特优势，并结合考古学、文物保护、实验室考古、科学技术史等学科特色，努力实现世界遗产保护发展在理念、思路、方法上的新突破。

二　补短板

当前，中国世界遗产保护发展存在的主要问题体现在三个方面。一是注重单体保护而忽视点、线、面的延伸发展；二是注重传统历史遗产保护而忽视其他类型的遗产保护与发展；三是新技术应用比较滞后。要立足优势、补齐短板，以实现更快、更好发展。一要重视世界遗产"点""线""面"保护。随着我国世界遗产保护发展理念和实践的不断深入，世界遗产保护发展工作的"内涵"和"外延"也都有了新的发展和变化。相应世界遗产保护发展要秉承"点线面、多层次、全覆盖"的工作思路，向"混合遗产""动态遗产""活态遗产"方向发展，同时要注重大型文化遗产、线性文化遗产、非物质文化遗产、民间文化遗产等遗产领域的研究与扩展。二要注重世界遗产的全方位保护。长期以来，我国多注重传统遗产的保护发展，面对诸如乡土建筑、工业遗产、文化景观、文化线路、文化空间、老字号等文化遗产重要组成部分没有给予足够的关注与重视。新时代要在做好传统历史文化遗产工作基础上，加强对工业文化遗产、红色文化遗产、传媒文化遗产、信息文化遗产等领域的科学研究和技术创新。三要注重世界遗产的新技术应用。目前我国世界遗产保护发展存在科技短板，新技术、新材料优势尚未有效发挥。要立足世界遗产材料与古代工艺研究、世界遗产保护材料研发、世界遗产保护装备研发、新材料考古应用研究、世界遗产数据库建设，着力打造我国世界遗产保护发展领域高水平的科研平台和设施设备生产基地。

三　促发展

在世界遗产保护发展实践中，要始终紧扣时代发展内涵，把有效保护遗产本体、优化周边环境、真实传递文化遗产的考古信息、展示文化遗产的综合价值、促进经济社会发展、惠及全体人民作为出发点和最终归宿。具体讲，要从以下两方面推进世界遗产保护发展。一是以文化特性为基础推进保护发展。无论是对不可移动的文化遗址、古建筑的保护发展，还是对可移动的物质、非物质文化遗产的保护发展，都要创新性地结合遗产自身特性和所处环境，结合各自所承载的历史文化信息和所面对的经济社会发展现实，立足文化遗产自身特性，围绕真实性保护、可视化展示等要求，丰富展示与体验方式，以遗产环境保护、生态景观建设为手段，以多元主体和谐参与为保障，科学实施世界遗产保护发展工程，有效保护遗产本体，改善遗产周边环境，突显世界遗产的文化精神与多重价值。二是将遗产与城乡产业相结合，推进保护发展。要在深挖世界遗产内在价值的基础上，把文化旅游、文化创意与世界遗产相结合，植入新型产业业态融合再生，产生聚集效应和裂变效应，使得两者发挥最大的经济、社会、环境价值，为城乡空间环境改善、城乡产业结构优化、城乡功能拓展提供极具可持续发展的空间。

四　建体系

构建新时代中国世界遗产保护发展体系至关重要，因此要做好三个方面的工作。其一，构建世界遗产保护发展理论体系。要立足中国世界遗产特性，遵从文化发展的客观规律和中国传统思维方式、审美情趣、价值取向，用发展的眼光，从理论基础、内容构成、价值系统等方面构建具有中国特色的世界遗产保护发展理论体系。其二，健全世界遗产保护发展学科体系。在强化传统的人文社会学科研究力量的基础上，加强世界遗产材料学、世界遗产设备学等新兴学科建设，重点培育遗产保护发展领域的高精尖科技人才、学术带头人、技术人才和团队管理人才，建设具有交叉学科背景、国际学术视野与统筹分工协作的高水平创新队伍，健全完善世界遗产保护发展学科体系。其三，强化世界遗产保护发展科技体系。要着力发挥新科学技术、工艺材料在世界遗产保护发展中的重要作用，重点在遗迹遗物探测、文物信息提取、文物价值挖掘、水下文物探测、古代材料加工、馆藏文物保护修复和检测、智慧博物馆技术等前沿领域进行基础研究和关键技术、先进装备研发，并保持行业领先优势。尤其要从人力、物力、财力等方面加大在科技支撑上的投入，以有效强化世界遗产保护发展科技体系。

五　创体制

要在体制机制创新上取得实质性突破。一要创新机构设置，彰显特色优势。要秉承扎实做项目、倾力推成果、稳步谋布局的发展思路，以科学、高效、可持续为发展前提，着力创新各级遗产保护管理体制机制，形成政府主导、社会参与的良好格局。同时，着力创新高等院校、研究院所研究管理机制，通过一院多所的机构设置，彰显研究院所在世界遗产研究及遗产保护新材料、新科技、新装备研发等领域的学术特色与研究优势。二是加强合作交流，深化科学研究。一方面，世界遗产行政管理部门要积极与高等院校、研究院所签订战略合作框架协议，依托其世界遗产专业平台优势，开展多层次、多渠道、多形式的人才培养、遗产保护、科学研究、技术研发等合作交流。另一方面，广泛与社会文博单位合作建设世界遗产保护发展传承基地，通过学术研究、遗产保护合作、遗产创意开发等，不断丰富世界遗产的保护发展实践。此外，有关高校、研究院所亦可在全球范围内招收访问学者、聘任院外专家，充分参与研究院所的学术规划和项目研究，共谋世界遗产事业新发展。

六 惠民生

准确把握世界遗产保护传承与创新发展的内在逻辑关系，立足世界遗产的经济、社会与文化等时代价值，推动世界遗产保护发展，使其更好地为惠及民生服务，成为帮助民众增强获得感、树立文化自信和促进文化繁荣的重大民生工程，是新时代中国世界遗产保护发展的根本目标。世界遗产保护发展成果融入生活、惠及民众，让公众更多地、更深入地了解世界遗产，更广泛地参与遗产保护发展，是新时代世界遗产保护发展的重要任务。其一，承担遗产使命，践行遗产责任。要通过策划遗产展览、开展遗产教育、设计遗产研学课程、开发遗产文创产品、编写遗产普及教材等方式，将传统带入现代，将世界遗产融入民众生活，不断满足人民群众日益增长的文化需求和文化权利，增强幸福指数。其二，注重遗产教育，普及遗产知识。要定期举办世界遗产教师讲习班、世界遗产知识课堂、世界遗产知识讲坛、世界遗产公开课等，以遗产鉴宝、专题讲座、普及遗产知识、培训专业教师以及世界遗产进校园、进社区、下农村等形式，拉近民众与世界遗产的距离，让民众在吸纳知识、提高自我的过程中，深切感知世界遗产的魅力与作用。

第七节 本章小结

本章节从文化强国战略发展的高度，就如何提升中国世界遗产文化竞争力进行战略分析。要立足马克思主义文化观和习近平新时代中国特色社会主义思想，以习近平总书记关于文化遗产工作的指示和党的二十大报告精神为指导思想；坚持正确导向、以人民为中心思想和改革创新等六大原则；以构建起具有中国特色、中国风格、中国气派的现代化遗产管理体系为战略目标；瞄准高品位、精内涵、强特色的战略定位；从遗产价值深化战略、遗产保护发展战略、遗产融合战略等十个战略维度，分别提出增强中国世界遗产文化竞争力的战略举措。此外，在路径选择上，详细分析了中国世界遗产资源及发展方面的优势，就当前中国世界遗产保护发展存在的主要问题，实现什么样的发展以及如何发展提出了建议。

第十章 我国世界遗产文化竞争力提升的对策建议

第一节 构建多元化的世界遗产生产体系

一 深化遗产新价值

遗产价值是遗产生产力的源泉，决定遗产生产力的高低。遗产的价值是一切遗产研究的基础，也是世界遗产保护利用工作的核心宗旨。多年以来，文物界形成了一套约定俗成的遗产价值观，随着我们对遗产理解的不断深入，遗产意识在不断地健全，遗产范围在不断地拓展，这就促使我们要不断地挖掘、探究价值构成和判断的理论与方法，不断修正价值标准体系与指标，改善价值保护与传承发展的相互关系，努力提升世界遗产在中国特色社会主义实践中推动经济高质量发展、提高国家文化软实力和文化形象的重要作用。

1972年联合国教科文组织颁布的《保护世界文化和自然遗产公约》从历史、艺术和科学角度来衡量和评价遗产价值，同时也关注了文化遗产与人、社会、国家的相互联系。《世界文化报告2000：文化的多样性、冲突与多元共存》指出艺术和建筑史、考古学、人类学和民族学应该将它置于时代和社会背景之下，而不应该割裂开来研究物质遗迹。应合理理解它与有形和无形环境的多样相互关系，去研究那些充分表现全世界范围内过去和现在各种文化的复杂而多方面的社会组织、生活方式、信仰和技能。在此，可以看出，把文化遗产定义为是人、社会和国家价值形态与生活方式对生活意义的一种理解的载体，是一种人们身份的认同和情感的归属。

虽然遗产的材质构成和信息构成都是客观存在的，但其价值并不一定是恒定的。一般的物品在被评为文物的前后，其性质和价值也在变化，一般表现为，遗产最初的使用功能可能还存在，但使用价值逐渐趋向衰落，其信息见证功能和文化承载价值逐渐显露。比如，青铜器最初大多用于祭祀、宴请和日常生活等用途，但现在青铜器作为文化遗产的价值主要是反映商周时代社会生活方式和朝廷仪轨制度；遗产的需求使用主体在转化，即由少数人的需求趋向社会化的需求，大多收藏于博物馆供广大市民和游客游览参观，以及科研工作者研究使用，满足社会文化建设之所需。此外，随着时代的变化，对待遗产的价值观也在相应发生变化。因此，遗产的价值不是永恒不变的，它具有深刻的时代性，需要融入和反映它所处时代的精神内涵，承载、回应时代的关切，解决社会问题。

一个时代的遗产价值观，某种程度上讲，也是时代精神在文化遗产上的投射，时代的先进性和局限性都会反映到对遗产的认识上。遗产观不是静止不变的，它反映时代精神和内涵，承担时代之责任，我们应该把遗产价值放大到整个时代之洪流，世界文化之大格局中来考量与审视。当今中国正处在百年未有之变局，我们应当充分挖掘遗产的时代价值，把遗产保护和利用同经济社会发展相结合，与民生改善相结合，与生态环境改善相结合，与城乡基本建设相结合，重点发挥其在助推经济社会高质量发展、促进文化大发展大繁荣、涵养社会主义核心价值观、构建人类命运共同体、维护世界文化多样性等重大国际国内社会建设主题上的作用，切实发挥遗产的社会、经济、环境和文化效应。

(一) 核心价值

中国世界遗产的核心价值在于其彰显的中国性、东方性和世界性。一方面，中华文明绵延数千年，文化遗产承载着华夏民族的历史渊源、发展脉络和独特创造，可以凝聚和打造强大的中国精神和中国力量。要从弘扬中国世界遗产和中华传统文化中寻找道路自信、理论自信、制度自信和文化自信的精气神。另一方面，中国作为一个享誉世界的文明古国，对东西方各国文化的形成和发展都产生过重要影响，中国文化是全人类共有的精神财富。因此，置于人类共有精神财富的坐标系中，中国世界遗产同样具有世界普遍文化意义，将成为解决人类共同难题的思想宝库。

以世界文化遗产汉长安城遗址为例，其遗产的中国性、东方性和世界性特征体现在以下几个方面。一是作为西汉时期中国政治、经济和文化中心，汉长安城是当时与西方的古罗马城并称于世的两大城市，是当时世界上规模最大的城市，面积是古罗马城的3倍，有丰富的历史内涵和重要的历史价值。二是汉长安城作为中国古代规模最大的城市，是东方古代城市规划设计的杰出典范。作为土木结构建筑传统的代表对古代东方的宫殿营造产生了极其深远的影响。其"择中"规划思想一直为我国古代宫城建设规划所沿用，对中国古代建筑、古迹艺术和城镇规划、景观设计的发展产生过重大影响。三是汉长安城的宫殿建筑是东方古代土木结构建筑传统的典范，特别是汉长安城遗址出土的各类纹饰和文字瓦当，成为东方古代建筑材料和建筑装饰材料中独具特色的典型。高大雄伟的未央宫前殿，是中国古代规模最大的宫殿建筑，也是古代东方规模最大的宫殿建筑，是代表人类创造精神的杰作。四是汉长安城在汉民族和汉文化形成过程中具有核心地位。儒家思想是中华民族传统文化中具有核心地位的传统思想，汉文化在其发展过程中对整个东亚地区的古代文明产生了重大影响。五是中国古代大规模的对外开放始于西汉王朝，古代丝绸之路的起点就在未央宫前殿和直城门遗址，丝绸之路的开通极大地推进了古代中西方世界的交流与沟通，对于推动经济发展、文化交融具有重大的历史作用，其表现出的历史和当代价值深刻体现出我国世界遗产对东亚乃至世界产生的影响和作用。

(二) 经济价值

世界遗产是一种稀缺的文化资源，蕴含着巨大的经济价值，要充分发挥其在促进文化消费、扩大就业、推动产业转型等方面的作用。具体来说，要把世界遗产保护与利用纳入区域经济社会发展大局，积极推动世界遗产与旅游、教育、创意、林业、农业、体育等相关产业的深度融合，与乡村振兴、经济发展、文化繁荣、生态治理等现实需求相结合，在有效保护的基础上，将世界遗产资源合理转化为具有地方、民族特色和市场潜力的文化产品和文化服务，以世界遗产的突出优势为区域经济、社会发展注入新活力，实现与经济社会发展的良性互动，有效带动城乡居民经济收入和生活水平提升。

第一，用世界遗产推动文化事业全面繁荣。某一时代的根本任务和现实问题决定其时代的文化本质。从这一层面讲，当代中国的文化就是由当代中国所面临的经济、政治、社会、生态等方面的任务和问题所决定的。当前中国社会的主要矛盾反映在文化领域，就是人民对美好文化生活向往与文化不平衡、不充分的发展现实之间的矛盾。党的十八大以来，我国在促进经济社会高质量发展方面取得了可喜的成就，但与人们的期望和需求相比，还存在较大差距。我们应把世界遗产作为引领时代风尚、构筑时代美学的新动能,发挥赋能美好生活的"超级IP"重要作用。这就要求推动世界遗产走入社会、服务群众、改变生活,满足人民群众日益增长的精神文化需求,从而使世界遗产的价值得以全面融入民众的日常生活,使人民群众在持续的文化滋养中,在持久的格物致知中,在充分的美之熏陶中,更好地认识中华文明的价值,提升人文素养,增强民族自信,推动文化事业全面繁荣。

第二,用世界遗产促进文化产业快速发展。世界遗产是历史上经济形态、经济体制、经济机制的真实见证,其当代的经济价值则主要体现在文化和旅游产业开发等方面。

一方面,世界遗产是得天独厚的文化旅游资源,在保持世界遗产可持续发展的前提下开发文化和旅游业,世界遗产可最大化地、有效地转化为当地全面发展的软实力,带动当地经济和文化的同步发展,实现经济增长方式的良性发展。具体而言,世界遗产对区域旅游经济促进作用可以从收入效应和人数效应两个方面进行阐释。收入效应方面,一是世界遗产具有国际化的品牌宣传效果[1],对旅游者有很强的吸引力,通过其独特的品质标签刺激游客消费,增加区域旅游收入;二是申遗成功促使大规模项目投资落地,通过在世界遗产地相关产业链的形成,推动地区遗产旅游产业转型升级,提高居民收入,提升世界遗产的经济价值。以平遥古城为例,自1997年被列入《世界遗产名录》,其1998年的旅游收入为500多万元,相比申遗成功前增长20多倍[2]。人数效应方面,世界遗产标签可以充分提供新的信息来源,提升遗产地知名度,扩大潜在旅游市场辐射圈,在横向辐射表现为地理层面的扩展,在纵向辐射表现为旅游群体的扩大,不仅可以招揽本国游

---

[1] Ryan Jason and Silvanto Sari, "The World Heritage List: The Making and Management of a Brand", *Place Branding and Public Diplomacy*, Vol.5, No.4, 2009, pp.290 – 300.

[2] 周玉翠等:《中国世界遗产旅游目的地客源市场潜力研究》,《经济地理》2019年第4期。

客，同时也会吸引大批国外游客到访，最终提升世界遗产的品牌效应[1]。1994年，承德避暑山庄及周围寺庙申遗成功，次年游客人数增长15%[2]。

另一方面，世界遗产是中华传统文化的载体，能够带动文化经济发展，并以此为依托构建具有民族特色、地域特色的文化产业，产生新的经济增长点。此外，文化产业、旅游业可持续发展，又会进一步带动交通、餐饮、住宿、购物等多个行业的发展，增加就业、改善民生，产生长久性的综合经济收益。世界遗产所蕴含的文化元素和人文精神能够转化为现实的文化生产力和竞争力，对于发展文化旅游产业，促进经济结构性改革和驱动力转型升级均具有重要作用，是社会综合发展的重要支点、无形资产和稀缺资源。丰富多样的世界遗产是我国当代文化进行生产、创造和创新的重要资源宝库，特别是传统技艺、传统美术、中国医药制作和饮食文化类非物质文化遗产，由于适合生产性保护和产业开发，就成为地方文化产业新的经济增长点。同时，世界遗产使中国文化产业深深植根于中华民族肥沃的文化土壤，不仅赋予我国文化产品鲜明的民族特色和内涵形式，而且能够使中国文化产品拥有特殊的文化魅力和市场竞争力，在世界激烈国际竞争市场上，向世人传达中国审美和价值观念。

(三) 文化价值

世界遗产生动地向人们展示了每一个社会历史时期生产、生活、娱乐、信仰的特色，是一个国家社会形态变更和历史文化演变的见证和浓缩，能够比较全面反映不同时代的政治经济制度、社会活动和文

---

[1] 林玉虾、林璧属：《世界遗产的旅游效应及其对遗产保护的影响——来自中国旅游人数和旅游收入的经验证据》，《经济管理》2017年第9期。

[2] 彭跃辉：《中国世界文化遗产保护管理研究》，文物出版社2015年版。

化特点，其文化价值可以从器物、秩序、艺术、宗教、精神等各层面体现出来。特别是作为直至今日所能见到的很少的甚至唯一的携带准确而真实的重大史实信息的历史遗存，具有无法估量的文化价值。另一方面，世界遗产是展示民族文化和地域文化的橱窗。经过长期的历史积淀，遗产往往形成独特的建筑风格、园林景观、装饰形制等文化氛围，物质文化和精神文化内容丰富，可以从多方面向人们传递丰富的特色文化信息。

新时代提升我国世界遗产文化竞争力，要努力增强中华民族及其文化的凝聚力、创新力和影响力。一个民族的世界遗产是一个民族文化发展的历史见证与实践结果。其独特价值在于，它既是人、社会与国家达成共识的基础与纽带，更是对生活意义的一种理解的载体，能使人在文化认同基础之上产生身份认同和情感归属，从而形成强大的民族及其文化的凝聚力、创造力、影响力，并因此成为延续、增强民族、文化生命力最直接、最有利的支撑。

第一，增强凝聚力。新时代提升我国世界遗产文化竞争力，要努力挖掘、梳理、提炼、彰显遗产中蕴含的中华民族深层文化结构中共同的思想认知、精神特质、价值追求和表层文化结构中共有的行为方式、生活习惯、礼仪习俗，并使之深度融入中国特色社会主义伟大实践，与社会主义核心价值观思想体系紧密结合，进一步在新的历史条件下不断增强中华民族及其文化的凝聚力，使全体人民在理想信念、价值理念、道德观念上紧紧团结在一起，为实现中华民族伟大复兴和衷共济。

第二，增强创新力。新时代提升我国世界遗产文化竞争力，要积极传承、弘扬世界遗产中蕴含的中华民族促进文化发展、推动文明进步的创造智慧、创新精神，尤其是要立足中国特色社会主义伟大实践的实际需要，把这种智慧、精神与经济社会的创新发展相结合，让传统的创造、创新的思想火花和精神力量为当代培育创新思维、强化创新意识、提升创新能力释放能量、发挥作用，不断提升国家创新能力、区域创新能力、企业创新能力，进一步增强中华民族及其文化的创新力。

第三，增强影响力。新时代提升我国世界遗产文化竞争力，要依托我国文化的多样性，以世界遗产为载体，加强与世界各国、各民族文化交流与合作，积极参与世界遗产保护发展交流对话，展现中国遗产保护发展成果，构建具有中国遗产特色、符合中国国情的国际遗产保护发展共识，建立以中国世界遗产标识为导向的遗产价值传播体系，以此不断扩大中国文化的对外影响力。与此同时，要大力宣介世界遗产，提炼、展示其中的精神标识，即世界遗产中具有当代价值、世界意义的文化精髓，让这些精神标识、当代价值、世界意义进入主流市场，影响主流人群，不断增强中华民族及其文化的影响力。

(四) 社会价值

世界遗产的社会价值主要是通过对社会产生精神影响而实现。通过世界遗产的有效保护及展示，对于传承、弘扬中华民族的优秀文化，进而提高人们对世界遗产保护工作的关注度，扩大世界遗产的社会影响力，使民众自觉参与世界遗产保护发展，具有无可替代的意义和作用，能够提高人们对国家的归属感和民族认同感。此外，世界遗产的社会价值还体现在满足精神需求和发挥宣传教育功能等方面。一些世界遗产能够满足人们陶冶情操的鉴赏需求；一些世界遗产历史与环境交相辉映，可以成为当地居民便利的休闲场所；还有一些世界遗产能充分发挥爱国主义基地的宣传教育功能，对培育民族精神、增强民族自豪感和凝聚力等具有重要意义。

正确把握和处理好世界遗产保护传承和创新发展的关系问题，充分发挥世界遗产对社会发展的能动作用,使其更好地为惠及民生服务,成为民众增强获得感、树立文化自信和促进文化繁荣的重大民生工程,是新时代中国世界遗产保护发展的根本目标。世界遗产保护发展成果融入生活、惠及民众,让公众更多地、更深入地了解遗产,更广泛地参与遗产保护发展,是新时代世界遗产保护发展的重要任务,也是提升世界遗产文化竞争力的关键所在。

一是充分发挥世界遗产在增强社会主义核心价值观强大感召力中的作用。一个社会的核心价值观代表着该社会根本性的价值理念,蕴含着该社会共同的价值理想。作为决定社会文化性质和方向的深层要素,核心价值观不是无源之水、无本之木。世界遗产作为一个民族和国家在长期历史发展中逐渐形成和积淀情感、信仰、文化、身份认同的表达系统,它本身就是社会主义核心价值观的固有根本,是其强大生命力的精神命脉。文化遗产不仅是社会主义核心价值观的母体和源泉,更是在新时代下继续涵养社会主义核心价值观形成和增强的养分,提升世界遗产文化竞争力,就是要把世界遗产融入社会生活实践,变为人们日用而不觉的价值理念,这本身就是社会主义核心价值观建设的重要内容。

二是充分发挥世界遗产在着力培养担当民族复兴大任的时代新人中的作用。提升世界遗产文化竞争力就是要推动遗产价值向现代价值深层次转变,把世界遗产跨越时空、跨越国度、富有永恒魅力、具有当代价值的人文品质和文化精神弘扬起来。深入挖掘我国世界遗产所蕴含的思想观念、人文精神、道德规范等,结合时代内涵不断创新,发挥其在着力培养担当民族复兴大任中的时代新人作用。如优秀文化遗产中"厚德载物""和而不同""勤俭廉政""诚信为本""仁爱孝悌""克己奉公"等传统观念,赋予其新时代内涵和表达方式,融入学校教育、社会教育及家风教育,着力培养担当民族复兴大任的社会主义新人。

三是要充分挖掘世界遗产内涵，丰富群众文化生活。做好世界遗产的展示利用，将世界遗产融入国民教育、文化创造和生产生活。深入挖掘世界遗产的内涵与价值，通过策划遗产展览、开发遗产文创产品、编写遗产普及读物等方式，同时借助旅游、演出、展览、影视、动漫等文化产品媒介，推动世界遗产表现形式、传播形式的多样化、现代化、创新化，让世界遗产以生动、具象的面貌参与大众社会生活，不断满足人民群众日益增长的文化需求和文化权利，增强幸福指数。

四是要充分发挥世界遗产教育功能，提升群众综合素养。遗产在传承上兼具物质和精神的统一性，其内在的文化影响力又能辐射社会各层面。这些特点使凝聚了传统文化精华的世界遗产被视为弘扬民族精神、加强中华优秀文化传统教育不可替代的资源。在做好世界遗产展览展示工作的基础上，将世界遗产教育纳入国民教育体系，充分发挥世界遗产对公众的教育功能，是提升国民综合素养，增强国民文化自觉、文化自信的重要支撑。为此，要定期举办世界遗产讲习班、世界遗产知识课堂、世界遗产知识讲坛、世界遗产公开课等，拉近民众与世界遗产的距离，让民众在吸纳知识、提高自我的过程中，不断提升综合素养、强化使命担当。

（五）科技价值

世界遗产的科学价值，主要包括知识、科学、技术等方面内容。这里的科学价值，在广义上，既包含人文社会科学，又包括自然科学和工程技术科学；狭义上主要是指自然科学、工程技术科学、工艺技术等。无论是物质文化遗产还是非物质文化遗产，都从不同角度、不同侧面或层面反映了创造、制作它们的那个时代的科学技术发展水平。例如通过历史遗迹和遗物，可以了解其所在时代的社会经济、军事、文化状况等。另外，各个民族、族群处于不同的地理环境，有着不同的生产、生活方式，在处理人与自然的关系中，产生了不同的方法、技术，这是历代劳动人民传统知识和生活实践的积累，往往见于典籍或口耳相传于民间，也具有一定的科学价值。

世界遗产可以从不同角度反映不同时代的科技水平和生产力水平，具有技术史和科学史的价值。通过研究世界遗产，可以了解当时社会的生产力发展水平和科技水平。例如，不同时期出土的纸质文物，反映了该时期造纸原料、技术、设备等状况，从中可以分析造纸技术不断发展变化的进程。一处文化遗迹或古建筑、石窟寺，其科学价值则往往表现在多方面，包含了不同的科学技术信息。现存许多工程类世界遗产，如都江堰，运用到大量居于当时世界领先地位的科学技术，部分先进技术和科学原理甚至沿用至今，充分展示了古代人民对科学技术的认知和创新，彰显了世界遗产的科技价值。

（六）环境价值

世界遗产的环境价值突出表现在生态文明建设和景观优化美化上。世界遗产与环境是一个有机和谐的统一体，二者之间有着内在的联系和外观的统一，互为依托、交相辉映，形成一个形象的整体和和谐的景观。对遗产所处环境的整体保护是世界遗产保护的重要内容，要使保护对象从世界遗产本体扩大到对其环境及环境所包含的一切历史的、社会的、精神的、习俗的、经济的和文化的活动，从而实现"从躯体到灵魂的保护"。保护世界遗产必须对其尚存的地形、水体、建筑物及树木等周边环境进行保护，同时还要考虑其与外围环境的有机联系，保护有特色的自然风光和生态景观。要以生态环境建设助力世界遗产保护工作不断完善，以世界遗产保护工作提升生态环境的内涵和历史底蕴，把世界遗产保护纳入生态环境建设的全过程。通过对世界遗产依存环境的保护、生态修复和景观优化，有利于保障世界遗产所在地空气清新、水质优良、植被丰富，对于发挥世界遗产的生态效能、改善自然环境、优化景观氛围、加强生态文明建设都具有独特的现实价值。

二　丰富遗产新形式

目前，我国文化遗产保护目标和任务主要来自两个方面。一是我国多层级的文物保护体系，以文物保护单位、历史文化街区和村镇、历史文化名城为代表。二是世界遗产保护体系，以文化遗产（包括文化景观）、文化与自然双重遗产、非物质文化遗产为代表。两种体系共同构成中国目前文化遗产领域整体保护管理体系，各自具有不同的管理依据和管理方式。世界遗产不强调管理层次，也没有规模和体量上的严格划分，其对象大到可以是一个城市、某个街区，小到单体建筑。但强调保护类型的划分，即上文提到的文化遗产、文化和自然遗址、非物质文化遗产等。近年来，世界遗产所关注对象的类型，"有向综合化、动态化、巨型化与线性化、近代与现代化、生活功能化和非物质化等方向扩展的趋势"。[①] 在 2019 年国务院公布的第八批全国文物保护单位通知中，除了传统的古遗址、古墓葬、古建筑、石窟寺及石刻、近现代重要史迹及代表性建筑外，近年来文化遗产保护出现了尤其重视对革命文物保护的新亮点。2018 年中共中央办公厅和国务院办公厅联合印发《关于实施革命文物保护利用工程（2018—2022 年）的意见》，将革命文物保护利用工作推到了一个前所未有的高度。在此次公布的名单中，工业遗产、农业遗产、水利灌溉遗产等进一步加强。如华亭海塘奉贤段、兴化垛田、江阴蚕种场、洋河地下酒窖、太湖溇港、

---

① 单霁翔：《从"文物保护"走向"文化遗产保护"》，天津大学出版社 2019 年版，第 54 页。

钱塘江海塘海盐敕海庙段和海宁段、矾山矾矿遗址、霍童灌溉工程、渠江茶园、山严塘陂、亭塘陂水利工程、先市酱油酿造作坊群、凤堰梯田等。由此可以看出，我国对文化遗产的认识和把握能力在不断深化，也充分反映了整体性、拓展性和前瞻性是当前我国当代文化遗产事业发展的鲜明特征。

当前，世界遗产中心将每个国家每年申报数量控制在1项，无疑对于我国申报世界遗产具有很大的不利影响。因此，要站在全人类的高度，来看待遗产的价值与作用，统筹做好世界遗产申报工作。在宏观层面，要着眼于国家整体利益，明确申报世界遗产代表的是国家形象和国家层级的事业，由各部门协商一致制定申报世界遗产工作规划，强化在申报世界遗产工作中国家有关部门的职责和权限，明确工作机制和程序，形成合力。国际层面，深化文化线路的认识。1987年，欧盟委员会推出了旨在向社会展示欧洲不同国家和文化背景下，以"时间范畴"和"空间范畴"上的旅游为手段的文化遗产，是如何构成一个有共同文化背景的整体系统的文化线路。充分利用共同的文化主题，提炼精神内核，形成跨国、跨地区的文化线路。借鉴中哈吉三国联合申报丝绸之路"长安—天山廊道路网"项目经验，持续推动国际合作、跨国联合申遗。国内层面，借鉴长城、京杭大运河等成功申遗经验，通过设定主题、区域联合方式来实现申遗目标，如明清古城墙、长征文化遗产、黄河文化遗产、乡村古建筑、"三线"建设工业遗产等的跨省联合申遗。省域层面，开展各类遗产资源普查、认定和登记，重视非物质文化遗产、工业遗产、农业遗产、红色遗产、水利遗产等，按照"连片成区、形成主题"的原则，把低级别或未定级的遗产统一纳入保护范畴，丰富遗产产品谱系。

三 强化遗产新标识

2018年10月，中共中央办公厅和国务院办公厅联合印发的《关于加强文物保护利用改革的若干意见》明确提出要构建中华文明标识体系，世界遗产无疑是中华文明标识体系构建中的重要内容。应以我国世界遗产作为中华文明核心标识，以世界遗产所在地形成我国重要文化功能区，保障国土安全与文化安全底线，彰显中华文化总体格局、基本特质、价值内涵，突显中华文明延绵不断、多元一体、兼收并蓄的特点。一是大力实施中华文明标识工程。深度挖掘中国深厚的历史渊源和丰富的文化和自然遗产，凸显华夏文明起源的主体地位，建设具有根源性、核心性、延续性的中华文明根脉标识地。打造浙江余杭良渚遗址、陕西神木的石峁遗址、山西襄汾的陶寺遗址、半坡遗址、河南偃师的二里头遗址为代表的华夏文明之源，形成东方大遗址保护典范。二是加快国家考古遗址公园建设，提升浙江余杭良渚国家考古遗址公园、陕西汉长安城遗址、唐大明宫遗址等世界遗产保护展示水平，构建遗址保护与生态文明建设、民生文化需求建设、文商旅有机结合的融合发展新格局，打造具有世界性重大影响力的历史文化展示载体。三是提升历史文化名城保护水平，加强对历史文化遗产、历史文化街区等保护与修复，推动周边地区有机更新。

四 塑造遗产新品牌

实施中国世界遗产品牌战略，建设中国世界遗产品牌体系，叫响"遗产中国"形象。优化我国世界遗产国际形象设计，建设我国世界遗产国际形象的视觉体系、品牌体系、传播语言体系，提升我国世界遗产国际形象的辨识度和认知度。立足我国世界遗产资源禀赋，打响古都文化、丝路文化、山水文化、非遗文化四大品牌，加速资源转化，传承文化基因，彰显遗产魅力。

一是彰显"古都文化"品牌。中国有着5000年的文明史，80多个王朝，许多代代相传，孕育了灿烂辉煌的古都文化，其蕴含的物质文化、制度文化、精神文化及价值理念、道德规范和治国智慧，熔铸着鲜明的中华文化基因和中华文明根脉。加快实施"中国古都"中华文明标识品牌建设，实施古都联合申遗，做强西安、北京、洛阳、南京、开封、杭州六大古城品牌，加大城市基础设施建设，强化古城风貌格局保护，促进古城有机更新，彰显"古都文化"底蕴，把我国历史文化古都打造成我国世界遗产杰出代表。

二是打造"丝路文化"品牌。立足丝绸之路"长安—天山廊道路网"世界遗产，加大丝路沿线文化遗产科学保护，深入挖掘丝绸之路历史文化精髓，传承"和平合作、开放包容、互学互鉴、互利共赢"的丝路文化基因，推出文物文博、音乐美术、影视戏剧、传媒出版、非遗民俗等丝路主题系列作品，提升丝绸之路国际艺术节、国际电影节，积极申办高规格的"一带一路"文化旅游盛会，搭建文化、旅游、文物等多层次、多领域、多渠道的合作交流平台机制，打造"一带一路"促进"民心相通"、联结"文明之路"的人文交流枢纽和丝路文化高地。

三是擦亮"山水文化"品牌。黄河、长江、黄山、泰山、华山、秦岭等是华夏文明、国家文化的地理坐标和精神家园，也造就了"天人合一、人水和谐、上善若水"等山水文化。要牢固树立"绿水青山就是金山银山"发展理念，深度挖掘山水文化内涵，加大世界自然遗产、世界文化和自然遗产保护力度，不断加大对世界遗产环境提升、美化优化、宣传推广力度。

四是弘扬"非遗文化"品牌。加强非物质文化遗产活态展示、特色餐饮、主题旅游、文创产品的国际推广。建立中国传统节日和节气文化交流品牌集群，弘扬春节、元宵、清明、端午、七夕、中秋、重阳等传统节日文化内涵。对我国世界非物质文化遗产所蕴含的根脉文化、历史文化、生态文化、民俗文化等进行深入挖掘，在新时代的文化语境下进行解读，深入挖掘蕴藏在遗产中一脉相承的人文精神价值，找准历史和现实的结合点，把蕴含其中的价值观念、道德规范、治国智慧创造性地转化为新时代精神。

第二节 构建多样化的世界遗产消费体系

人类学家弗里德曼认为，消费是消费者对自我认同的表现形式，消费者借此与所处世界产生密切联系，获得认同感。世界遗产消费是一种更高级形式的文化消费，具有更加浓厚的历史性、文化性、仪式性和情感性。因此，世界遗产消费，除了一般意义上文化娱乐消费所需的可支配收入、可支配时间、可欣赏的文化素养和可消费的文化产品外，还需付出更多的成本和努力。

近年来，随着国民收入提高和文化素养提升，遗产消费逐渐升温，文化遗产逐渐融入生活、回归社会、服务人民。据统计，2019年我国博物馆举办展览2.86万个，教育活动33.46万场，接待观众12.27亿人次；2020年春节期间，全国博物馆系统推出2000多个线上展览，总浏览量超过50亿人次。由此可以看出，我国文化遗产消费潜力巨大。同时也应看到，我国在文化遗产消费方面也存在整体规模和层次有待进一步提升、供给侧和需求侧结构性矛盾突出、区域差异明显、尚未形成规范且强大的文化遗产消费体系、与新技术融合还不够充分等问题，需要有针对性地解决。

一 改善消费环境，激发居民遗产消费潜力

从政府角度而言，可以通过改善经济社会环境、法律制度环境和文化环境等三个层面来改善消费环境。对于经济社会大环境来说，政府要坚持中国特色社会主义实践，推动市场经济高质量发展，不断完善公共文化服务体系，强化健全社会保障体系，切实提高人民生活水

平,不断满足人民对美好生活的向往。

对于法制制度环境而言,我国就文化、文物或文化遗产领域颁布了一系列规章制度和法律条文,如2016年颁布的《公共文化服务保障法》《关于进一步加强文物工作的指导意见》、2017年颁布的《关于进一步加强文物安全工作的实施意见》、2018年颁布的《关于加强文物保护利用改革的若干意见》、2019年颁布的《文化产业促进法》《加大力度推动社会领域公共服务补短板强弱项提质量 促进形成强大国内市场的行动方案》等从供给侧和需求侧两个层面为城乡居民文化和遗产消费水平提高,增进文化民生福祉、推动文化大发展大繁荣、提高国家文化软实力等提供了法律制度保障。需要进一步破解制约遗产保护利用领域有关落后于生产力和生产关系的制度和规范,创新完善适应新时代、新要求、新趋势的法律条文。尤其是对世界遗产,既要符合国际通行准则,也要立足本土实践,既要有国际视野,也要有民本情怀。

对于文化环境,政府要通过直接投资或者引导扶持社会资本投资遗产地公共文化设施建设,形成以世界遗产为引领,博物馆、艺术馆、文化馆、图书馆、演出中心、文化广场和城市文化综合体为支持的城市文化公共基础设施。大多世界遗产处在城乡接合部或者乡村郊野,更需要结合农村公共服务设施的建设,充分利用非物质文化遗产和乡土资源,营造富有地域文化特色的文化场所,体现"场所精神"。随着后工业化时代的到来,休闲娱乐、文化创意等新业态、新场景的不断发展和出现,生产型城市形态开始向消费型城市形态转变。芝加哥学派提出了著名的"场景理论",即以生活娱乐设施为载体,以消费为导向,以文化实践为表现形式,推动着经济增长和城市更新[①]。由此,政

---

① [加]丹尼尔·亚伦·西尔、[美]特里·尼科尔斯·克拉克:《场景:空间品质如何塑造社会生活》,祁述裕等译,社会科学文献出版社2019年版。

府可采用市场手段举办各类文化节事活动，如文化节、购物节、电影节、读书节、艺术节等，提高节事活动的质量和水平，提高居民的参与度，带动居民消费。

二 扩大遗产供给，满足居民遗产消费需求

遗产供给决定了遗产消费的种类和数量。目前，虽然我国世界遗产数量居世界首位，但遗产可体验性、遗产相关产业、衍生产品、遗产市场等方面还有很大提升空间。当前，从总体来看，我国文化消费市场存在结构性失衡，主要原因在于文化市场供求不匹配，以及文化需求的快速提升，使得供给体系出现滞后现象，因此扩大文化消费应注重文化供给侧改革创新。此现象同样反映在文化遗产领域。所以，要以遗产供给侧结构性改革为推手，从提升遗产产品和服务的品种、质量、品牌方面来促进居民文化消费。近年来，遗产的对象也随着经济社会发展和人们思想认识的提高逐渐扩展开来，除了传统的文物外，线性遗产、农业遗产、革命遗产、水利遗产、近现代建筑、文化景观、非物质文化遗产、历史名村名镇、传统村落、历史街区等都纳入文化遗产范畴，极大地丰富了遗产供给。但遗产本身并不一定能带来文化消费，需要进一步深化遗产的内涵与外延，强化遗产的活化利用，结合遗产地历史文化、民俗文化等资源，通过场景还原、故事再现、参与体验、景观营造、数字赋能等方式，给消费者提供"可亲、可感、可体验"的文化遗产产品。我国美食资源非常丰富，各地可利用美食资源建设国际美食之都，如古都西安计划实施餐饮老字号复兴工程，做靓"德发长""同盛祥""老孙家""西安饭庄"等老字号餐饮品牌，保护与传承老字号，推出一批特色美食文化体验街区，扶持培育一批餐饮龙头企业。当下国内文化遗产旅游领域面临着一个非常普遍的问题是"白天看庙，晚上睡觉"，如何破解这一顽疾，扩大消费时间，充

分利用好夜间旅游黄金四小时,提高消费收入,是亟待解决的问题。国家设立创建夜间文化和旅游消费聚集区,可为遗产消费起到很好的作用。可充分利用历史街区、传统村落,丰富"夜游、夜购、夜演、夜娱、夜餐、夜展"等夜间消费业态,为消费者提供高质量的消费产品和服务。

同时要充分发挥政府、市场、民间机构的作用,扩大遗产供给市场多元主体。其中,政府提供最基础、公共性、普惠性的遗产产品和服务,如遗产景点、博物馆等,满足群众的基本遗产需求。市场要提供差异化、个性化、多元化的遗产产品和服务,如遗产演艺、遗产文创、遗产装备等,满足群众多元市场需求。民间组织和机构要提供地域化、特色化、体验化的遗产产品和服务,如遗产民宿、风情体验等,满足群众的日常遗产产品需求。

三 用科技点亮遗产,推动居民遗产消费升级

针对目前世界遗产展陈方式单一、展陈内容薄弱等问题,实施"遗产+"战略,与教育互动,与科技联姻,与创意嫁接,与旅游相融,与消费结合,让世界遗产插上高科技的翅膀。

一是依托互联网、大数据、人工智能等新一代信息技术,加强世界遗产价值挖掘和文化活化、深化、建档、标识、阐释,摸清家底、丰富完善、凝练深化,通过遗产数字化手段,建立起全面、系统、科学、便捷的中国世界遗产大数据中心。

二是充分利用现代数字技术和互联网思维,突破传统的、枯燥的、静态的展陈模式,运用实物、场景、模型、雕塑、半景画等多维展示方式,结合电子沙盘、全息投影、地面互动、电子翻书、虚拟现实等多媒体互动技术,以独特的视角、创新的表现、艺术的处理营造不同类别的陈列氛围,使世界遗产在高科技手段下实现情景化、互动化、

参与化，让观众在强烈的感官体验中了解历史、感悟文化、传承精神。

三是利用数字技术为世界遗产提供虚拟展示平台。运用如5G、虚拟现实、增强现实或混合现实等新的沉浸式技术，提供网上展馆、移动客户端等互联网服务，力求展示艺术和思想内涵的有机统一，提升参与度和影响力，让世界遗产以生动有趣的全新面貌参与大众社会生活。如近年来《我在故宫修文物》"复活"技术、《国家宝藏》明星演绎、《如果国宝会说话》"快速充电"、抖音创意视频"文物戏精大会"翩翩起舞、《唐宫夜宴》时光穿越，娓娓讲述遗产传奇的前世今生，极大地拉近了遗产与普通老百姓的情感距离，真正做到了以老百姓喜闻乐见的方式走进了"寻常百姓"的心里。

四是充分运用新兴社交媒体和互联网交流工具，加强数字化技术支持力度，拓展遗产交流传播渠道，建立世界遗产特色App、短视频，定时撰写发送观众喜闻乐见的世界遗产故事、世界遗产景观、世界遗产文创、世界遗产展会，从而使得世界遗产传播呈现出流通空间立体化、时间快速化和手段现代化特征。

四 健全消费体制，保障居民遗产消费质量

政府可开展世界遗产惠民活动，稳步推进引导城乡居民扩大世界遗产消费试点工作，通过发放世界遗产消费券，开展世界遗产节日活动，搭建公共文化服务和世界遗产消费平台以及积分激励等措施促进世界遗产消费，让世界遗产惠及百姓，实现世界遗产保护成果全民共享。

加强世界遗产服务质量管理、监督和标准体系化建设力度，丰富文化内涵，打造文化品牌标识。依托数据库建立健全世界遗产相关企业信用档案和人员档案，实现世界遗产相关衍生产品生产信息和质量追溯信息互通互联，努力实现有路径可查、有源头可寻。

培养世界遗产消费主体,加强世界遗产教育与世界遗产品鉴与审美,进一步提高群众对遗产的鉴赏与审美能力。要把世界遗产教育融入普通教育和继续教育体系,使其成为国民教育的必修课,向全民普及世界遗产消费教育。同时加强大众传媒对世界遗产消费观念的宣传教育,形成理念先进、政治正确、结构合理的世界遗产消费社会风尚。

针对入境游客,可探索发展免税旅游经济,优化境外旅客购物离境退税服务,促进国际消费便利化。在遗址地加快建设国际公共服务设施,完善国际化消费规则体系,加强消费市场监管,建立健全消费维权体系和消费争端解决机制,营造更加舒心、放心的消费环境。

第三节 构建一体化的世界遗产支撑体系

世界遗产文化竞争力提升不仅依赖于得天独厚的世界遗产资源,还需要所在地区道路交通、餐饮住宿、娱乐休闲、安全保障、基础设施等一系列配套公共服务的完善,才能真正提升世界遗产的文化竞争力。一直以来我国旅游开发的聚焦点都在旅游产品和旅游业态上,由于旅游基础设施与公共服务设施具有明显的公共性、外部性和全民服务特征,很少直接产生经济效益,导致世界遗产地旅游设施建设缺失,旅游设施需求增长与供给不足的矛盾日益突出,严重阻碍了遗产地旅游业的高质量发展和遗产价值的充分发挥。同时,传统粗放型旅游经济发展模式中,基础设施建设和公共服务水平较弱、总量小、质量低的现象严重制约着世界遗产的可持续发展。多数遗产旅游资源相对丰富的地区,因旅游公共服务严重滞后,导致旅游经济发展出现问题,再加上旅游业对外开放程度较弱,产业结构单一等问题突显,没有相应的旅游公共服务配套作为支撑,致使建设世界文化强国的目标难以实现。但也应该看到,由于世界遗产保护有着严格的法律规定,对于其核心保护区、建设控制地带、环境协调区有着严格甚至苛刻的限制，与遗址本体保护无关的任何设施想要在遗址区建设，无疑是困难重重。因在遗址区建设相关的支撑设施引起的舆情举不胜举，如秦始皇陵和秦始皇兵马俑博物馆建控地带建设五星级酒店一度引发巨大网络舆情，社会反响强烈。因此，诸如此类原因，遗址区的基础设施和服务社会的建设举步维艰，远远不能满足现代消费者高质量需求。

相关研究表明，世界遗产旅游经济效应的发挥依赖于地区旅游公共服务水平，即旅游公共服务越好，世界遗产促进旅游业发展的效果也越好（详见第八章）。从申遗成功的实践来看，世界遗产获批后，地方政府围绕遗产保护与旅游发展需要，采取多项措施推动区域旅游经济发展，通过实现涉旅基础设施配套升级、技术系统更新等，有效提升区域旅游公共服务标准和水平。因此，旅游公共服务供给是世界遗产旅游经济促进效应的重要影响因素，提升旅游公共服务水平不仅是新时代旅游业高质量发展的必然选择，同时也是国家治理体系和治理能力现代化的重要体现。因此，提升遗产地承载力和支撑力，完善遗产地交通、酒店住宿、休闲娱乐等基础设施和公共服务设施，提升遗产地便利度和舒适性，无疑是提升世界遗产文化竞争力的关键所在。

一　加强公共文化体系建设

积极推进遗产地重大公共文化设施建设，鼓励和引导社会力量积极参与公共文化建设和运营，加快公共文化事业与遗产事业融合发展。提升遗址区旅游基础设施国际服务功能，如提升景区游客服务中心国际服务功能，建设具有国际标准的自驾车和房车营地等。探索遗产区公共文化由政府与社会协同建设的新体制机制，积极鼓励社会力量承办社会公共文化活动、参与公共文化服务发展建设，努力打造"政府主导、社会协同、市民参与、全民共享"的良好的文化建设局面。

二　加快数字公共文化服务供给

以提升公共文化设施网络、供给模式和服务效能为重点，加强遗址区数字公共文化产品和服务供给，切实提高遗产地公共服务质量。借助现代技术打造"公共文化＋互联网"的"遗产文化云服务平台"。实现公共文化服务"百姓点单"，精准对接民众需求。推进公共文化整合创新、提档升级，满足群众文化需求。组建区域数字遗产联盟，常态化开展"送文化""种文化""赛文化"活动，丰富群众性文化活动，增强公共文化服务承载力。

三　加大博物馆体系建设

博物馆是世界遗产有力的补充，甚至有些世界一流博物馆本身就是世界遗产，如中国秦始皇兵马俑博物馆、中国北京故宫、纽约古根海姆博物馆等，加大博物馆建设，对于提升世界遗产文化竞争力有着重要的意义。因此可从三个层面来加大我国博物馆建设。一是建设再现我国历史文化脉络与城市文明发展历程的标志性博物馆，如周、秦、汉、唐、元、明、清历史文化类博物馆。二是建设具有国际视野、反映中国根脉文化、盛世文化、丝路文化的主题博物馆。三是建设反映我国城市地域特色、社区特点、民族特性的专题性博物馆，多视角、多维度地反映我国历史文化的核心价值。

四　构建丰富多元旅游住宿体系

加快遗址所在区域高品质酒店建设，加大引进国际度假品牌酒店力度，逐步推进遗产地旅游住宿业提档升级，完善旅游住宿业态，推进住宿业精细化管理。加大引进高品质酒店、文化主题客栈、短租公寓等，鼓励发展体现地域特色的主题酒店，打造休闲度假式、文化体验式精品民宿，为国内外游客提供多元化住宿体验。

值得一提的是，在充分保护世界遗产安全的前提下，可充分利用建筑类遗产，开展"遗产+酒店+博物馆""遗产+酒店+书店"等主题酒店体验新模式，一方面，可以充分利用建筑空间，另一方面，建筑类遗产本身需要有机更新，而不是一味地静态"木乃伊"式保护，世界遗产西递宏村现在还有居民居住生活，就很好地保护了遗产，更为世界游客提供了鲜活的、原生态的、有生活气息的、能够彰显遗产社区老百姓生产方式的生活场景和遗产承载。

五 建设便捷的旅游交通体系

打造重要世界遗产地城市联通全球的航空网络体系，提升国际航线通达性。具体来讲，推动增开"一带一路"沿线国家主要城市直达航线，拓展欧洲、北美、中亚、西亚、东南亚航线，加密主要客源地直飞航班班次。加快遗产地交通基础设施建设，构建覆盖遗产地全域、便捷的旅游交通网络体系。优化遗产地文化旅游交通线路，增设连接遗产地和重点景区的区域旅游公交线路，规划建设多样化、体验性慢游慢行系统，加快建设自驾车、旅居车营地，提高遗产地可进入性和便捷度，有效提升游客体验满意度。

六 完善遗产地标识导视系统

制定遗产地交通标识设置导则，规范交通标识设置标准。统一交通标识导视系统信息内容，构建由遗产地旅游专线标识、城市基础标识、补充结合标识三大类标识组成的城市导视系统。旅游景区途经线路、内部空间设置重点指引标识。将城市公共设施作为附着载体纳入标识体系，持续补充完善遗产地导视系统。

七 提升遗产地价值阐释和展示系统

世界遗产的阐释和展示历来是国际遗产组织非常重视的一项工作。2008年10月4日，在国际古迹遗址理事会第16届大会通过《文化遗产阐释与展示宪章》，旨在增进公众对文化遗产地的理解和认识。除了传统的印刷品、电子出版物、公共讲座、现场及场外设施、社区活动、教育活动外，还可以通过遗产地标识系统、灯光景观、声音景观、植物景观、地形景观、艺术装置、行为景观、图文景观等来对世界遗产内涵进行深度表达，形象直观地将其呈现在游客观众面前。

八 加快智慧旅游建设

配合国家5G网络建设，推动遗址区免费无线宽带网络全覆盖，增加游客线上互动体验，提供PC、平板、触控屏幕、SOS电话等旅游信息互动终端，使游客能够更方便地使用互联网信息服务，更便捷地进行在线互动。

第四节 构建多渠道的世界遗产传播体系

一 世界遗产传播的重要性

世界遗产形象是国家形象的核心组成部分，是一个国家重要无形资产和软实力的象征，对国家的政治、经济、文化和社会等发展有着重要的意义和战略价值。良好的国家世界遗产形象对于提高世界遗产价值具有重要意义，不良的形象则会拉低国家世界遗产的价值。国家世界遗产形象的塑造与传播正成为国与国之间在文化经济领域竞争中最为重要的博弈策略之一。通过有效整合世界遗产资源、挖掘世界遗产价值、打造优良世界遗产产品、树立良好的国际形象,从而真正传播展示中国文明大国形象、东方大国形象、负责任大国形象和社会主义大国形象①。因此,应在国际视野下注重我国世界遗产的全球文化交流与展现,尤其是要发挥世界遗产在"一带一路"文化交流中的作用,拓展世界遗产保护理念与保护技术的国际合作交流渠道,加强世界遗产形象塑造,提高世界遗产传播能力,构建起以我国世界遗产为重要载体的中华文明对外交流传播体系,无疑是提升我国世界遗产文化竞争力的关键所在。正如习近平在谈到考古成果和历史研究成果的重要作用时指出,要积极将我国考古成果和历史研究成果,通过交流研讨等方式,向国际社会展示博大精深的中华文明,讲清楚中华文明的灿烂成就和对人类文明的重大贡献,让世界了解中国历史和中华民族精神,从而不断加深对当今中国的认知和理解,营造良好国际舆论氛围②。同样,做好世界遗产的国际传播无疑是加强考古成果传播的重要内容,就是要我们通过世界遗产向国际社会展示博大精深的中华文明,讲清楚中国世界遗产对于人类文明进步发展所做出的重大贡献,通过世界遗产,让世人了解中国历史、了解中华民族精神、了解中华民族当下的思考与追求。

二 世界遗产传播的困境

而立足本土,系统深入分析世界遗产谱系中的中国话语,也即中国世界遗产对于国家在国际舞台上的形象和软实力的展示,以及在人类文明交流双重视角下的地位与作用仍旧存在着"意识淡漠""理论匮乏"等弊端。目前,虽然我国世界遗产数量位居前列,但

---

① 《习近平谈治国理政》,外文出版社2014年版,第162页。
② 《习近平在中央政治局第二十三次集体学习时强调 建设中国特色中国风格中国气派的考古学 更好认识源远流长博大精深的中华文明》,http://www.xinhuanet.com/politics/leaders/2020-09/29/c_1126557506.htm。

入境游客来中国参观的主要还是长城、故宫、兵马俑等为数不多的几个著名世界遗产地，大多数世界遗产少有光顾，更妄论基于世界遗产内涵和价值的创意性产品，在国际社会的影响力更是微乎其微。我国当下世界遗产交流传播面临的主要问题是没有自己的理念、价值观和话语体系，特别是基于中国国情和遗产特色的保护发展理念和层次丰富的高品质的世界遗产衍生产品。

三 世界遗产传播的特点

近年来，遗产传承传播逐渐呈现出两个趋势，一是由专业的学术交流逐渐向公众传承传播转变，二是由国家行政力量推动向公民的日常自觉行为转变。遗产传播具有大众化、数字化、娱乐化、体验化、情景化等特征，已形成官方与民间互动、线上与线下共存、专业与普通相融的大传播局面。提升世界遗产文化竞争力，理应加大世界遗产人文交流对内、对外的传播。

遗产或者遗产文化的传播是有规律可循的，其传播的程度和辐射影响的区域范围取决于遗产本身的性质、风格特点及功能和价值，也取决于遗产所在国的综合国力和国际关系水平。另外，世界遗产及其衍生产品的载体形式对遗产的传播也是重要的影响因素。

（一）传播基础取决于遗产的价值属性

遗产的价值是其存在的根基和生命力所在。遗产之所以成为世界遗产，就是因为其具备全球突出的普遍价值，也是其能够传播交流的前提和基础。遗产的传播不仅仅是一个单向输出的过程，更重要的是一个选择和接纳、认可和尊重的过程。选择和接纳的前提是对某国遗产价值的心理认同，并对其蕴含的价值欣赏和尊敬，传播的程度取决于其自身的价值及满足该国的需求程度。另外，世界遗产类型不同，在世界范围内接受喜爱的程度也有所区别。根据林玉虾等的研究表明，就世界遗产而言，世界遗产每增加1个单位，将带动入境旅游人数增加11.3%，促进国内旅游收入增加7.75%[①]。

（二）传播范围受遗产载体影响

载体在世界遗产尤其是非物质文化遗产的传播过程中发挥着非常重要的作用。总体来说分为物化的载体和人化的载体两类。物化载体包括器物、道具、典籍、媒介等，人化载体形式包括观念、思想、语言、行为方式和交往方式等。

传播载体随着社会的不断发展，从书籍报纸杂志到广播电视，再到互联网新型社交媒体，从实在的传播载体到抽象的虚拟载体，一步步拓展了文化交流传播渠道，遗产传播规模呈加速度态势，传播的速度越来越快，范围越来越广，程度越来越高，使遗产传播呈现出流通空间立体化、时间快速化和手段现代化特征，归根结底都取决于传播载体和手段的革命性变革，特别是广播、电视及大数据、互联网等新媒体的运用和普及。

由于遗产，尤其是物质文化遗产的不可移动性、生产和消费的即时性等特点，使其在传播过程中具有很大的局限性，有时甚至是片面地、残缺地，很难达到原汁原味地传播。人化载体是最有效、最直接的传播方式。尤其是非物质文化遗产传承人，其语言、思维方式、价值观念是该类型文化的代表，体现着该文化精神和文化内涵。频繁的人际交往不仅能促进遗产文化的有效传播，更能利于遗产文化和价值的创造创新，在跨文化、跨地区的国际化人文交流中，不同文明、不同文化会发生碰撞、融合、兼蓄，并最终实现跨越与升华。

---

① 林玉虾、林璧属：《世界遗产的旅游效应及其对遗产保护的影响——来自中国旅游人数和旅游收入的经验证据》，《经济管理》2017年第9期。

第十章 我国世界遗产文化竞争力提升的对策建议

(三) 世界强国的遗产观被更多地关注和接受

文化或文化软实力是一个国家的综合国力的重要表现，遗产观又是一个国家文化观的重要组成部分。国力不同，在国际实务中扮演的角色不同，而且在推广宣传各自的遗产价值观时效果也不同，整体上讲，表现为世界遗产保护观念和由此建立起来的保护体系是以西方强国的国家意志以及文化观念为主导建立起来的。20世纪五六十年代随着工业革命发展和科技进步的助推，欧洲列强综合国力得到急速增强，从而有着足够的经济实力和国际文化影响力来制定世界遗产领域的规则和制度，把自己的文化、意识、传统以及对于遗产的看法渗透到这些规则、制度和法律之中，反过来，又进一步强化了其国家综合国力和文化软实力的提升，使得全世界在资本主义经济和军事扩展过程中，让大多数发展中国家不得不接收这些世界遗产领域的"普世价值"。

(四) 自然遗产比文化遗产更容易传播和接纳

自然遗产大多是大自然的杰作，大多不涉及价值观念和文化传统，在国际范围内传播和流通相对来说情感和心理障碍比较少，容易受到广泛欢迎。而世界文化遗产，尤其是非物质文化遗产，它涉及人生原则、人生信仰、思维方式、价值取向、生活方式、审美情趣、行为习惯等方面，一经形成，就具有很强的地域性、民族性、持久性和排他性，在向外传播的同时，容易引发文化理念和价值观念的冲突。自然遗产较少具有情感特征和价值冲突，比较容易接受。虽然自然遗产在国际传播上更容易被接受，在情感上更容易被各国人民接纳，但在实际游览行为选择上，人们更倾向于文化遗产，有关研究表明，世界自然遗产每增加1个单位，带动旅游总收入增加4.96%，远低于世界文化遗产 9.38% 的促进作用①。

四 世界遗产传播的举措

（一）加快构建中国世界遗产话语体系

新时代保护发展世界遗产，提升我国世界遗产文化竞争力，要加快构建中国世界遗产话语体系，塑造中国世界遗产品牌。在国际视野下，作为重要的战略资源的世界遗产与优秀传统文化，对其认知与保护、传播与影响的加强，是世界遗产保护与发展领域未来一个时期的主旋律。当前，为抢占未来的制高点和话语权，许多国家纷纷将文化遗产保护纳入本国和本地区的战略行动计划，例如，欧盟的"地平线2020计划"等。因此，我国应当加快构建高标准引领的世界遗产保护传承利用体系。依托丰富多样、内涵丰厚、价值突出的世界遗产，推介一批具有中国特色的文化地标和精神标识，增强中华民族的自信心、凝聚力和自豪感。深化中华文明研究，不断推进中华文明探源工程向纵深发展，开展考古中国重大研究，实证中华文明川流不息、兼收并蓄、多元一体的发展脉络。实施中国世界遗产全媒体传播计划，以数字化技术为支点，发挥政府和市场双向互动作用，将传统媒体与新媒体有机融合，在探索广泛传播世界遗产文化精髓和时代价值的体制机制过程中，更好构筑和传播中国精神、中国价值、中国力量。

一要善于提炼打造概念标识，打造易于为国际社会所接受的新概念、新范畴、新表述。用中国理念和话语体系充分展示中国思想、阐释中国实践、明确中国主张，努力做到用中国话语向世界表达。例如，以"一带一路"倡议为契机，在国家层面提出和实施"一带一路"遗

---

① 林玉虾、林璧属：《世界遗产的旅游效应及其对遗产保护的影响——来自中国旅游人数和旅游收入的经验证据》，《经济管理》2017年第9期。

产保护、利用与交流合作战略规划，联合"一带一路"沿线国家和地区建立以世界遗产保护传承为主旨的国际遗产专业组织，共商跨国世界遗产保护合作机制，共同制定国际权威遗产文件、制度，共建沿线世界遗产保护传承的话语体系，促进我国世界遗产参与国际治理，提升世界遗产国际影响力。

二要聚焦国际社会关注的世界遗产保护发展问题，积极参与国际规则、标准、法律的制定，提升我国在世界遗产保护领域的国际话语权和规则制定权，不断提升国际世界遗产领域的中国影响力，将中国世界遗产保护实践经验和理念推向世界。例如，在设立联合国世界遗产培训与研究中心等国际遗产保护机构的基础上，依托"一带一路"倡议以及上合组织、欧亚联盟、中国—东盟机制等区域合作机制，积极参与世界遗产保护发展交流对话，展现中国世界遗产保护发展成果。

三要把办好国际学术交流活动与话语体系建构相结合，主动设置世界遗产保护发展重大议题，积极参与世界的"百家争鸣"。例如，由清华大学联合国际文化遗产记录科学委员会、中国古迹遗址保护协会等组织的"文化遗产保护与数字化国际论坛"，自2010年至今已成功举办五届，吸引二十多个国家和地区的代表参会，树立了中国文化遗产数字化领域在国际上的领先地位。

四是要构建中国遗产的"话语网络"。话语网络是欧洲媒介理论代表性学者基特勒的核心思想，他从技术和文化的关系入手，认为不同的媒介与话语网络构造了不同的文明。他给我们最大的启示是："从媒介出发，以关联化的视角观照整体文化实践。"[1] 中国世界遗产在对外交流中成为极具中国传统文化象征意义的文化符号，成为人类文明交

---

[1] 张昱辰：《媒介与文明的辩证法："话语网络"与基特勒的媒介物质主义理论》，《国际新闻界》2016年第1期。

流对话的重要媒介。中国世界遗产体系要形成独特的"话语网络"。这个话语网络包含了政府、媒体、传承人、公众，同时也包含了对内传播与保护、对外交流与实践这样一个具有中国本土性的"话语网络"。

(二) 深化遗产国际交流新格局

一是深化世界遗产领域国际合作，支持各类主体参与国际交流。加强我国世界遗产领域国际智库对话交流机制建设，鼓励专家学者参与世界遗产领域国际学术研讨会。以主动、积极的姿态，广泛参与联合国教科文组织在世界遗产领域开展的推广标准、培养人才、实施项目、提供援助等方面的事务，尤其对那些不发达国家或战乱地区世界遗产保护方面多做贡献、履职尽责。如可以充分利用我国在国际遗产保护中的身份和影响力，积极利用自身的技术手段和管理经验，把该项目做成世界遗产保护项目的示范，以此扩大我国在世界文化遗产领域的话语权和影响力。

二是实现海外文化传播本土化。引导国外学界、业界、媒体以国外受众喜闻乐见的形式传播中国世界遗产。扶持海外文化社团开展面向当地社会的我国遗产文化展示和传播活动。主动开展与国际著名媒体的交流，引导他们以更客观的态度看待、宣传中国世界遗产和中国文化发展现状。

三是建设世界遗产交流互鉴窗口。用好"东亚文化之都"、东盟中日韩"10＋3"文化城市网络平台，加强与世界历史文化名城、世界城地组织成员、国际友好城市的文化交流合作。做好"一带一路"沿线国家和地区友城结对工作，形成国际友城全球网络和全方位境外工作网络。

四是发挥国际平台交流作用。利用世界遗产中心、国际古迹遗址理事会、国际博物馆协会、世界旅游组织、丝绸之路国际旅游城市联盟、澜湄旅游城市合作联盟、中国古迹遗址保护协会、丝路沿线城市广播电视媒体协作体作用，开展文化交流、艺术展演、文物互展和世界遗产保护交流。

五是构建境外世界遗产旅游促销新格局。深耕日韩、拓展欧洲、兼顾周边，重点加大在"一带一路"沿线国家和地区主要航空客流集散地等交通枢纽的宣传平台布点。创新海外营销模式和体系，充分发挥我国文化旅游全球网络推广合作联盟作用，构建会展、活动、电商、媒体多元化宣传营销新矩阵，加强线上线下精准营销。

(三) 创新遗产传播新手段

一是加强中国世界遗产资源转化。深入挖掘中国世界遗产所蕴含的时代精神和世界意义，突显中国世界遗产的中国性、东方性和世界性，加强中华文明标识的提炼和对外推介。第一，要尊重历史事实，准确解读世界遗产的内涵，结合时代内涵进行权威解读和阐释，形成系列世界遗产经典读本，要注重历史性、教育性、时代性、通俗性。第二，鼓励各类主体加强海外运营，通过开发外向型文化产品，拓展海外市场，提升中国原创 IP 影响力。第三，要完善世界遗产的价值表达。要按照时代进步要求和发展的现状和趋势，不断完善和丰富世界遗产时代内涵，有效提升其影响力和感召力。实现世界遗产的话语体系转变，创新话语表达方式，激发话语体系的活力。

二是利用高新数字技术。突破以往单纯依靠博物馆文物陈列展览、图书海报科普宣传册等单一传播形式，充分利用多媒体、数字化技术、多维电影、大数据、5G、VR、MR 技术、沉浸式体验、4D 实景再现等影像化、数字化传播的手段和方式，借助影视作品、短视频平台、各类展演活动等渠道，用好推特、优兔、TikTok 等国际社交媒体平台，打造数字化、移动化、社交化的互动线上传播体系，重现历史情景，拉近人与历史的距离,将虚拟世界和现实世界全面打通,让遗产"活"起来。

三是讲好中国世界遗产故事。习近平总书记指出:"讲好中国故事,展现真实、立体、全面的中国,提高国家文化软实力。"[1] 讲好中国世界遗产故事是讲好中国故事的重要途径。第一,通过采用世界遗产故事宣讲、串讲、小品、舞台剧、情景剧、Rap 等时代性较强的方式,以时尚化、现代化表达方式走进景区街区、敬老院、机关单位、部队、学校、社区、厂矿企业等,推动世界遗产主题的研学实践内容与形式的多样化、现代化、创新化。充分借助影视网等新媒体渠道,与观众进行深度互动。第二,以文化演艺为重点,提高世界遗产叙事能力。聘请专业策划团队,高端策划不同规模、多种形式的文化演艺活动,利用现代声光效果和多媒体手段,通过多元化效果、创新的观演方式,将世界遗产的价值转化为看得见的历史、可触摸的历史。第三,通过标识系统和解说系统建设,对世界遗产进行事实性解释和故事化表达,让普通游客最直观地感知世界遗产的来龙去脉和蕴含的遗产价值。引入现代化解说手段,利用二维码、自助解说器等技术,细化标识牌设置,突显世界遗产价值、彰显世界遗产魅力。

第五节 构建全方位的世界遗产管理体系

中国世界遗产是承载华夏文明的基石,见证着原汁、原味、原生态的中国文化。保护世界遗产就是要留住文化根脉,守住民族之魂。当今中国,世界遗产保护事业的内涵正在逐渐深化,世界遗产保护的要素、类型、空间、时间、性质、形态等各方面都发生着深刻变革,这要求遗产保护工作者要积极响应当代世界遗产保护发展的时代诉求,

---

[1] 习近平:《决胜全面建成小康社会 夺取新时代中国特色社会主义伟大胜利——在中国共产党第十九次全国代表大会上的报告》,人民出版社2017年版,第44页。

并始终以中国文化特性作为我国世界遗产保护研究与实践的根本落脚点，紧紧围绕中国文化发展规律和中国传统审美意识、思维方式、价值取向等学理内涵特征，充分借鉴汲取古代、近代文物保护理念、思路、举措和典型案例的有益部分，客观求实地探索、构建一套契合中国文化本色和现实发展需求的中国世界遗产保护管理体系，立足重构遗产环境、活化遗产内涵、拓展遗产产业、创新遗产管理和彰显遗产价值五大基本要素，为中国世界遗产可持续发展提供源源不断的生命力，同时也讲好中国世界遗产故事，塑造中国世界遗产品牌，为国际文化交流、竞争大格局中的世界遗产保护事业贡献中国特色的"遗产智慧"和"遗产力量"。

一　构建中国特色遗产管理体系的原因

现行的国际保护理念和规则，尤其是世界遗产遴选的标准，基本上是1964年以意大利学派为基础形成的《威尼斯宪章》，后来的《内罗毕建议》《华盛顿宪章》《关于乡土建筑遗产的宪章》等，无非是对它的补充、完善，或者是把它的观念、理论和方法、原则更具体化，以便操作。不可否认，《威尼斯宪章》是一个科学的纲领性文件，它的原理是普遍的，但客观上讲它还是忽略了文化的多样性和文化传统，尤其是东方国家遗产特性，以及各民族的价值观念、审美情趣、思维方式等的不同。随着各民族各国家的文化自觉、文化自信的增强，很大程度上使发展中国家综合国力增强，在文化遗产领域的话语权也逐渐变强，《奈良宣言》《北京宣言》《西安宣言》等的发表，在某种程度上表明了东亚各国随着综合国力的增长，在努力地寻求与国际地位相匹配的管理体系。

但是，中国与西方在遗产保护发展上具有的理念认知和实践规范的差异是由中西方不同的遗产特性和不同的审美崇尚、价值取向决定的，而这正是建立中国特色遗产保护发展理念必须考虑的重要因素。从理论依据上来说，首先要坚守中华文化发展的规律和趋势，充分发挥人的主体性、能动性；其次要严格遵循中国遗产的本质特性和中国传统的审美取向；最后要与时俱进，充分体现发展的时代性、先进性、创新性。

（一）文化发展的客观规律

文化发展是一个扬弃和创新创造的过程，时代新文化出现和发展的过程既是对前一时代的文化精华的继承，又融入时代文化新的内容、要素和形式。文化发展的根基在于文化的继承。同时，一味地继承而不融入新的时代文化要素进行创新，文化的发展就只能是一种毫无活力、毫无现实价值的机械重复。作为文化物化表现的遗产的发展也必然是一个扬弃和创新联动的过程。例如，就可移动文物而言，如青铜器、玉器等，一个时代的器物形制总是继承与创新同时作用的结果；就不可移动文物来说，如古建筑、古塔等，其形成的外在形式和风格也是继承与创新联动的产物。由于遗产本身的发展有这样的特点，因此对其的保护也应遵循这样的特点。应根据文物古迹本身的特性及现存的实际情况，针对性选择局部或整体加固的措施。特殊情况下，为了长期留存的需要，也可考虑改变其原有结构或材质加以维修保护，而不必教条地恪守所谓"保存现状""原封不动"的原则。

（二）主客体有机关系辩证

辩证唯物主义认识论指出，主客体之间不仅是认识的过程，更为重要的是改造和被改造的实践过程。主体认识客体的过程也是改造客体的过程。把握好主体对客体的能动作用，要求我们在保存世界遗产本质的同时，也要积极发挥遗产保护工作者的主观能动性，要避免由于割裂客体与主体的有机联系，导致世界遗产与遗产保护者成为相互隔绝的两极。同时，面对文物古迹日渐遭受损坏的情况，遗产保护者不能因为不作为，而导致人为地延误或错失制止遗产损毁、破坏的有利时机。要切实发挥主体能动性，加强创新意识，在保护和发展中不断增强自身的责任感和使命感。

(三) 中国世界遗产的固有特性

建筑物和大遗址是中国文化遗产的主要类型构成，砖木、土木结构建筑体系构成中国古代建筑的主体。正如前文所说，由于砖木、土木结构建筑体系具有相当灵活的调节机制，因此能够针对不同地区的自然条件，进行灵活的调节，在统一的构筑体系中形成多元的构筑形态和有机的建筑形象。这完全不同于以石质结构为主的古建筑的西方国家，如古希腊、古罗马时期的一些神庙、宫殿，其主体结构、基本轮廓具有不易破损、保存时间长等特点，虽经数千年风雨剥蚀依然保存至今。而中国遗产建筑较之石质材料容易糟朽、变性、风化、流失、受虫蛀，在强度和耐久性上都要差很多。另外，构件的榫卯连接也降低了结点处的强度。对砖木、土木结构建筑而言经常性的维修和对毁损构件的替换是必不可少的。造成破坏的主要原因也有很多，如屋顶渗漏、基础非均匀沉降、长期荷载作用以及虫蛀、自然风化、水土流失等。因此，中国世界遗产保护发展应当采取适合中国特点和特色的保护理念和原则。

(四) 中国传统的审美崇尚与价值取向

中华民族的审美崇尚和价值取向很大程度体现在中国文化遗产的表现形式、概念内涵、内容构成、价值特征上。反过来，保护发展世界遗产的理念、方法和趋向也在很大程度上取决于作为深层文化结构的审美崇尚和价值取向。与西方强调遗产功能属性不同，中国更强调精神价值的完整与连续。比如，以善为美，重教化、尚伦理的审美倾向及重和谐包容、天人合一、顺其自然的价值取向，决定了其在世界遗产保护发展中更注重整体风格、人文环境与象征意义。而西方以真为美，重科学、尚真诚的审美意向及重对立、斗争，强调规模与平直性，尚理性的价值取向，使其在世界遗产保护发展中更多地关注遗产真实性和对实体元素的保留。今天，应在思路、方法及成效评估基础上建立中国特色世界遗产保护发展理念，真正走出一条符合中国国情的世界遗产保护发展新路子。

（五）发展的时代内涵

从现实性上来说，衡量一种世界遗产保护发展理念是否合理、科学、有效，关键是要看该理念是否充分体现出发展的时代内涵和发展的现实趋势，具体来讲，就是能否在有效保护遗产本体的同时实现周边环境的优化；能否有效承载遗产所在民族或地区的审美习惯和价值追求；能否在有效传承遗产历史文化信息的基础上，展现其蕴含的重要教育价值；能否有效提高遗产区居民的生活质量、提升其幸福指数；能否有效促进经济社会发展，真正实现有效惠及全体人民。今天，建立中国特色世界遗产保护发展理念，要不断增强人们在面对新发展趋势时的能动性认知，紧紧地把发展的时代创新性内涵融入世界遗产保护发展，切实把世界遗产资源打造成新时代文化建设的重要内容和文化强国建设的有力支撑。

二 构建中国特色世界遗产管理体系的主要内容

2020年，习近平总书记在中央政治局第二十三次集体学习时强调，要建设中国特色、中国风格、中国气派的考古学，更好认识源远流长、博大精深的中华文明。由此可知，当下我国文化遗产领域最大的问题是未能走出一条立足我国世界遗产特性，符合我国国情的遗产保护之路。我国特色世界遗产管理体系可从三个层面进行探讨①。

（一）宏观层面

运用价值论分析方法，解析我国传统哲学思想在对世界遗产保护发展理念中的重要影响，包括各个思想流派的价值观，如儒家崇尚的道德哲学在文化遗产发展中真善美价值的释义，道家提倡的自然主义在文化遗产美学价值中的重要阐释，墨家的功利实用价值观对世界遗产认知、修复方式的导向，以及民俗观念，如宗法礼制、符号象征等对建筑制式的影响。同时也应了解在西方世界遗产保护发展理念中西方主流价值观的指导意义，相关流派主要思想的内容及发展沿革和历史逻辑，以及对世界遗产保护发展理念的主要影响。

（二）中观层面

运用系统论的方法，研究世界遗产保护发展与外部边界环境之间，以及世界遗产保护发展内部各子系统间的相互渗透，揭示其通过系统良性运行机制所形成的有机联系性与系统整体性。外部环境研究如何实现世界遗产保护和生态环境建设的良性互动，以生态环境建设实效增强世界遗产保护发展的良好成效，以世界遗产保护发展扩充丰富生态环境的文化内涵和时代内涵。内部结构主要研究内容应涵盖如下方面。一是保护管理，探索如何研究建立或优化文化遗产登录制度、公众参与制度及多方监督体系等；二是资金保障，探索如何构建国家为主体、市场有效参与、民间慈善及文化基金积极支持相协同的全方位

---

① 李颖科：《中西方文化遗产保护理念辨析——兼论中国特色文化遗产保护发展理念的理论建构》，《中国文化遗产》2020年第1期。

资金保障体系；三是教育科研，探索如何发挥研究机构、教育体制与培训体系在世界遗产保护发展中的作用；四是法律保障，在充分掌握我国法律保障体系现状和法律法规内容的基础上，探索如何在我国世界遗产保护发展中增强法律法规建设的规范、指导和引导作用。

（三）微观层面

运用控制论的观点，深入展开对国际普遍遵循的世界遗产保护修复原则的"本土释义"工程，积极开发符合我国世界遗产结构特点和特殊性的保护、修复性技术措施。如对世界遗产资源实行分层次干预政策，针对遗产的不同状况，对其采用维持现状、加固性、修补性、复原性、重建性修复或适应性再利用等个性化手段。研究运用新技术手段对世界遗产风貌进行有效维护，如对世界遗产进行科学考据和技术构造或处理等。

三 加快世界遗产管理能力现代化

着眼于世界遗产保护管理能力的现代化。将世界遗产的核心价值、社会服务和产业发展打造成一种国家意识、社会意识，需要以完善的法律制度体系来保障，要加强理论、政策、法律、物质等方面的指导和配合，以保障世界遗产传承发展的有效实现。

（一）管理体制机制方面

完善顶层设计，实施国家宏观指导下的地方政府属地管理体制，实现以保护有效性为核心、管理权威性为战略的新体制。要建立健全文化遗产资源资产管理制度，按照依法规范的要求，建立党委和政府监管有机结合、宣传部门有效主导的管理模式，推动实现管人、管事、管资产、管导向相统一。进一步深化和完善经营性遗产管理事业单位法人治理结构，建立具有文化特色的现代企业制度。健全支持遗产金融政策的创新，增加遗产金融服务供给。健全归属清晰、权责明确、保护严格、流转顺畅的现代产权制度，加强产权保护和激励。深入推进"放管服"改革，深化文化遗产领域行政审批制度改革，提升对遗产领域相关企业的服务水平。

(二) 管理模式方面

围绕制度化、法治化、市场化、科技化四位一体的管理理念，健全相应的管理机构，探索构建符合中国世界遗产特性和国情的中国遗产特色管理模式；要把我国的世界遗产保护纳入法治化轨道，加快研究制定一部既对接国际公约又适应我国国情的法律。在规章制度上，要建立和规范相关法律制度，依法依规弘扬传承世界遗产。把制度建设贯穿世界遗产传承发展的全部环节，设置专门机构，明确制度规范。同时，也只有制定和实施世界遗产法律制度，才能够以国家强制力规范人们的行为，从而避免世界遗产传承发展过程中的不当行为。

(三) 社会参与方面

不断提升社会参与便利化。全面实行政府文物权责清单制度，推行文物行政许可标准化，让审批更简、监管更强、服务更优。保持世界遗产领域法律政策的稳定性和连续性，明晰社会参与的法律规制、优惠政策和各方权益，健全世界遗产用途管制制度，实行社会参与世界遗产保护利用准入前国民待遇加负面清单管理制度，划定世界遗产保护利用的红线和底线，让社会力量进得来、留得住、能发展[1]。

---

[1] 刘玉珠：《让文物活起来大有可为（文明之声）》，《人民日报》，http：//culture.people.com.cn/n1/2019/1228/c1013-31526723.html，2019年12月28日。

(四) 政策扶持方面

将世界遗产保护经费纳入同级财政预算进行管理，建立稳定、可观、长效的资金保障机制，积极制定世界遗产相关产业发展政策、税收优惠政策以及土地划拨、基础设施建设等方面的政策，尤其是要吸引和扶持社会资本进入世界遗产保护利用领域并发挥作用。

四 强化遗产地社区可持续发展

从20世纪90年代以来，国际社会越来越关注遗产保护与全球化进程、经济社会发展、原住民、公众之间的关系，已将文化遗产保护与人、社会发展看作一个有机系统。2015年11月，联合国教科文组织世界遗产公约缔约第20届国大会更是首次明确提出，世界遗产的保护和管理要与可持续发展理念相适应。衡量世界遗产保护的标准除了强调突出普遍价值，也将所有保护管理策略置于更加广泛的"环境可持续""社会包容性发展""经济包容性发展"和"安全与和平"等可持续性议题。2017年7月第41届联合国教科文组织世界遗产委员会，讨论联合国可持续发展目标中世界文化和自然遗产目标的本地化问题，以及怎样让世界遗产可持续发展的目标与各国各地的具体实际相结合。由此可以看出，世界遗产保护不再仅仅是文化领域的专业和技术问题，而是一项涉及广泛的政治议题，需要纳入所在国具体的社会重大问题中考量，需要融入并满足新时代社会发展需求。当下，我国的重大社会热点难点问题是经济发展、文化繁荣、生态治理、防止返贫、乡村振兴等，只有把世界遗产文化竞争力提升与我国重大现实社会问题相结合，才能让我国世界遗产保护发展创新扎根深厚的时代土壤，让世界遗产保护成果真正惠及广大人民。

党的十八大以来，我国在推进"五位一体"总体建设过程中，更加强调对文化遗产进行保护，同时提出文化遗产保护与政治、经济、文化、社会、环境的深度融合。如《国家文物事业发展"十三五"规划》提出，积极推动文物保护利用工程与新型城镇化建设、新农村建设相结合，与扶贫攻坚重大工程和经济发展现实要求相结合，与打造美丽中国相结合，在延续历史文脉的过程中，着力建设人文城市，打造新型特色小镇和美丽乡村。2014年发布的《国家新型城镇化规划（2014—2020年）》提出，要"把城市建设成为历史底蕴厚重、时代特色鲜明的人文魅力空间"[①]。在旧城改造中有效发挥文化遗产、传统文化的作用，促进城市功能提升与文化文物保护深度结合。同时在新城新区建设中合理融入传统文化元素，增强城市人文和历史底蕴。要加强优秀文化的保护、传承和弘扬，保存城市文化记忆。2018年《乡村振兴战略规划（2018—2022年）》提出，全面保护文物古迹、历史建筑、传统民居等传统建筑，尊重原住居民生活形态和传统习惯，传承发展。这些文件和政策的出台表明，我国遗产保护与国家重大的时代战略部署是密不可分的，二者在其中起到了重要的互相推动作用。

强化遗产地社区可持续发展，在传承发展机制上，要构建全民共建共享机制。要大力弘扬世界遗产的重要地位，对能够切实传承世界遗产的单位和个人给予精神和物质鼓励，以引导带动他人。

第六节 构建协同化的世界遗产创新体系

一 构建世界遗产创新体系

创新最重要的是要在立足创新动力和创新机制的基础上，形成良

---

① 《国家新型城镇化规划（2014—2020年）》，中央政府门户网站，2014年3月16日，http://www.gov.cn/zhengce/2014-03/16/content_2640075.htm?gs_ws=people_635526506196531245，2022年10月1日。

好的创新生态系统和环境，搭建交流互动的平台和渠道，培育引进创新主体，形成活力迸发的创新局面。

一是要形成良好的创新生态环境，产生持续发展的创新动力和创新机制，构建起富有时代特色的世界遗产创新体系。要立足我国世界遗产的价值内涵，结合时代所需，融合科技、人才、资本等要素，打通资源、创意、市场全链条，充分发挥政府、市场、高校、科研院所等各方力量，实现世界遗产保护利用理念、人才培养、技术手段等方面的创新。实施世界遗产金融扶持计划和文化遗产创业创意人才扶持计划，撬动社会资本和金融资本更多投入，推进世界遗产活化利用的协同创新、成果转移和社会共享。

二是要拓展社会参与渠道，建立健全全民参与的渠道、平台和网络体系，重点完善多元化激励驱动机制、立体化舆论引导机制、多层次营销交流机制等制度保障，调动企业、协会、科研单位以及媒体、个人等社会力量"各尽其能"，协同参与、多元共治、成果共享。

三是搭建国际化遗产保护利用技术创新平台。设立国家级科技与世界遗产保护利用创新融合的应用平台。面向国际组织世界文化遗产领域内"一带一路"沿线国家学术机构、世界遗产技术创新和数据共享联盟，配套建立和完善世界遗产保护管理、监督和运行制度，建立包括文化界、考古界、产业界、科技界以及相关社会组织共同构成的协会组织，形成保护利用技术平台和大数据技术研究与应用的国家级"数字社区"，并以此为支撑传承、创新世界遗产。

二 加强遗产与数字融合发展

近年来，随着科技与文化产业的不断融合，也出台了一系列的相关政策，为世界遗产利用最新科学技术提供了广阔空间。2016年11月，国务院印发的《"十三五"国家战略性新兴产业发展规划》提出以数字技术和先进理念推动文化创意与创新设计产业加快发展，促进文化领域与科技手段的深度融合，推动相关产业要素相互渗透。同年《"互联网＋中华文明"三年行动计划》中明确指出，要推动中华传统文化传承与互联网创新能力深度融合，深入挖掘和拓展文物蕴含的重大历史价值和宝贵的当代意蕴，充分彰显中华文明的独特魅力。

一是依托云计算、5G、大数据、人工智能等前沿技术，深入挖掘我国世界遗产资源，利用现有数据资源和支撑平台，推动我国世界遗产保护和利用全面数字化、智慧化发展。

二是从互联网思维到数字思维，构建我国世界遗产文化产业集群科创中心，作为载体引进一批、培育一批产业伙伴推动我国数字遗产产业的发展。

三是科技互联、智慧共享，着力数据汇聚、打破壁垒，构建以我国世界遗产为主题的文化产业链向以"人"为中心的文化生态链转化，从生产、研发到服务等实现可管可控的互联互通体系，以及虚拟与现实的智慧共享。

四是突出关键共性技术、前沿引领技术、现代工程技术、颠覆性技术创新，取得更多"硬科技"原创成果并投入世界遗产保护利用领域。加强央地省部协同，重点在世界遗产文化制造、世界遗产文化展示、世界遗产文化保护等方面加大科技投入力度，突破世界遗产关键保护利用技术，打造若干个国家级世界遗产文化和科技融合创新示范基地。

三　重构世界遗产产业体系

世界遗产不仅仅是一种文化资源，更是一种宝贵的经济资源。新时代我国经济已由高速增长阶段转向高质量发展阶段，保护发展世界遗产、提升世界遗产文化竞争力，要充分依托世界遗产独特的经济价值属性，着力推动经济高质量发展，提升我国文化软实力。

一要依托世界遗产资源，调整产业结构。围绕产业链部署创新链，围绕创新链布局产业链，在提升传统遗产业态、培育拓展新兴业态方面加强创新创造。在加快发展创意设计、演艺娱乐、传媒影视、动漫游戏、信息服务、会展广告、电子竞技的基础上，着力打造附加值高、创造性强、成长性好、活力性大的现代文创产业。

二要依托世界遗产资源，发展现代文化产业。创新世界遗产的保护方式、保护内容、保护机制，拓展文化产业发展的新领域、新途径、新动力，加快特色文化产业发展步伐。可充分依据各地独特的世界遗产资源，通过创意转化、科技提升和市场运作，提供具有鲜明地域特色和民族特色的文化产品服务和产业形态，推动特色文化产业不断取得新发展。并要通过对世界遗产文化元素内涵、特征的深入挖掘与创造提升，大力发展文化创意产业。通过创意思维、创意手法重构世界遗产文化元素，从内在精神上转换、传递遗产价值，在设计理念、设计语言、设计风格上体现当代设计精神和国际流行趋势，将世界遗产以文化创意产品的形式呈现，使其蕴含深厚的文化内涵和鲜明的地域特色，同时贴近实际、贴近生活、贴近群众，满足群众对文化产品多元化的需求，从而推动世界遗产价值在互动、传播中得到认知与提升，并赋予中国文化产品特殊的文化魅力和市场竞争力，使其能在国际市场竞争中发挥比较优势，向世人传达中国审美和价值观念。

三要依托世界遗产资源，提升产品质量。要着力通过挖掘、阐释、表征世界遗产的"文化符号"来提升产品质量。首先要以世界遗产价值内涵的独特性、地域文化的差异性提升产品质量，增强文化产品的表现力和吸引力，彰显文化遗产的"符号价值"。其次要重视世界遗产产品功能的现代转换。按照时代的进步和要求，丰富和完善世界遗产内涵，不断增强其影响力、吸引力和感召力，将原有功能保留传统工艺和技艺的同时进行创新性发展，对其赋予新的内容、注入新的活力，研发出新的产品。

四　创新世界遗产人才体系

立足世界遗产的价值内涵，结合未来时代所需，融合科技、人才、资本等要素，充分发挥政府、市场、高校、协会等各方力量，实现世界遗产保护利用理念、人才培养、技术手段等方面的创新。

一是遗产保护管理人才培育创新。当前，我国在联合国教科文组织以及其他重要文化遗产国际机构和组织中的技术专家、国际公务员、实习生和志愿者人数相对缺乏，尤其极度匮乏具有国际管理经验和管理才能的高层次人才。国际高端组织人才培养是一项系统性、长期性、艰巨性工程，应当创新培养体制机制，广开培养渠道，充分利用国内国外资源，通过初级专业官员（JPO）机制，依托资金援助、竞聘支持、双边推进等方式，锻炼培养具有国际视野、国际组织管理能力的管理者和技术人才。

二是遗产传承人培养传承体系创新。建立非物质文化遗产保护的地方主体责任制度，建立和不断完善非物质文化遗产领域各个层级的文化遗产传承人体系。

三是加大遗产相关领域的人才培养创新。加大人才培养选拔和培训力度，培养造就一支国际化世界遗产交流队伍，加强新组织、新领域、新业态人才培训，把遗产有关的新文艺群体、民间文化人才、网络名人纳入培训范围，进一步加强非公领域国际文化交流人才的教育培训。

四是着力提升基层服务人员的服务水平和能力。推进公交车、出租车、网约车、地铁乘务人员的英语教育培训工程。举办金牌导游大赛，选拔、储备一批素质高、业务强、形象好的优秀外语导游接待队伍。

第七节 本章小结

本章从我国世界遗产在国际文化大交流格局中的竞争力出发，针对目前我国世界遗产面临的主要问题和存在的短板，分析其存在的原因。同时，立足当下中国特色社会主义伟大实践的要求，以马克思主义文化观为指导，立足我国世界遗产特性和我国国情，面对新时代国民对遗产体验的要求，从遗产生产力、遗产消费力、遗产支撑力、遗产传播力、遗产管理力、遗产创新力六个维度来探寻提升我国世界遗产竞争力的路径和策略，有针对性地提出了构建多元化的世界遗产生产体系、多样化的世界遗产消费体系、一体化的世界遗产支撑体系、多渠道的世界遗产传播体系、全方位的世界遗产管理体系、协同化的世界遗产创新体系六个方面的路径和举措，以期提升我国世界遗产文化竞争力，走出一条符合中国国情的遗产保护利用之路。

附　录

附录1

遗产生产力归一化的数据

国家	世界遗产数量	非物质文化遗产名录数量	世界遗产预备名单数量	自然和文化旅游资源数量
中国	1.00	0.00	0.77	1.00
意大利	1.00	1.00	0.48	0.90
西班牙	0.83	0.33	0.37	0.91
德国	0.78	0.00	0.08	0.77
法国	0.75	0.33	0.41	0.94
印度	0.58	0.00	0.52	0.70
墨西哥	0.50	0.33	0.27	0.88
英国	0.43	0.00	0.09	0.70
俄罗斯	0.35	0.33	0.29	0.35
伊朗	0.23	0.33	0.71	0.00
美国	0.23	0.00	0.24	0.65
日本	0.20	0.00	0.24	0.79
巴西	0.18	0.33	0.27	0.87

续表

国家	世界遗产数量	非物质文化遗产名录数量	世界遗产预备名单数量	自然和文化旅游资源数量
澳大利亚	0.13	0.00	0.01	0.68
加拿大	0.13	0.00	0.13	0.52
希腊	0.08	0.67	0.17	0.24
土耳其	0.08	0.00	1.00	0.20
葡萄牙	0.05	0.33	0.24	0.42
波兰	0.03	0.00	0.05	0.14
瑞典	0.00	0.00	0.00	0.13

附录 2

遗产消费力归一化的数据

国家	国际游客入境人数规模	国际游客入境消费规模	每位国际游客平均支出	旅游休闲业占国内生产总值份额
中国	0.68	0.14	0.16	0.22
意大利	0.65	0.20	0.43	0.61
西班牙	0.94	0.31	0.88	0.58
德国	0.40	0.17	0.31	0.31
法国	1.00	0.28	0.29	0.38
印度	0.13	0.11	0.39	0.33
墨西哥	0.42	0.09	0.61	0.94
英国	0.40	0.22	0.99	0.35
俄罗斯	0.24	0.03	0.79	0.00
伊朗	0.00	0.00	0.41	0.18

续表

国家	国际游客入境人数规模	国际游客入境消费规模	每位国际游客平均支出	旅游休闲业占国内生产总值份额
美国	0.88	1.00	1.00	0.21
日本	0.29	0.15	0.45	0.16
巴西	0.02	0.01	0.08	0.24
澳大利亚	0.05	0.18	0.00	0.25
加拿大	0.19	0.08	0.13	0.11
希腊	0.27	0.06	0.33	1.00
土耳其	0.40	0.09	0.96	0.43
葡萄牙	0.20	0.06	0.77	0.81
波兰	0.16	0.04	0.76	0.10
瑞典	0.02	0.05	0.90	0.17

附录3

遗产支撑力归一化的数据

国家	遗产旅游价格竞争力指数	遗产旅游基础设施指数	遗产旅游安全保障指数	旅游休闲业就业人数占比
中国	0.70	0.19	0.68	0.22
意大利	0.35	0.82	0.63	0.47
西班牙	0.52	0.96	0.93	0.33
德国	0.40	0.81	0.78	0.49
法国	0.38	0.74	0.70	0.30
印度	0.82	0.00	0.15	0.34
墨西哥	0.60	0.52	0.00	0.64

续表

国家	遗产旅游价格竞争力指数	遗产旅游基础设施指数	遗产旅游安全保障指数	旅游休闲业就业人数占比
英国	0.00	0.85	0.76	0.32
俄罗斯	0.74	0.35	0.46	0.00
伊朗	1.00	0.01	0.58	0.06
美国	0.43	0.96	0.69	0.22
日本	0.47	0.75	0.97	0.06
巴西	0.64	0.43	0.06	0.13
澳大利亚	0.35	0.84	0.91	0.29
加拿大	0.49	0.84	0.89	0.25
希腊	0.47	0.76	0.66	1.00
土耳其	0.69	0.58	0.05	0.06
葡萄牙	0.53	1.00	1.00	0.60
波兰	0.70	0.44	0.68	0.07
瑞典	0.31	0.51	0.80	0.20

附录 4

遗产传播力归一化的数据

国家	举办国际性遗产会议次数	世界遗产搜索指数	遗产旅游国际开放指数	世界遗产优先旅游指数
中国	0.25	1.00	0.33	0.48
意大利	0.50	0.82	0.72	0.48
西班牙	0.25	0.10	0.65	1.00
德国	0.38	0.00	0.77	0.60

附　录

续表

国家	举办国际性遗产会议次数	世界遗产搜索指数	遗产旅游国际开放指数	世界遗产优先旅游指数
法国	1.00	1.00	0.76	0.64
印度	0.13	0.84	0.61	0.27
墨西哥	0.25	0.29	0.63	0.68
英国	0.13	1.00	0.76	0.55
俄罗斯	0.25	0.77	0.00	0.33
伊朗	0.00	1.00	0.06	0.00
美国	0.38	0.90	0.68	0.82
日本	0.13	0.41	0.90	0.74
巴西	0.25	0.42	0.28	0.15
澳大利亚	0.25	1.00	1.00	0.71
加拿大	0.38	1.00	0.54	0.62
希腊	0.00	1.00	0.71	0.88
土耳其	0.13	0.19	0.60	0.63
葡萄牙	0.00	0.67	0.75	0.93
波兰	0.25	0.10	0.71	0.23
瑞典	0.00	0.41	0.70	0.37

附录5

遗产管理力归一化的数据

国家	世界遗产重要组织领导人人数	遗产旅游政策支持指数	营商环境	国家信用评级
中国	0.14	0.22	0.46	0.80
意大利	0.86	0.32	0.15	0.61

续表

国家	世界遗产重要组织领导人人数	遗产旅游政策支持指数	营商环境	国家信用评级
西班牙	0.14	1.00	0.37	0.71
德国	0.71	0.88	0.83	1.00
法国	0.43	0.85	0.50	0.92
印度	0.00	0.40	0.55	0.56
墨西哥	0.14	0.58	0.22	0.60
英国	0.00	0.30	0.97	0.90
俄罗斯	0.14	0.00	0.27	0.55
伊朗	0.14	0.03	0.10	0.00
美国	1.00	0.56	1.00	0.98
日本	0.29	0.84	0.82	0.77
巴西	0.29	0.01	0.00	0.42
澳大利亚	0.57	0.79	0.65	1.00
加拿大	0.71	0.63	0.70	1.00
希腊	0.00	0.84	0.11	0.38
土耳其	0.14	0.52	0.33	0.35
葡萄牙	0.00	0.86	0.46	0.71
波兰	0.14	0.52	0.27	0.71
瑞典	0.00	0.49	0.75	0.99

附录6

遗产创新力归一化的数据

国家	开设遗产学科高校院所数量	专利申请数	遗产旅游创新能力指数	人类发展指数
中国	0.08	1.00	0.55	0.38
意大利	0.18	0.23	0.56	0.81
西班牙	0.14	0.15	0.54	0.84
德国	0.31	0.12	1.00	1.00
法国	0.20	0.03	0.80	0.84
印度	0.00	0.01	0.27	0.00
墨西哥	0.02	0.07	0.11	0.41
英国	0.55	0.00	0.82	0.93
俄罗斯	0.02	0.00	0.31	0.61
伊朗	0.00	0.02	0.00	0.51
美国	1.00	0.22	0.95	0.93
日本	0.04	0.31	0.83	0.92
巴西	0.02	0.01	0.22	0.39
澳大利亚	0.18	0.01	0.65	1.00
加拿大	0.20	0.12	0.74	0.94
希腊	0.04	0.01	0.15	0.77
土耳其	0.02	0.05	0.13	0.54
葡萄牙	0.04	0.02	0.32	0.70
波兰	0.06	0.05	0.24	0.77
瑞典	0.06	0.06	0.84	0.99

参考文献

一 中文专著

鲍展斌:《文化研究遗产——马克思主义文化遗产观》,浙江大学出版社 2008 年版。

杜晓帆:《文化遗产价值论探微：人是文化遗产的灵魂》,知识产权出版社 2020 年版。

顾江:《文化遗产经济学》,南京大学出版社 2009 年版。

林敏霞:《文化资源开发概论》,知识产权出版社 2021 年版。

彭兆荣:《中国文化遗产田野案例报告》,北京大学出版社 2022 年版。

祁述裕:《中国文化产业国际竞争力报告》,社会科学文献出版社 2004 年版。

权东计、朱海霞:《大遗址保护与遗址文化产业发展——以汉杜陵（雁塔）区域发展为例》,陕西人民出版社 2007 年版。

孙麾、林剑:《马克思的文化观与当代中国文化建设》,中国社会科学出版社 2015 年版。

徐嵩龄:《第三国策：论中国文化与自然遗产保护》,科学出版社 2005 年版。

中国文化遗产研究院：《中国世界文化遗产 2020 年度保护状况总报告》，文物出版社 2021 年版。

二　中文译著

［澳］罗德尼·哈里森：《文化和自然遗产：批判性思路》，范佳翎等译，上海古籍出版社 2021 年版。

［美］迈克尔·波特：《国家竞争优势》（下），李明轩、邱如美译，中信出版社 2012 年版。

［美］约瑟夫·奈：《软实力》，马娟娟译，中信出版社 2013 年版。

三　中文期刊

安彦林、李齐云：《财政分权与地方政府公共文化服务供给》，《广东财经大学学报》2017 年第 3 期。

陈来生：《中国世界遗产旅游可持续发展研究简述》，《学术月刊》2003 年第 11 期。

陈炜：《基于 TCM 和 CVM 方法的生态科普旅游资源价值评估——以桂林喀斯特世界自然遗产地为例》，《社会科学家》2019 年第 1 期。

陈享尔等：《游客原真性感知与世界遗产资源原真性内涵集合式关系研究》，*Journal of Resourecs and Ecololgy* 2014 年第 5 期。

陈耀华、赵星烁：《中国世界遗产保护与利用研究》，《北京大学学报》（自然科学版）2003 年第 4 期。

程圩、张澄：《中国文化遗产竞争力指标体系构建与测评》，《人文地理》2021 年第 3 期。

顾乃华、夏杰长：《我国主要城市文化产业竞争力比较研究》，《商业经济与管理》2007 年第 12 期。

顾正甲、姚天昉:《评价对象及其倾向性的抽取和判别》,《中文信息学报》2012年第4期。

官彬:《乡村类世界遗产的保护与旅游开发——以湖北省唐崖土司城为例》,《湖北社会科学》2019年第2期。

洪巍、李敏:《文本情感分析方法研究综述》,《计算机工程与科学》2019年第4期。

华春霞、贾鸿雁:《非物质文化遗产与旅游开发》,《东南大学学报》(哲学社会科学版)2007年第A2期。

黄杰龙等:《基于PSM的中国世界遗产旅游促进效应评估——210个风景名胜区的数据实证》,《干旱区资源与环境》2018年第11期。

黎巎等:《基LDA的游客网络评论主题分类：以故宫为例》,《情报工程》2017年第3期。

李健仪等:《旅游公共服务质量量表的设计与检验》,《旅游学刊》2016年第11期。

李蕾蕾:《逆工业化与工业遗产旅游开发：德国鲁尔区的实践过程与开发模式》,《世界地理研究》2002年第3期。

李如生:《中国世界遗产保护的现状、问题与对策》,《城市规划》2011年第5期。

李淑敏、李荣启:《论非物质文化遗产的保护原则》,《船山学刊》2005年第3期。

李卫强:《北京市文化产业竞争力的实证研究》,《国际贸易问题》2012年第3期。

李萱、赵民:《旧城改造中历史文化遗产保护的经济分析》,《城市规划》2002年第7期。

梁晨晨、李仁杰:《综合LDA与特征维度的丽江古城意象感知分析》,

《地理科学进展》2020 年第 4 期。

梁圣蓉、阙耀平：《非物质文化遗产的旅游价值评估模型》，《南通大学学报》（社会科学版）2011 年第 6 期。

林玉虾等：《世界遗产对入境旅游的影响差异——基于中国境外游客的群组分析》，《经济管理》2016 年第 12 期。

林玉虾、林璧属：《世界遗产的旅游效应及其对遗产保护的影响——来自中国旅游人数和旅游收入的经验证据》，《经济管理》2017 年第 9 期。

刘本锋：《论增强我国文化竞争力》，《求实》2003 年第 8 期。

刘瑞明等：《景点评选、政府公共服务供给与地区旅游经济发展》，《中国工业经济》2018 年第 2 期。

刘瑞明等：《制度松绑、市场活力激发与旅游经济发展——来自中国文化体制改革的证据》，《经济研究》2020 年第 1 期。

刘兴宜等：《条件价值评估法在世界遗产价值评估领域研究进展》，《科技管理研究》2018 年第 23 期。

刘逸等：《基于大数据的旅游目的地情感评价方法探究》，《地理研究》2017 年第 5 期。

刘逸等：《中国赴澳大利亚游客的情感特征研究——基于大数据的文本分析》，《旅游学刊》2017 年第 3 期。

陆建松：《中国文化遗产保护管理的政策思考》，《东南文化》2010 年第 4 期。

马慧强等：《我国旅游公共服务质量时空演化及形成机理分析》，《经济地理》2018 年第 8 期。

缪秀梅等：《基于 ISM 和在线评论的汤山温泉顾客满意度研究》，《中国管理科学》2019 年第 7 期。

宋振春、朱冠梅：《世界文化遗产旅游深度开发研究——以曲阜为例》，

《旅游学刊》2007 年第 5 期。

孙克勤：《对世界文化和自然遗产教育的探讨》，《中国地质教育》2004 年第 4 期。

孙晓东、倪荣鑫：《中国邮轮游客的产品认知、情感表达与品牌形象感知——基于在线点评的内容分析》，《地理研究》2018 年第 6 期。

陶伟：《中国"世界遗产"的可持续旅游发展研究》，《旅游学刊》2000 年第 5 期。

田丰：《论文化竞争力》，《马克思主义研究》2006 年第 2 期。

田卉：《我国中心城市文化竞争力评价研究》，《市场研究》2016 年第 10 期。

王宁：《非物质遗产的界定及其价值》，《学术界》2003 年第 4 期。

王文锋：《文化产业竞争力评价模型及指标体系研究述评》，《经济问题探索》2014 年第 1 期。

王兴斌：《中国自然文化遗产管理模式的改革》，《旅游学刊》2002 年第 5 期。

韦鸣秋、白长虹、华成钢：《旅游公共服务价值共创：概念模型、驱动因素与行为过程——以杭州市社会资源国际访问点为例》，《旅游学刊》2020 年第 3 期。

吴必虎等：《中国世界遗产地保护与旅游需求关系》，《地理研究》2002 年第 5 期。

吴先明、张玉梅：《国有企业的海外并购是否创造了价值：基于 PSM 和 DID 方法的实证检验》，《世界经济研究》2019 年第 5 期。

夏杰长：《促进旅游公共服务体系建设的政策着力点》，《社会科学家》2019 年第 5 期。

薛岚等：《中国世界遗产的价值转变和传播理念的引出》，《经济地理》2010 年第 5 期。

阎学通、徐进：《中美软实力比较》，《现代国际关系》2008 年第 1 期。

杨锐：《关于世界遗产地与旅游之间关系的几点辨析》，《旅游学刊》2002 年第 6 期。

叶丽君、李琳：《我国区域文化产业竞争力评价与差异分析》，《科技管理研究》2009 年第 3 期。

[美] 约瑟夫·奈：《"软权力"再思索》，《国外社会科学》2006 年第 4 期。

张朝枝：《影响旅游发展与世界遗产保护研究的三个新变量》，《旅游学刊》2012 年第 5 期。

张荣天、管晶：《非物质文化遗产旅游开发价值评价模型与实证分析：以皖南地区为例》，《旅游研究》2016 年第 3 期。

张松：《文化生态的区域性保护策略探讨——以徽州文化生态保护实验区为例》，《同济大学学报》（社会科学版）2009 年第 3 期。

张亚平、彭武良：《旅游行业在线评论研究文献综述》，《中国管理信息化》2021 年第 24 期。

赵彦云等：《中国文化产业竞争力评价和分析》，《中国人民大学学报》2006 年第 4 期。

郑伟发：《汉语句法分析研究综述》，《信息技术》2012 年第 7 期。

钟士恩等：《世界遗产"突出的普遍价值"及其游客感知研究》，《中国人口·资源与环境》2016 年第 10 期。

周丽洁、易伟新：《消费者响应视角的非物质文化遗产旅游开发探讨》，《求索》2013 年第 12 期。

周睿等：《乡村世界遗产特征与价值研究》，《世界地理研究》2016 年第 4 期。

周玉翠等：《长三角世界遗产旅游目的地城市的旅游可达性评价》，《经济地理》2020 年第 2 期。

四 学位论文

何池康:《旅游公共服务体系建设研究》,博士学位论文,中央民族大学,2011年。

柳泊:《文化竞争力提升背景下政府文化管理职能创新研究》,硕士学位论文,湖南大学,2011年。

任涛:《基于多元方法的游客情感分类挖掘技术研究——以文本大数据为例》,硕士学位论文,陕西师范大学,2019年。

周英:《文化遗产旅游资源经济价值评价研究》,博士学位论文,大连理工大学,2014年。

五 外文期刊

Alberti, Fernando G. and Jessica D. Giusti, "Cultural Heritage, Tourism and Regional Competitiveness: The Motor Valley Cluster City", *Culture and Society*, Vol. 3, No. 4, 2012.

Alessia Mariotti, "Local System, Networks and International Competitiveness: from Cultural Heritage to Cultural Routes", *Almatourism*, Vol. 3, No. 5, 2012.

Andresen, Teresa, Fernando Bianchi de Aguiar, and Maria José Curado, "The Alto Douro Wine Region Greenway", *Landscape and Urban Planning*, Vol. 68, No. 2-3, 2004.

Barrett, Brenda, "Large-Landscape Conservation: A New Frontier for Cultural Heritage", *Forum Journal*, Vol. 32, No. 3, 2011.

Cassel, Susanna Heldt and Albina Pashkevich, "World Heritage and Tourism Innovation: Institutional Frameworks and Local Adaptation", *European Planning Studies*, Vol. 22, No. 8, 2014.

Cellini, Roberto, "Is UNESCO Recognition Effective in Fostering Tourism?

A Comment on Yang, Lin and Han", *Tourism Management*, Vol. 32, No. 2, 2011.

Chaudhary and Manjula, "India's Image as a Tourist Destination—a Perspective of Foreign Tourists", *Tourism Management*, Vol. 21, No. 3, 2000.

Cuccia, Tiziana, Calogero Guccio and Ilde Rizzo, "The Effects of UNESCO World Heritage List Inscription on Tourism Destinations Performance in Italian Regions", *Economic Modelling*, Vol. 53, 2016.

Deacon, Harriet, "Intangible Heritage in Conservation Management Planning: The Case of Robben Island", *International Journal of Heritage Studies*, Vol. 10, No. 3, 2004.

Donohoe, Holly M., "Sustainable Heritage Tourism Marketing and Canada's Rideau Canal World Heritage Site", *Journal of Sustainable Tourism*, Vol. 20, No. 1, 2012.

Guo, Yue, Stuart J. Barnes and Qiong Jia, "Mining Meaning from Online Ratings and Reviews: Tourist Satisfaction Analysis Using Latent Dirichlet Allocation", *Tourism Management*, Vol. 59, 2017.

Ha Inhyuck, "Steve" and Sandra S. Grunwell, "The Economic Impact of a Heritage Tourism Attraction on a Rural Economy: The Great Smoky Mountains Railroad", *Tourism Analysis*, Vol. 16, No. 5, 2011.

Hampton, Mark P., "Heritage, Local Communities and Economic Development", *Annals of Tourism Research*, Vol. 32, No. 3, 2005.

King, Victor T. and Michael J. G. Parnwell, "World Heritage Sites and Domestic Tourism in Thailand", *South East Asia Research*, Vol. 19, No. 3, 2011.

Lorraine Nadia Nicholas, Brijesh Thapa and Yong Jae Ko, "Residents' Perspectives of a World Heritage Site", *Annals of Tourism Research*, Vol. 36, No. 3, 2009.

Lu, Weilin, and Svetlana Stepchenkova, "User – Generated Content as a Research Mode in Tourism and Hospitality Applications: Topics, Methods, and Software", *Journal of Hospitality Marketing & Management*, Vol. 24, No. 2, 2014.

Luo, Jian Ming, Huy Quan Vu, Gang Li, et al., "Topic Modelling for Theme Park Online Reviews: Analysis of Disneyland", *Journal of Travel & Tourism Marketing*, Vol. 37, No. 2, 2020.

Nevado Peña, Domingo, José Luis Alfaro Navarro, and Víctor Raúl López Ruiz, "Castilla – La Mancha Cities' Competitiveness in Intellectual Capital as Compared to Other Spanish Cities", *Drustvena Istrazivanja*, Vol. 26, No. 4, 2017.

Somprasertsri G. and Lalitrojwong P., "Mining Feature – Opinion in Online Customer Reviews for Opinion Summarization", *Journal of Universal Computer Science*, Vol. 16, No. 6, 2010.

Wang, Zhaoguo, Zhaoping Yang, Geoffery Wall, et al., "Is It Better for a Tourist Destination to Be a World Heritage Site? Visitors' Perspectives on the Inscription of Kanas on the World Heritage List in China", *Journal for Nature Conservation*, Vol. 23, 2015.

Wenqing, Dongyang Zhu, Wenyi Liu, et al., "Empirical Research on Smart City Construction and Public Health under Information and Communications Technology", *Socio – Economic Planning Sciences*, 2020.

Yang, Chih – Hai, Hui – Lin Lin and Chia – Chun Han, "Analysis of International Tourist Arrivals in China: The Role of World Heritage Sites", *Tourism Management*, Vol. 31, No. 6, 2010.

参考文献

Yankholmes, Aaron K. B. and Oheneba A. Akyeampong, "Tourists' Perceptions of Heritage Tourism Development in Danish – Osu, Ghana", *International Journal of Tourism Research*, 2010.

Yanyan and Wei Su, "Is the World Heritage Just a Title for Tourism?", *Annals of Tourism Research*, Vol. 78, No. 2, 2019.

后　　记

　　行文至此，感慨万千。个人的命运总是裹挟在时代洪流之中随波荡漾。入陕二十一载，学习、生活和工作的轨迹与文化、文物、遗产、旅游、博物馆、景区密不可分，个人的命运与国家和时代的发展紧密相连，个体生命的尘烟和命运的坎坷也可窥见、折射出国家二十多年来在文化遗产领域发展的宏观布局、大政方针与时代诉求。

　　2001年4月底来西安求学面试，一出老火车站，映入眼帘的就是古老、斑驳的古城墙，静静矗立在时间的长河中，厚重的历史感、沧桑感，让渺小的个体瞬间变得充盈起来。毕业后，因缘际会，来到西安城墙工作。历史上西安城墙也经历过两次"废存"之争，分别是1950年和1958年，反映出中华人民共和国成立以后整个社会对文物价值的认识不高，此阶段大部分管理者认为文物阻碍了城市发展和经济建设。

　　我参加工作之时的部门是西安城墙建设管理处，隶属于西安市文物园林局。2004年9月，其升格为西安城墙景区管理委员会，为西安市政府直属机构，从正处级建制提升为正局级建制，负责在保护的基础上，全面建设、利用古城墙。疏浚河道、栽植树木、预防加固、展示标志、开展活动、对外交流等，一时间，好不热闹。记得当时提的口号是"国人震撼、世界惊奇"。本人有幸协助主管领导进行了城墙景区管理委员会总体改革方案设计，力求把一个古老、僵化的行政事业单位改革为适应市场经济形式和游客需求的现代化景区，但领导的意志抵挡不住传统思维的惯性和既得利益的阻力，改革也只能是修修补补、改头换面，行政事业机构的思维方式和行事作风依然故我，与现代化景区要求的标准相去甚远。但也表明，此时的文物保护事业，已发展到新阶段，管理者已看到制约文物事业发展的症结所在，力求在力所能及的范围，尝试做出些许改变，如提升管理层级，改革管理体制，加大保护力度，开展文化活动，等等。城墙也开展了总体规划设计、举办南门大型文化演出活动、改版南门仿古迎宾入城式、改造设计大南门交通方案、增加城墙标识系统、征集城门对联等系列重大活动，确实大大提高了西安城墙的彰显度和存在感。此阶段，最大的特色就是用行政手段干预遗址保护，更多是命令式、权威化的力量主导城市历史遗产的保护。

2005年10月，西安市专门成立了文化、文物、旅游等方面的规划设计机构，本人也随即投身于此。这反映出文物的保护由被动式、行政命令式保护转向了主动式、专业化、科学化、制度化发展道路。在此期间，本人逐渐主持或参与了省内外几十处文物、遗址、遗产的保护与利用规划。从东海之滨到西藏屋脊、从太行山畔到岭南之边，用脚步丈量历史，用情感触摸遗产，也迎来了人生最丰富、最艰难的峥嵘岁月。大明宫遗址、汉长安城遗址、周原遗址、唐泰陵遗址、西安城墙遗址、韩城古城遗址、阿里古格王朝遗址、青海丹噶尔古城、秦皇岛北戴河秦行宫遗址、晋阳湖遗址、青龙寺遗址、兴庆公园遗址、吴堡县古城、白河庙山寨遗址、汉平陵遗址……此时的文物保护准则和标准，大多是沿用联合国教科文组织世界遗产委员会颁布的标准和制度。核心的原则就是遗产保护的"原真性和完整性"，大多数遗址保护是以"保"为主，追求遗产的"原真"本状，对于利用和管理层面，办法不多、效果不佳，使得"人与物"的矛盾突出，主要表现为遗址区居民的就业、生计和可持续发展问题，遗址区公共设施和服务设施长期缺失问题，庞大的保护利用资金和地方政府小财政无力承担问题，遗产价值隐形存在与人民日益增长的多样化文化体验需求问题，这些问题的症结，短期内难以看到合理、科学的解决办法。

在这些遗址保护规划中，周原遗址尤为值得一提，从2006年接手介入，到2016年通过国家文物局专家评审，到2022年陕西省政府正式颁布，前后历时16年，个中缘由，一言难尽，历经近百场研讨、评审，几十次往返遗址地，三十多次的文本大修大改，等等。更加有意思的是，本人曾一度挂任遗址所在县之一的岐山县副县长，直接以行政领导的身份来从事周原遗址保护管理工作，这就提供了一个十分难得的从管理者的视角来看待遗产保护与利用问题的机会。由于工作的要求，其间思考涉及遗产如何为当地经济社会发展做贡献、遗址出土的文物归属权是辖区所在地还是上级主管部门、跨行政区的遗址的管理体制问题、遗址区老百姓生计出路问题，以及遗址区取土、结婚盖房宅基地使用问题等。在这期间针对周原遗址保护利用，开启了周文化景区的建设，试图通过场景还原、文化活化、链接现代游乐、参与方式，加大体验力度，让周文化走进老百姓的日常生活。项目建设期间又涉及单纯的人造主题乐园景区的吸引力、用地性质、老百姓安置问题等一系列当今大遗址保护中所能遇见的难题。最后的解决方案是把全国重点文物保护单位，国家4A级旅游景区周公庙统一打包组建大周原文化景区，将历史文化景区和新建文化主题园区结合，以古带今，以今彰古，在体制机制上有所突破。

此时的文物遗产保护任务之多、之快、之繁，也从一个侧面反映出随着国民经济社会的快速发展，人们对文化遗产的价值认识逐渐跃升到一个新的高度和层面，不管是高居庙堂的管理者，还是江湖之远的贩夫走卒，大都知道文物是有价值的，损坏文物是要触犯法律的，保护好文物，是公民的义务和责任。所以说，这一段时期，整个社会文物保护的意识进一步增强，但大多停留在保护的层面，文物的价值依然存在没有得以完全彰显，尤其是依然存在没有很好地平衡保护与发展的矛盾，以及遗址区老百姓从遗址保护中的获得感远远不足等诸多矛盾。

社会的发展，表面看纷繁无序，其实总有一种内在规律和趋势在左右着发展方向，规定着前进的轨迹。看似偶然的不经意之举，其实蕴含着、昭示着一种新的发展萌芽和未来发展趋势。西北工业大学设立文化遗产研究院，对于我这个长期从事遗产工作的人，头一次获悉此事，也不免在心中升起一个大大的问号，随之是一个感叹号，疑惑、惊讶、不解、好奇、期待等各种复杂情绪瞬间涌上心头。作为一个以工科见长的国防特色高校，设立遗产学科，虽在意料之外，但更在情理之中。理论是时代的先声。生动的社会实践需要有更高水平、更高层面理论指导发展。有着悠久历史文化传统和丰厚遗产遗迹的陕西，在文物事业大发展的阶段，需要更多跨学科新技术来拓展文化遗产领域的保护研究视野，毫无疑问，西北工业大学抢先抓住了时代发展的先机，谋篇布局，迎接新时代文物事业的到来。而本人也有幸加入这一探索，迈进新时代遗产科学保护发展之路，借助西北工业大学传统的优势学科，如材料技术、计算机技术、水下探测技术等优势技术专业，介入遗产保护、展示和勘探领域。

因此，此阶段的文化遗产保护发展，走上了跨学科发展、高新技术支撑、民众广泛参与、活化遗产、扩大中华文明国际影响力的战略高度。遗产从"包袱"走向"财富"，从"存型"走向"塑形"，从"人工"走向"智能"，等等。遗产不仅仅是一个存在的遗存物，在很大程度上代表着一个民族的文化记忆、身份认同和国家软实力。遗产的保护利用方针由以前的"保护为主、抢救第一、合理利用、加强管理",顺理成章地转变为"保护第一、加强管理、挖掘价值、有效利用、让文物活起来"。

如何让文物活起来,彰显中华文化的世界影响力,无疑是当今时代文化遗产工作者和管理者必须思考的时代话题。本书的由来也正是在此时代大背景下,审慎思考中国如何由世界遗产大国迈向世界遗产强国,中国世界遗产文化竞争力与世界其他传统遗产强国差距到底在哪里,原因如何,如何弥补短板,如何在世界层面,让我国丰富多彩的文化遗产代表中华悠久灿烂的文明。期待本书中一些不成熟的浅见,能为这一宏阔的时代命题提供思考。

本书的成稿,有太多的先生和同志需要感谢。首先要感谢我的博士生导师,陕西师范大学地理科学与旅游学院马耀峰先生,先生德高望重,治学严谨,成绩斐然,是我国文化旅游研究领域的一面旗帜。能够邀请他来撰写序言,实乃三生有幸。先生在序言中给予的鼓励是我进一步深化学习的动力,他的批评和建议更是我从事研究工作努力的方向。

其次,要感谢李颖科教授,先生是我从事文化遗产研究的启蒙人和引路者,本文许多重要的观点和论述深受先生的启发和指点。一直以来,不管是我的科研还是工作,先生从来都是悉心指导,精心帮助,做人、做事、做学问无一不是吾辈之楷模。

最后,还要感谢陈峰教授、李骊明研究员、董文强研究员、余河郾硕士、张澄博士、郭昳岚硕士、张凌燕硕士、隋丽娜博士等人,他们都对这本书的构思立意、谋篇布局、材料搜集等给予了非常宝贵的建议和启发。还有我的博士生李水,硕士生时璐瑶、赵琛、李颖、王文希,为本书的编辑校对付出了艰辛的努力,在此也表示衷心的感谢。

后　记

　　正如卢梭所说，"学者们固然有时比一般人的成见少，但是另一方面，他们对已有的成见却坚持得比一般人更厉害"。我深刻认识到这本书中存在着"已有的成见"，加之成书时间略显仓促、本人知识水平有限，所以，我准备随时摒弃成见、修正错误，敬请广大读者见谅并提出宝贵意见。我期待着来自各方面的批评指正，并努力做好下一步修订和完善的准备。

程　圩

2022 年 10 月 23 日

于西北工业大学勇字楼